Weltbild des ganzheitlichen Lebens

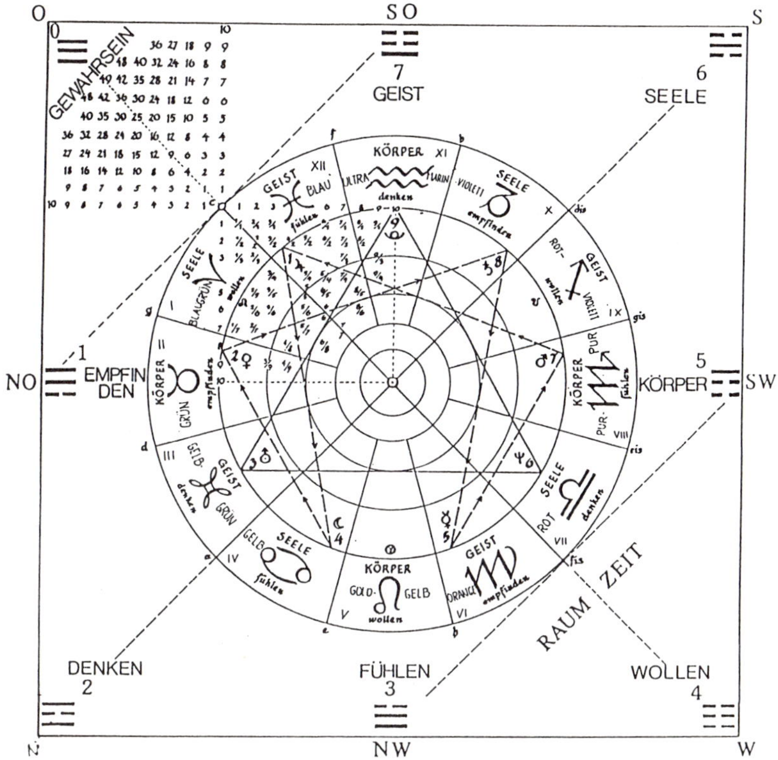
O
SO
S
0
GEWAHRSEIN
7
GEIST
6
SEELE
NO
1
EMPFINDEN
5
KÖRPER
SW
2
DENKEN
3
FÜHLEN
4
WOLLEN
RAUM
ZEIT
N
NW
W
KÖRPER
ULTRA
TURIN
denken
XI
GEIST
BLAU
fühlen
XII
SEELE
VIOLETT
empfinden
GEIST
ROT
VIOLETT
wollen
IX
KÖRPER
PUR
fühlen
VIII
SEELE
ROT
denken
VII
GEIST
ORANGE
empfinden
VI
KÖRPER
GOLD
GELB
wollen
V
SEELE
GELB
fühlen
IV
GEIST
GELB
GRÜN
denken
III
KÖRPER
GRÜN
empfinden
II
SEELE
BLAUGRÜN
wollen
I

Arnold Keyserling

Weltbild des ganzheitlichen Lebens

Umschlagbild: DER KOSMOSMENSCH
Miniatur zur zweiten Vision der Hildegard von Bingen: Vom Bau der Welt (aus dem Codex M. S. 1942 der Biblioteca Statale di Lucca, 13. Jahrhundert.)

ISBN 3-224-1 6570-7 Jugend und Volk Wien

Satz: »PWS« Fotosatz-Ges.m.b.H., Fohnsdorf
Druck: Quickprint, Groß Enzersdorf
Bindung: Landesverlag, Linz

Inhalt

Et ista mixtio est centrum et subiectum huius artis.
(Raimundus Lullus, Ars Magna et Ultima)

Vorrede

Das ganzheitliche Denken bricht in der Gegenwart auf allen Gebieten durch. Seit der Aufklärung als unwissenschaftlich verpönt, hat es heute bereits die Naturwissenschaft – etwa bei Capra, Maturana und Young –, die Medizin, die Wirtschaft (Koestenbaum, Gerd Gerken), die Politik, die Ökologie und die Energiewirtschaft erfaßt und umgestaltet. Die Vertreter des Rationalismus liefern nur noch Rückzugsgefechte; die Konsequenzen ihrer Anschauungen für die Zukunft erscheinen so katastrophal, daß sie für niemanden Hoffnung bringen: der Atomkrieg, die Umweltvernichtung, die berufliche Aussichtslosigkeit sind nur einige Facetten jener Utopien, die sich als negative prophetische Schau einer scheinbar unausweichlichen Zerstörung der Welt und des Lebens profilieren.

Andererseits verfügen die Aufklärer in ihrer Position des kritischen Realismus oder des logischen Positivismus zumindest über ein solides Wissen, während es den Vertretern des New Age – als welche sich viele Pioniere der Ganzheit begreifen – oft an wissenschaftlicher Genauigkeit und kritischer Durchdringung gebricht. Wassermannzeit ist die Bestimmung der neuen Epoche aus astrologischer Sicht; doch kaum jemand kennt die astronomische und historische Fundierung dieser religionsphilosophischen Schau. Die humanistische Psychologie und das Human Potential Movement haben wertvolle Methoden und Einsichten gebracht, doch es mangelt ihnen an struktureller Basis und methodischer Klarheit. Einerseits gibt es Gurus, die behaupten, einen höheren Seinszustand zu vertreten – was aber oft ob ihres praktischen Verhaltens unglaubwürdig erscheint. Andererseits lehnen manche im Westen Denken und Technologie überhaupt ab, ohne sich darüber klar zu werden, daß gerade die neue Zeit mit der Selbstbestimmung, der Demokratie, den Menschenrechten, der Perestroika und den vielen Arten der neuen Lebensgestaltung ohne Technik undenkbar wäre. Daher stellt sich die Frage, wie das Wissen der Ganzheit seinen legitimen Platz im neuen globalen Bewußtsein kritisch fundiert finden könnte.

Dieses Buch ist ein Versuch, die gesicherten und glaubwürdigen Erkenntnisse und Behauptungen der neuen Zeit in Form ihrer gemeinsamen Nenner und Systemik darzustellen. Es geht nicht auf die einzelnen Schulen ein, sondern versucht das Bild des ganzheitlichen Lebens zu entfalten, auf daß es den Einzelnen zur Erkenntnis seiner Rückbindung an Erde, Mitmensch und göttlichen Urgrund ermuntere.

Das Angebot des neuen und alten Wissens der Esoterik gleicht heute einem Supermarkt. Ich versuche die Spreu vom Weizen zu scheiden, indem ich an die naturphilosophische Tradition Europas anknüpfe und zeige, wie dieses Denken uns nicht fremd ist, sondern nur während der Aufklärung in Vergessenheit geriet.

Beginnen wir mit der großartigen Beschreibung der Würde des Menschen von Pico della Mirandola aus dem Jahre 1486. Damals lud dieser alle Gelehrten seiner Zeit nach Rom ein, um über das gesamte der Religion, Wissenschaft und Kultur zugrundeliegende Wissen in 900 Thesen zu disputieren. Die folgenden Ausführungen sollten die Einführung dazu bilden:

> Verehrte Väter! In arabischen Schriften habe ich folgendes gelesen. Man fragte einmal den Sarazenen Abdallah, was ihm auf dieser Welt, die doch gleichsam eine Schaubühne sei, denn am bewunderungswürdigsten vorgekommen sei. Darauf antwortete jener, nichts scheine ihm bewunderungswürdiger zu sein als der Mensch. Dieser Meinung kann man auch noch den Ausspruch des Hermes Trismegistos hinzufügen: „Ein großes Wunder, o Asklepios, ist der Mensch". Als ich diese Aussprüche einmal recht überlegte, erschienen mir die traditionell überlieferten Meinungen über die menschliche Natur dem gegenüber etwas unzulänglich. So zum Beispiel die Meinung, der Mensch sei ein Bote und Vermittler zwischen den Geschöpfen; er sei ein Freund der Götter; er sei der König der niederen Sinne durch die klare Erforschung seiner Vernunft und durch das Licht seines Verstandes; er sei der Dolmetscher der Natur; er sei ein Ruhepunkt zwischen der bleibenden Ewigkeit und der fließenden Zeit; oder er sei nach Aussagen der Perser das Band, das die Welt zusammenhält; er sei sogar das Hochzeitslied der Welt; er stehe schließlich nach dem Zeugnisse Davids nur wenig unter den Engeln. Das sind wahrlich alles hohe Eigenschaften, aber darin liegt nicht die Hauptsache, nämlich warum gerade der Mensch den Vorzug der höchsten Bewunderung für sich in Anspruch nehmen soll. Warum bewundern wir denn nicht mehr die Engel und die seligen Chöre des Himmels? Ich habe mich denn schließlich um die Einsicht bemüht, warum das glücklichste und aller Bewunderung würdigste Lebewesen der Mensch sei und unter welchen Bedingungen es möglich sein könnte, daß er aus der Reihe des Universums hervorschritt, benei-

denswert nicht nur für die Tiere, sondern auch für die Sterne, ja sogar für die überweltlichen Intelligenzen. Geht doch das fast über den Glauben hinaus, so wunderbar ist es. Oder warum nicht? Denn auch deswegen wird der Mensch mit vollem Recht für ein großes Wunder und für ein bewunderungswürdiges Geschöpf geheißen und gehalten. Wie sich das nun aber verhält, verehrte Väter, das höret an und bringt mit geneigten Ohren und milder Gesinnung meiner Arbeit euer Wohlwollen entgegen.

Bereits hatte Gottvater, der höchste Baumeister, dieses irdische Haus der Gottheit, das wir jetzt sehen, diesen Tempel des Erhabensten, nach den Gesetzen einer verborgenen Weisheit errichtet. Das überirdische Gefilde hatte er mit Geistern geschmückt, die ätherischen Sphären hatte er mit ewigen Seelen belebt, die materiellen und fruchtbaren Teile der unteren Welt hatte er mit einer bunten Schar von Tieren angefüllt. Aber als er dieses Werk dann vollendet hatte, da wünschte der Baumeister, es möge jemand dasein, der die Vernunft eines so hohen Werkes nachdenklich erwäge, seine Schönheit liebe, seine Größe bewundere. Deswegen dachte er, nachdem bereits alle Dinge fertiggestellt waren, wie es Moses und der Timäus bezeugen, zuletzt an die Schöpfung des Menschen. Nun befand sich aber unter den Archetypen in Wahrheit kein einziger, nach dem er einen neuen Sprößling hätte bilden sollen. Auch unter seinen Schätzen war nichts mehr da, was er seinem neuen Sohne hätte als Erbe schenken sollen, und unter den vielen Ruheplätzen des Weltkreises war kein einziger mehr vorhanden, auf dem jener Betrachter des Universums hätte Platz nehmen können. Alles war bereits voll, alles unter die höchsten, mittleren und untersten Ordnungen der Wesen verteilt. Aber es wäre der väterlichen Allmacht nicht angemessen gewesen, bei der letzten Zeugung zu versagen, als hätte sie sich bereits verausgabt. Es hätte der Weisheit nicht geziemt, wenn sie aus Mangel an Rat in einer notwendigen Sache geschwankt hätte. Es wäre der milden Liebe nicht würdig gewesen, daß derjenige, der bei anderen Geschöpfen die göttliche Freigebigkeit loben sollte, bei sich selbst gezwungen wäre, diese zu verdammen.

Daher beschloß denn der höchste Künstler, daß derjenige, dem etwas Eigenes nicht mehr gegeben werden konnte, das als Gemeinbesitz haben sollte, was den Einzelwesen ein Eigenbesitz gewesen

war. Daher ließ sich Gott den Menschen gefallen als ein Geschöpf, das kein deutlich unterscheidbares Bild besitzt, stellte ihn in die Mitte der Welt und sprach zu ihm: „Wir haben dir keinen bestimmten Wohnsitz noch ein eigenes Gesicht, noch irgendeine besondere Gabe verliehen, o Adam, damit du jeden beliebigen Wohnsitz, jedes beliebige Gesicht und alle Gaben, die du dir sicher wünschst, auch nach deinem Willen und nach deiner eigenen Meinung haben und besitzen mögest. Den übrigen Wesen ist ihre Natur durch die von uns vorgeschriebenen Gesetze bestimmt und wird dadurch in Schranken gehalten. Du bist durch keinerlei unüberwindliche Schranken gehemmt, sondern du sollst nach deinem eigenen freien Willen, in dessen Hand ich dein Geschick gelegt habe, sogar jene Natur dir selbst vorherbestimmen. Ich habe dich in die Mitte der Welt gesetzt, damit du von dort bequem um dich schaust, was es alles in dieser Welt gibt.
Wir haben dich weder als einen Himmlischen, noch als einen Irdischen, weder als einen Sterblichen noch als einen Unsterblichen geschaffen, damit du als dein eigener, vollkommen frei und ehrenhalber schaltender Bildhauer und Dichter dir selbst die Form bestimmst, in der du zu leben wünscht. Es steht dir frei, in die Unterwelt des Viehes zu entarten. Es steht dir ebenso frei, in die höhere Welt des Göttlichen dich durch den Entschluß deines eigenen Geistes zu erheben.“

(Übersetzung von Herbert Werner Rüssel, Amsterdam 1940)

Was gab nun Pico delle Mirandola die Gewißheit, das gesamte Wissen seiner Zeit erfolgreich darstellen zu können? Er beschreibt es in den weiteren Ausführungen seiner Rede: einerseits die pythagoräische Lehre, daß die Zahlen der Ursprung der Wirklichkeit seien, andrerseits die Kabbala, die niemals der großen Menge erläutert wurde, da der geheime Sinn der Bibel einer eigenen Interpretation bedürfe, damit der Leser sich nicht in der Vielheit der Gleichnisse verliert und damit in Gefahr kommt, die Grundsätze des Glaubens voreilig in Frage zu stellen. Moses habe deshalb nur einen Teil des Wissens der Schrift anvertraut, den anderen Teil dagegen besonders vorbereiteten Adepten mündlich übermittelt. Das gleiche gilt von Pythagoras, der zwischen exoterischem schulischen und esoterischem initiatischen

Wissen unterschied. Gibt es nun Kriterien für dieses Wissen, die abseits der theologischen Interpretationen zu finden wären?

Pico fand diesen Schlüssel in der Welt der Zahlen und der Musik. Er zitiert Aristoteles: Die Fähigkeit des Zählens unterscheidet den Menschen vom Tier. Doch dieses Zählen ist ein anderes als das kaufmännische Rechnen: es verlangt, die Ebene des Bewußtseins von der Information auf die Sinnesschaffung, auf die Welt der grammatikalischen und mathematischen Konzeption zu verlegen. Dies ist der Schritt vom schulischen zum initiatischen Wissen. Entweder ordnet man sich fremden Programmen unter, oder man entwirft die eigenen des Wesenscomputers.

Die Ebene der Mathematik und Musik ist in gleichem Maße zugänglich wie die der Information und Sprache. Auch ein Musikstück kann erinnert werden und Freude bereiten. Ich behaupte nun, daß alle musikalischen und mathematischen Formen sich auf eine Urfigur, eine Urstimmung zurückführen lassen, das RAD, das die Gesetze der Arithmetik und Geometrie, der Sinnesdaten, der Räume und Zeiten umfaßt und somit den Meisterplan des Bewußtseins darstellt.

Diese Auffassung wurde von Pythagoras begründet, der die mathematische Urstruktur freilegte; in der Folge war sie die Grundlage der artes liberales, die frei hießen, weil sie einzig dem Zweck der Menschwerdung dienten.

Im 13. Jahrhundert wurden sie zur Basis der Ars Magna, der großen Kunst des Raimundus Lullus, der sich anheischig machte, alle philosophischen und theologischen Probleme auf die Kombination von Urbegriffen zurückzuführen, die in einem Rad mit verschiebbaren Scheiben angebracht waren. Er ist der Begründer der Heuristik, der freien bestmöglichen Theorienbildung, mit der die wissenschaftliche Methode ihren Abschluß fand.

Der letzte Vertreter der Ars Magna war Giordano Bruno, der bekanntlich auf dem Scheiterhaufen endete. Doch wurden seine Gedanken von Leibniz und Descartes weiterentwickelt und führten schließlich mit der Kybernetik zur heutigen Revolution der Kommunikationsmittel, die die traditionelle Rationalität gesprengt hat.

Die Ganzheit ist über die Zahl genauso zugänglich wie die Einzelheiten über das Wort. Aufgrund der zahlenmäßigen Verhältnisse und Beziehungen läßt sich auch die sonst krause Vielfalt der Methoden des ganzheitlichen Lebens in einer Übersicht darstellen, worin der einzelne wie auf einer Landkarte seine Orientierung finden kann.

Das ganzheitliche Leben ist antiideologisch, da jede Ideologie sich als eine mögliche und ausschließliche Verbindung der Weltelemente in einem Stil darstellt, der auch anders sein könnte. Niemand kann vollständig dem Weg eines anderen folgen. Jedoch über die Gemeinsamkeit der Voraussetzungen, der allgemeinen Nenner des Denkens in der Welt der Töne und Zahlen, kann Einmütigkeit des kreativen Dialogs erreicht werden.

Mit der Vision des Rades, die in diesem Buch dargestellt wird, können wir das wissenschaftliche Denken aus seiner allverschlingenden gefährlichen Rolle wieder auf seinen sinnvollen Platz zurückbringen: auf das bestmögliche Erkennen und Formulieren der Lebensstrategien.

Die Fülle des ganzheitlichen Denkens läßt sich in fünf Abschnitte gliedern:

Paradigmen der Heilung
Kriterien der Offenbarung
Rationale Esoterik
Schichten des Seins
Menschwerdung

Jedes der Gebiete ist in sich geschlossen. Doch steht es im Verhältnis der Entsprechung zu den anderen, die nicht nur analog, sondern auch existentiell zu verstehen ist. So mag einmal das eine, ein andermal das nächste Gebiet dem Leser Anregung bieten.

Doch das Ganze entfaltet seine Fülle erst in der Anwendung, die jeder persönlich findet: wenn er nämlich aus diesen Komponenten seinen eigenen Entwurf als persönlichen Lebensstil verwirklicht.

Einführung

Ein Leben kann sinnvoll sein oder sinnlos ablaufen. Man könnte sagen „ich lebe“, oder „ich werde gelebt“. „Gelebt Werden“ wird oft als entfremdetes Bewußtsein bezeichnet und das Finden des Sinnes als Befreiung von äußerem Zwang und inneren Identifikationen aufgefaßt.

In der Gegenwart ist eines der Hauptinteressen zur Sinnfindung auf die Heilung konzentriert. Welche Form der Heilkunst ist ganzheitlich, wie können wir in der Welt intensiv und freudig leben? Hier stellt sich eine weitere Frage zum Sinn. Vergangene Kulturen fanden seit der neusteinzeitlichen Revolution den Sinn in einer soziokulturellen Überlieferung, die die Instinktgeborgenheit des Tiers und des Menschen der Altsteinzeit auf sprachlicher Ebene wiederherstellen sollte. Selbst bei den Hochkulturen war ein Bekenntnis ausschlaggebend, und viele Menschen fanden Heilung im Nacherleben einer Kosmogonie, wie die Navahos in ihren Sandmalereien und die Pietisten in der Bibel. In den meisten Überlieferungen war der Stifter des Bekenntnisses vom Himmel auf die Erde gekommen, oder er war ein Weltüberwinder wie bei den Jainas in Indien. Es gibt auch eine Vorvergangenheit und eine Nachzukunft in den Weltdichtungen. Fast alle denkbaren Bilder wurden für Ursprung und Endziel der Entwicklung verwendet, ob nun die Welt wie bei den Griechen aus einem Ei entstand oder in sechs Tagen durch die Hände des jüdischen Gottes geschaffen wurde. Die Paradiesvorstellungen gehen vom Schlaraffenland bis zur Seligkeit der Gotteskontemplation. Es ist üblich, hinter den mythischen Worten einen tiefen Sinn zu suchen, wie in der Hermeneutik und der Theologie. Aber eine solche Erklärung ist im Grunde ein neues Wissen, das an die Stelle der Dichtung tritt.

Alles Wissen besteht nun einmal aus Elementen und Beziehungen; nur das, was losgelöst vom Urheber als Wahrheit verstanden werden kann, kann Material der Lebensgestaltung des einzelnen werden. Wir leben heute in einem virtuell planetarischen Bewußtsein – dem globalen Dorf – unter Postulaten der Selbstbestimmung, sozialer Gerechtigkeit und Streben nach Glück. Benthams Wort „das größte Glück für die größte Zahl“ ist von den meisten Ideologien akzeptiert.

Wir wechseln aus einer Industriegesellschaft in eine Informationsgesellschaft über. Alles ändert sich, viele der heutigen Berufe und Lebensstile wird es bald nicht mehr geben. Wenn nach außen hin alles wissenschaftlich bezweifelt werden soll, bis es sich eindeutig als Faktum herausgestellt hat, sind auch die Tage des inneren Pluralismus – der freundlichen Begegnung zwischen Religionen, Konfessionen, Ideologien und Parteien – gezählt. Der Mensch kann nach innen nicht anders leben als nach außen. Somit ist die bestehende Gesellschaft fragwürdig geworden, verlangt eine neue Bestimmung. Betrachten wir diese Entwicklung analog zur Heilkunst, so könnte sie mit vier Begriffen umrissen werden: Gesundheit und Krankheit, Heil und Unheil.

Ein Mensch, der körperlich oder seelisch in der Gesellschaft nicht mehr kompetent und funktionsfähig ist, gilt als krank. Er kann gesunden, wobei diese Gesundung von der alternativen Medizin auf eine ihn beseelende Tendenz oder Kraft zurückgeführt wird, jene, die die neue Biologie als Autopoiesis bezeichnet. Doch letztes Ziel – auch der Schulmedizin – ist das Erwecken oder die Unterstützung dieser Gesundungstendenz, wobei ihre Mittel pharmakologisch und wissenschaftlich kritisch geprüft, in der alternativen Medizin dagegen vielfältig sind, von Heilkräutern über Diäten zur Geistheilung und schamanischen Bewußtseinserweiterung.

Unheil bedeutet eine Situation, in der der Einzelne durch äußere Umstände und Bedingungen außerstande ist, seinen Sinn zu verwirklichen. Unheil hat als Gegensatz das Heilen. Der Arzt heilt einen Kranken, Gott heilt durch einen Charismatiker; das Böse wird durch einen Schamanen in einem Gegenzauber besiegt. Heil hat als Adjektiv „heilig" im Unterschied zu „gesund". Vom Heiligen gehen nur positive Wirkungen aus. Katholisch wird der als heilig anerkannt, der Wunder gewirkt hat, die nicht mit herkömmlichen Kriterien der Wissenschaft zu erklären sind.

Ganzheit umfaßt Gesundheit und Krankheit, Unheil und Heil. Die Wahrheit ist für die ganzheitliche Betrachtung nicht eine ideelle Wirklichkeit wie Poppers Welt 3, die heute hauptsächlich zur Erklärung des Geistes herangezogen wird. Für Popper ist die Welt 1 die der Materie und die Welt 2 die ihrer Wahrnehmung im Bewußtsein über die Sinne. Für mich ist Geist der Zugang zur umfassenderen Wirklichkeit, die Leben und Tod umfaßt. Die wahre Philosophie wäre der sprachliche Innenbau der Welt, das Selbstverständliche im Unterschied zum Konstruierten; mit anderen Worten: die Systemik der Wirklichkeit im Gegensatz zur ideologischen Systematik etwa des Marxismus oder des Idealismus.

Wahrheit in diesem Sinne ist Einfachheit. Sie ist Öffnung zu Himmel und

Erde, aber auch Bindeglied zwischen Menschen, sie erweitert und bereichert den Raum und die Zeit der Information. Wer immer sich einer Ideologie mit einem Feindbild verschreibt, kann die Ganzheit nicht erreichen. Sie bedeutet die Vorstellung der Wiedereingliederung des Menschen in den Kosmos, also eine wirklichkeitsgemäße Schau, welcher Zusammenhang heute aus vielen Gründen verlorengegangen ist.

Die meisten, die sich nach Ganzheit sehnen, suchen diese auf irrationalen Wegen zu errreichen. Aber anstatt mythischen Weltdichtungen zu glauben, die wenigstens die Wahrheit meinten und aus denen man sie herausschälen kann wie die Kabbala aus dem Talmud, folgen sie Schulen, Ideologien und Gurus nach. Hier nun gilt es, die Unterscheidung genau zu bestimmen: Ganzheit wird nur erreicht, wenn der Mensch aus der Statik der Anpassung in die Dynamik des Dialoges und der Evolution tritt und das Kämpfen gegen Windmühlen einstellt, als welche ich die Ideologien aus Ost und West und die vielen Bekenntnisse betrachte.

Die Gesellschaft muß dynamisch werden: das erfordert eine neue Berufung, die es in der Vergangenheit nicht gab; die imstande wäre, Menschen aus der Statik in das Wachstum und die Entfaltung zu überführen. Dies geschieht auf zwei Ebenen: auf der unteren in der Dynamik zwischen Gesundheit und Krankheit, zwischen Mangel und Bedürfnisbefriedigung; auf der oberen im Vertreten jenes Wissens und Verstehens, das sich als allbezogen und damit als Ganzheitswissen herauskristallisiert hat.

Dieses Wissen ist rational; die äußere und innere Welt, das Ich und die Gottheit dagegen nicht. Die Ableitung des rationalen Wissens aus der Offenbarung, wie sie die Theologie versuchte, mußte scheitern. Das Rationale, die Sprache und die Information, ist sowohl persönlich als auch gattungsmäßig die Verbindung zwischen innen und außen, Traum und Wirklichkeit. Nur wenn der begriffliche Rahmen alle möglichen Erfahrungen und Offenbarungen einschließt, kann er der menschlichen Stellung im Kosmos gerecht werden und nicht mehr die Welt durch falsche ideologische Konstruktionen um eine Scheinwelt verdoppeln.

Alle Wissenschaft ist Sprache. Zwischen Physik und Französisch besteht kein fundamentaler Unterschied, beide enthalten einen Wortschatz, Beziehungen und formale Gesetze. Die Beschreibung der Schwerkraft ähnelt der grammatikalischen Forderung, daß man in einem Bedingungssatz „wenn er käme" nicht die modale Form „kommen würde" verwendet, weil damit die Notwendigkeit der Bedingung aufgehoben ist und der Satz sinnlos wird.

Die Sprache ermöglicht uns, die Brücke zwischen innen und außen, Leben und Tod, Traum und Wirklichkeit, Ich und Du, Welt und Wahrheit zu schlagen. Daher ist der erste Schritt eines ganzheitlichen Lebens die Unterscheidung der Information von Masse und Energie, des Sprachgehäuses von dem, was es beschreibt; „The map is not the territory". Die Wirklichkeit und ihre Beschreibung bleiben verschieden. Aber die hier gemeinte Art der Sprache verlangt eine andere Einstellung als die, die bisher vorherrschte: sie soll den anderen zu seiner Subjekthaftigkeit erwecken, ihm ermöglichen, das Wunderbare der Welt und seiner selbst zu erleben und damit aus dem Unheil zum Heil, zum Sinn, zur Ganzheit durchzustoßen.
Die Hilfe für sich selbst geht am leichtesten als Hilfe für andere. Die Dynamisierung der Gesellschaft verlangt eine totale Wandlung all ihrer Gebiete: der Politik, der Kommunikation, der Verwaltung und Erziehung, der Medizin und Religion, der Kunst und der Technik, der Familie und der Berufsordnung. Demokratie im griechischen Sinne, wie sie von Ödipus und Theseus erschaut wurde, hat nichts mit politischer Mehrheitsherrschaft zu tun; jeder soll seine Aufgabe, seinen Sinn, seine Berufung auch als Befriedigung seiner Bedürfnisse finden, und dazu muß er diese erst einmal kennen.
Wir verfügen heute über eine andere Weltsicht als vor fünfzig Jahren. Traditionen wie die indische, die chinesische, die afrikanische oder die indianische sind uns nicht nur durch Bücher, sondern vielen Menschen auch durch Teilnahme an initiatorischen Seminaren verständlich geworden. Die eigentlich menschliche Welt, die seiner Natur entspräche, existiert noch gar nicht, sie liegt in den Geburtswehen. In diesem Jahrzehnt leben mehr Menschen auf der Erde als in der ganzen Zeit seit dem Auftauchen des „homo sapiens sapiens". So können wir erwarten, daß die augenblickliche Wandlung der Erde vom Pluralismus zur globalen Gesellschaft eine gleichsam biologische Mutation, eine qualitative Veränderung des Bewußtseins verlangt: das Aufgeben der ideologischen Verhärtung und der Angst. Diese Einstellung ist nur auf dem Weg des Erlernens zu erreichen, welches die Ergebnisse des heutigen Wissens nicht nur historisch und sachbezogen, sondern auch existentiell und allbezogen erfaßt.

Es ist eine Binsenwahrheit, daß heute all das Wissen verfügbar ist, welches jedem ein reiches und sinnvolles Dasein ermöglichen würde, und ebenso alle Mittel; daß aber die politischen Strukturen diese Verwirklichung verhindern und sogar drohen, uns in die Katastrophe zu stürzen. Die Katastrophe ist nicht unausweichlich. Allerdings hilft keine kollektive Bemühung, die zu jener Gesellschaft führen könnte, sondern nur die Wandlung einzelner, die bereit sind, den Weg des Wissens zu gehen, kann dies erreichen. Revolutionen, die sich gegen kollektive Mißstände richten, können von Klassen, Gemeinschaften oder Ideologien getragen werden. Die Menschwerdung dagegen kann nur beim Einzelnen anheben, der sich wandelt und das für ihn wichtige Wissen erlernt – um nicht nur sich, sondern auch dem Mitmenschen zum sinnvollen Dasein zu verhelfen. Er muß friedfertig sein, nichts bekämpfen, sondern nur ergänzen.

Nach der Hypothese des Physikers Bell steht im All alles mit allem in Wechselwirkung. Der Welt kann niemals eine Wissenschaft im aristotelischen Sinn zugrundeliegen; sie ist und bleibt irrational und unvorhersehbar. Aber gerade das gibt dem Wissen eine neue Würde; richtig gebraucht, könnte es überall auf der Erde Nester der Gesundung und Ganzwerdung erschaffen, um die sich dann nach Aussterben der letzten Vertreter der ideologischen Verhärtung die Menschen auf ihre eigentliche Rolle am Werk der Erde besinnen.

I. TEIL

Paradigmen der Heilung

1. Asklepios und Hippokrates

Der Begriff der Geschichte als Weg zum Wissen ist abendländischer Herkunft. In Indien, im Islam, im Judentum war alles Entscheidende in der Offenbarung gesagt worden; in China, in den Frühlings- und Herbstannalen des Konfuzius, wurde der Erfolg oder Mißerfolg der Fürsten mit ihren moralischen Qualitäten in Beziehung gesetzt. Doch das Wissen war einmalig im Buch der Wandlungen offenbart und wurde immer wieder neu kommentiert wie die Veden durch die Upanischaden. Die gleiche Beziehung zur Heiligen Schrift besteht auch im Christentum; doch hat sie in ihrer Wirkung gegenüber dem historischen Fortschrittsglauben im Abendland sowohl im profanen als auch im religiösen Bereich die zweite Rolle gespielt. Augustinus sah den Weg zum Heil als historische Entfaltung, betrachtete die Zeit als lineare Entwicklung der Heilsgeschichte im Gegensatz zur zyklischen Geschichte der weltlichen Reiche. Das Entscheidende am christlichen Bekenntnis war der Glaube an die historische Wirklichkeit des Todes und der Auferstehung des Christus.

Heilsgeschichte ist religiös; die Geschichte der Paradigmen der Heilung dagegen bezieht sich auf die Einstellung zum Sinn des Lebens. Paradigma heißt Beispiel oder Vorbild, vor allem aber denkerischer Ansatz. Es umfaßt Grundbegriffe und Kriterien, die die Welt in einer ganz bestimmten Weise auffassen, wie es Thomas Kuhn in seinem Buch über den Paradigmenwechsel bei wissenschaftlichen Revolutionen geschildert hat. Wir wollen unser Buch über das ganzheitliche Denken mit dem griechischen Ursprung des Heilens beginnen und von ihm aus bis zur Problematik der Gegenwart fortschreiten.

Der erste mythische Lehrer der ärztlichen Kunst war der Zentaur Cheiron, ein Wesen mit Menschenoberkörper und Pferdeleib. Der Name bedeutet auch die Hand, und die Fähigkeit des Arztes ist das Behandeln, vom Händeauflegen des Priesters über die ärztliche Behandlung bis zu jeglicher „Manipulierung“. Wir wissen, daß Hand und Großhirn in enger Beziehung stehen und der den übrigen Fingern gegenübergestellte Daumen die Grundlage für die Fähigkeit bildete, Werkzeuge zu schaffen. Ferner ist die Hand in der okkulten Wissenschaft der Cheirologie (Chirologie) der Spiegel des menschlichen Gemüts.

Der Mensch hat zwei Beine im Unterschied zu den vieren des Zentauren. Er ist ein Schreiter. Der Zentaur verkörpert die Kraft der Erde mit ihren vier Elementen Feuer, Erde, Luft, Wasser. Damit kann er seine Hände frei zum Behandeln gebrauchen. Doch auch den Menschen befähigen durch den aufrechten Gang die Hände zur Arbeit, zum Austausch, zur Begrüßung, zur Gestaltung, zur Bildung von Werkzeugen; sie können der Vorstellung einen materiellen Ausdruck verleihen. Hier vereinigt sich der mythische griechische Gedanke mit der jüdischen Auffassung, daß die Welt das Werk von Gottes Händen sei.

Cheiron lehrte den Asklepios, den Vater der Heilkunst. Historisch war Asklepios ein König in Thessalien im zweiten vorchristlichen Jahrtausend, seine Enkel haben im Trojanischen Krieg hochbetagt als Ärzte gewirkt. Asklepios erfand die Kunst, den Tod zu besiegen und alle Krankheiten zu heilen. Damit wurde der Hades arbeitslos, und Zeus tötete Asklepios, der fortan als Gott der Heilkunst verehrt wurde.

Hiermit wäre das mythische Vorspiel abgeschlossen, und wir kommen in den Bereich der tatsächlichen Geschichte der Medizin. Überall in Griechenland gab es die Asklepieions, aus denen später die Krankenhäuser entstanden. Wir beschränken unsere Beschreibung auf jenes in Kos, wo ein Nachkomme des Asklepios, Hippokrates, die abendländische Medizin begründete: Heilung durch Kräuter und Minerale, durch Diäten und Veränderung der Lebensumstände gibt es seit Millionen von Jahren. Selbst Tiere kennen Heilkräuter und gebrauchen sie, um zu gesunden. Aber Tiere können einander nicht behandeln, sie werden in ihrem Verhalten durch Arterhaltungsinstinkt und Selbsterhaltungsinstinkt gesteuert. Der mythische Ursprung des Heilens wurde im Mysterium des Tempels von Kos veranschaulicht und vollzog sich über fünf Stufen:[1)]

Wenn ein Mensch eine Krankheit hatte, die nicht von einer falschen Lebensweise herrührte, welche durch einen Heilkundigen in eine gesunde verwandelt werden konnte, betrachtete er sein Siechtum als von den Göttern gesandt. Was die Götter geschickt haben, kann der Mensch aus eigener Kraft nicht wenden; er bedarf ihrer Hilfe. An bestimmten Orten, die eigens dafür geschaffen oder intuitiv gefunden wurden, kann er sich dem

Ursprung der Heilkraft um Hilfe bittend nähern. Für Kos waren zwei Fragen maßgebend: entweder hatte der Mensch eine unheilbare Krankheit, oder er hatte seinen Lebenssinn verloren. Auf beide gab der Gott im Tempel Antwort. Der Adept fuhr nach Kos mit einem Geschenk, das seinen Mitteln angemessen war. Er tötete einen Widder, von dessen Fleisch er essen mußte, und brachte das Fell zum Heiligtum.

Als erste Stufe mußte er seine Frage vorbringen. Er wurde durch den Torhüter nur dann zugelassen, wenn die Frage echt war, wenn also der Wille bestand, sein Leben fortan im Einklang mit der Heilung oder der neuen Aufgabe zu führen.

Als zweite Stufe, tatsächlich dargestellt in einer Ebene des Heiligtums, mußte er alle Vergangenheit in einem Becken von sich abwaschen und ein weißes Gewand anziehen. Die Waschung wurde intentional der Reinigung der Seele gleichgesetzt.

Auf der dritten Stufe und Ebene mußte er für eine gewisse Zeit in der Zelle fasten – eine Spanne, die er selbst auswählte – und hier war der Ort des hippokratischen Spitals, wo ihm Ärzte mit den traditionellen Mitteln beistanden. Von der dritten Stufe des Heiligtums aus begann die Geschichte der Medizin, wie wir später sehen werden.

Auf der vierten Stufe stand der Tempel der Göttin Hygieia, begleitet von Eros-Hypnos, der Liebe und dem Schlaf. Hier mußte der Adept seine eigene Weiblichkeit in der Göttin erkennen, versinnbildlicht durch eine Priesterin des Mondes. Danach schritt er nach rechts zum Tempel des männlichen Gottes Pan, des Gehörnten, um über ihn seine Männlichkeit zu erfahren. Beschreiben wir diese Stufe in heutiger psychologischer Sprache, so bedeutete sie die Lösung der Übertragung von den tatsächlichen Eltern und anderen Autoritätsfiguren. Pan als Vertreter der Sonne wurde zum männlichen Helfer und Hygieia zum weiblichen. Erst wenn der Sucher das Männliche und das Weibliche integriert und vertieft hatte, konnte er die Stufen zur fünften Ebene erklimmen, wo der große Tempel der Heilung stand. Hier teilte sich der Weg: der unheilbar Kranke wurde in eine Grube gelegt, ähnlich einer indianischen Kiva. Dort blieb er während der drei Nächte der Verfinsterung des Mondes und erlebte im Tiefschlaf die Erscheinung Gottes, falls er ihm den Weg zur Heilung offenbarte. Vollzogene Wunderheilungen wurden auf Bleiplatten aufgeschrieben. Eine davon berichtet: Asklepios forderte einen Mann, der seit Jahren gelähmt gewesen war, auf, er möge sich erheben und den größten Stein, den er in der Nähe finde, in den Tempel bringen, wo dieser bis zur Schließung des Heiligtums im sechsten Jahrhundert auch noch zu sehen war.

Wer nach seinem Sinn und seiner Aufgabe suchte, legte sich im Tempel auf sein eigenes Widderfell, das auf einer Lagerstätte ausgebreitet war, und wartete auf die Vision im Schlaf. Hier erschien ihm der Gott in irgendeinem Bild wie dem der Schlange, oder aber der Zwerg Telesphoros – jener, der das Ziel trägt – offenbarte ihm seinen Weg in Worten oder in einem Bild. Das bekannteste Beispiel hierfür ist der Rhetor Aristeides im dritten Jahrhundert, der so seine Berufung zum Redner erfuhr und sein Erleben genau geschildert hat.

Die Berichte über gelungene Wunderheilungen in Kos und in anderen Asklepieions wie in Epidauros ähneln denen von Lourdes. Entscheidend aber war in Kos, daß Hippokrates versuchte, beide Formen der Heilung, die persönliche von der Krankheit und die geistige von der mangelnden Aufgabe für die Gesellschaft, in der Heilkunst zu vereinen und somit jenen Schritt vom Mythos zum Logos zu vollziehen, der zum abendländischen Schicksal geworden ist. Mythos bedeutete für die Griechen gestalthafte Wahrheit, Logos sprachlich nachprüfbare. Mit dem Beginn der ionischen Stadtstaaten, vor allem Milets, trat der Mythos, der bis dahin den Sinnhintergrund des Lebens gebildet hatte, zurück und der Logos in den Vordergrund. Der Grieche nahm Abstand, bevor er eine Handlung begann; er suchte nach einem dramatischen Vorbild in der Vergangenheit, wodurch diese vereinzelte Handlung einen größeren Sinn erhielt. Je mehr nun das praktische Leben der Stadt durch rationale Entscheidungen gelenkt wurde, was bei der demokratischen Verfassung unausweichlich war, desto wesentlicher wurde die Frage, ob es nicht ein anderes Kriterium für den Lebenssinn als den Mythos gäbe, etwas, das man logisch verifizieren könnte. So suchten die vorsokratischen Philosophen bereits nach natürlichen Erklärungsprinzipien anstelle der mythischen:[2] Thales fand die „Arché", den Urgrund, im Wasser, Anaximandros im Unendlichen, Anaximenes in der Luft, Pythagoras in der Zahl, Heraklit im Feuer, Xenophanes in den ruhenden Gesetzen, die dem Wandel zugrunde liegen, Parmenides im Sein und in der Logik: wenn etwas ist, dann ist das Gegenteil nicht – im Rahmen dieses Gedanken gibt es kein Drittes. Das Sein wäre also das Kriterium der Wahrheit, auf das man sich verlassen könne, um von Doxa zu Episteme, von der Meinung zum verstandenen Wissen überzugehen und damit das vielfältige Chaos in einen Kosmos, in eine menschengemäße Ordnung zu verwandeln.

2. Homöopathie und Allopathie

Die Vorsokratiker erfanden nicht etwa diese Gedanken; sie brachten sie vielmehr in eine Form. In der babylonischen Überlieferung entsprechen die astrologischen Elemente Feuer, Wasser, Erde und Luft den Eigenschaften warm, feucht, trocken und kalt: sie wandeln sich dauernd ineinander. Empedokles, der erste Philosoph des Heilens, hatte behauptet, dieser Wandel unterliege den beiden Prinzipien Liebe und Streit oder Haß und es sei die Aufgabe des Philosophen, den Menschen zur Liebe und damit zum Heil zu führen. Neben der äußeren Wirklichkeit gebe es die Welt der gestalthaften Urbilder: Augen ohne Hälse, Arme ohne Leiber, also die webende Vielfalt des Traumes – und aus ihr schöpfe der Heiler seine Intuition und Vision. Auch Hippokrates bezeichnete sich als Philosoph: „Iatros Philosophos" ist einer seiner Aussprüche. Mit dem hippokratischen Eid schuf er die Ethik des Arztes; ferner erfand er die Hierarchie der Behandlungsformen und entdeckte die Entsprechungen der vier Elemente zu den Temperamenten, den humores: Feuer – cholerisch, Wasser – phlegmatisch, Luft – sanguinisch und Erde – melancholisch, die psychologisch den Funktionen empfinden – Erde, denken – Luft, fühlen – Wasser und wollen – Feuer gleichgesetzt werden.

Aller Medizin zugrunde liegt die Heilkraft, die sich in der Vision des Asklepios entweder als menschliche Aufgabe, als kollektiver Sinn, oder als Gesundung von einer Krankheit, als persönlicher Sinn äußert. Medizin bedeutet, heilend zu helfen, wenn das Gleichgewicht des Organismus nicht mehr von der doppelten Sinnkraft wiederhergestellt werden kann. Heute ist an die Stelle des Terminus „Lebenskraft" „Autopoiesis" (Selbstorganisation und Selbstproduktion) getreten.

Die Individualität des Kranken ist einmalig. Wie kann man nun die Heilkraft anregen, ein gestörtes Gleichgewicht wieder herzustellen? Im Asklepiosmysterium was dies das Anliegen der dritten Stufe; durch das Fasten für eine bestimmte Zeit wird das Krankheitsbild für den Arzt überhaupt erst verständlich. Aber dann muß er sich entscheiden, wie er den Gesundungsprozeß anregen will. Der dreifältige Organismus – körperlich, seelisch und geistig – sehnt sich nach Gesundheit, nach Ganzheit. Da ihm aber vielleicht Leid von außen her zugefügt wurde, von anderen Menschen oder gesellschaftlichen Umständen, kann auch ein anderer hilfreich eingreifen, um

den Schaden wieder gutzumachen. Hier bieten sich zwei Weisen an, die man in heutiger Terminologie homöopathisch und allopathisch nennt. Das eine ist die Behandlung durch Verstärkung der Symptome, das „Kochen". Die Heilung geschieht über die Ähnlichkeit der Medizin mit der Krankheit, um den Prozeß der Gesundung zu beschleunigen und zum Abschluß zu bringen. Die Krankheit ist immer die bestmögliche Antwort des Organismus auf eine Situation. So wird man ein Fieber vermehren oder einen Durchfall stärker werden lassen, um die Heilkraft anzuregen.
Die andere Weise ist die Wirkung durch das Gegenteil, durch Bekämpfung, die Allopathie. Um die störenden Symptome zum Verschwinden zu bringen, wird man das Fieber senken oder den Durchfall stoppen.
Mittel haben eine individuelle und eine allgemeine Wirkung. Der Heiler als Charismatiker zielt auf die individuelle Heilung; der Arzt als Techniker und Lehrer, als Rationalist, auf die allgemeine. Mit Galen im zweiten nachchristlichen Jahrhundert gewann der Rationalismus die Oberhand, weil er sich besser beschreiben und erlernen läßt, und er ist bis heute im Abendland die Grundlage der Schulmedizin geblieben. In über zweihundert Werken schuf Galen ein Kompendium der Heilkunde, zum Teil beschreibend, doch in der Hauptsache auf kausalen Eingriff zielend.
Mit Paracelsus kam der erste Einbruch, eine Rückkehr zum individuellen Heilen. In seiner Lehre von den Signaturen und Entsprechungen, von der Eingliederung des Menschen in die Heilkraft, dem Archeus zwischen sideralen, elementalen und dealen Kräften, versuchte er individuelle und wissenschaftliche Bestimmungen zu vereinen. Die Lehre von den Signaturen besagt: Wenn eine Pflanze einem Organ sinnlich ähnlich ist – etwa in der Form oder im Geruch –, dann kann sie auch heilend eingesetzt werden, denn für jede Krankheit hat Gott ein Kraut geschaffen. Die Natur sei hierarchisch auf Heilung hin geschaffen: jedes Korn meint den Weizen, jede Blume die Rose, jedes Metall das Gold. Die alchimistische Läuterung ist also sowohl ein körperlich-chemischer als auch ein seelisch-geistiger Prozeß, den der Arzt verstehen muß.
Die Krankheiten haben ihren Ursprung in den vier Elementen, die man aber erst dann versteht, wenn man ihre Wesenhaftigkeit als Geister begreift – die Trolle, Zwerge, Feen, Undinen, Sylphiden sind wirklich in der Traumwelt. Somit müßte die Gesundheit auch ein Verständnis dieser Wesen mit sich bringen; eine andere Auffassung der Geisteskrankheiten, die Paracelsus mit der schamanischen Tradition verbindet.

Paracelsus blieb ein Einzelgänger. Die rationale Einstellung hatte seit Platon und Aristoteles, die das göttliche Sein der Ruhe und dem Gesetz gleichsetzten und es dem Werden überordneten, die Oberhand behalten. Sie ist das eigentliche Kennzeichen Europas und aller aus ihm entstandenen Kulturen bis zur heutigen weltweiten technologischen Zivilisation geblieben. Im 19. Jahrhundert wurde nun die wissenschaftliche Methode selbst, nämlich Erfahrung als wiederholbares Experiment, logische und mathematische Bestimmung über Messen und Zählen, Erklärung der Qualität durch die Quantität, auch von der Medizin übernommen, die sich nicht mehr als Heilkunde und Kunst, sondern als reine Naturwissenschaft begreifen wollte. Seither ist ein Kranker ein „Fall" und kein Individuum; Tod und Traum sind ausgeklammert. Mit der Erkenntnis der Zellstruktur, der Bakterien und Viren als Verursacher von Krankheiten, mit der Überschreitung der Schwelle zwischen Physik und Biologie durch die Biochemie schien der rationale Anspruch endgültig gerechtfertigt. Er beschränkte sich nicht nur auf die Medizin, sondern ist seit Ende des letzten Jahrhunderts zur herrschenden akademischen Weltanschauung geworden.
The map is not the territory: diese Wahrheit geriet im Bereich der wissenschaftlichen Medizin immer mehr in den Untergrund. Krankheiten werden diagnostisch definiert, führen ein Eigendasein. Sie sind nicht mehr integrierender Teil eines Menschen auf dem Weg zu einem höheren Dasein über den Tod hinaus, sondern Störungen, die gleichsam ingenieurhaft beseitigt werden sollen. Die Mehrheit der Patienten betrachtet den Körper wie ein Auto, das von Zeit zu Zeit repariert werden muß und bei dem schlechte Teile ausgetauscht werden. Man sieht Gesundung als Rehabilitation, als Wiederherstellung eines früheren Zustandes, beseitigt Schmerzen und viele Leiden. Aber zum Sinn kann die rationale Schau nicht vordringen. Sie bleibt in den Mitteln stecken.
Angesichts dieser Tatsache entstand in den letzten Jahrzehnten überall eine Rückbesinnung auf alternative oder traditionelle Methoden. Den eigentlichen Schlüssel der Rückkehr zu Hippokrates finden wir aber in der klassischen Homöopathie, die vom Prinzip der Ähnlichkeit ausgeht: similia similibus curantur. Ursache jeglicher Krankheit ist ein Stoff, der bestimmte Symptome erzeugt. Die Symptome sind nicht bloß kausal zu ergründen. Weniger als ein Prozent der Heilmittel ist aus der Forschung entstanden, alle anderen wurden durch Zufall oder Intuition entdeckt. Was einen Menschen krank macht, das muß er gleichsam werden. Daher muß das Medikament so

weit verdünnt werden, daß nur die reine Information übrig bleibt, also unterhalb der Avogadroschen Zahl. Gleichzeitig wird die Energie durch Schütteln der Lösung potenziert, bis sie durch Resonanz imstande ist, auf die genetische Struktur einzuwirken. Ähnlich wie einer Impfung und Immunisierung ist nun der Körper zu einem neuen Verhalten gegenüber der Umwelt fähig.[3)]

Im Ursprung gibt es laut Samuel Hahnemann, dem Begründer der Homöopathie, nur drei „Miasmen“ (Verunreinigungen): die Krankheiten Psora, Sykose und Syphilis. Die erste erscheint in schwerster Form als Aussatz, die zweite bringt Auswüchse, die dritte zerstört. Die erste ist primär, die zweite und dritte sind Abwandlungen der ersten.

Übersetzen wir diese eigenwillige Terminologie in philosophische Sprache, so ist für die Homöopathen die Ursache aller Krankheiten die Tatsache, daß der Mensch sich aus dem großen Zusammenhang, mit dem er über die Haut in Beziehung steht, willkürlich vereinzelt (so die Psora): Diese Vereinzelung kann hektisch werden wie bei der Sykose; dann unterliegt er den Gemütswallungen, und weiß gar nicht mehr, wann er lügt oder wahrhaftig ist; oder sie kann zerstörend werden in der Trägheit, sodaß ein Mensch trotz besseren Wissens aus seiner Lage nicht mehr herauskommt; er geht sehenden Auges und mit vollem Bewußtsein in sein Unglück. Sein Organismus zerstört sich wie bei der Syphilis.

Alle Medizin ist für den Homöopathen individuell und irrational. Infolgedessen ist die empirische Grundlage der Heilung die genaue Beschreibung aller Symptome, die in Zusammenhang mit einem Stoff in der Arzneimittelprüfung auftauchen, körperliche Ausschläge ebenso wie seelische Verhaltensweisen. Wo immer ein Mensch durch ein Medikament geheilt wurde, wurden in der „Materia Medica“ die Symptome registriert. Es gibt keine Krankheiten, sondern nur kranke Menschen, und die gleiche schulmedizinische Krankheit wird homöopathisch bei zwei Menschen mit verschiedenen Mitteln geheilt werden. Man spricht in der Praxis von einem Phosphor oder einem Schwefel, der in die Sprechstunde kommt. Alle Krankheitskeime sind dauernd vorhanden. Welcher die Oberhand gewinnt, hängt von der Individualität ab. Wird auf Grund der Symptome das richtige Mittel gegeben, so tritt die Erstverschlimmerung ein. Durch die allopathische Behandlung sind die Krankheiten immer tiefer in den Organismus eingedrungen und müssen in umgekehrter Richtung wieder erscheinen, bis die Gesundheit erreicht ist. Um die Krankheit zu erkennen, verwendet der klassische Homöopath sieben Stufen der Anamnese, die für jegliche Sinnfindung wichtig sind und die ich daher genau schildere:

1. Wie kommt der Patient in die Sprechstunde, was sind seine Gebärden; wie setzt er sich, welche Ausdrücke gebraucht er, was ist seine Phänomenologie (blaß, fahrig, energisch, begeistert)?
2. Die Spontanerzählung. Wie sieht er sein Leiden, warum kommt er zum Arzt. Berichtet er exakt, übertreibt oder untertreibt er?
3. Die Stimmung. Will er nur von seinen Symptomen geheilt, also aktuell behandelt werden, oder tatsächlich gesunden, kausal bis zum Ursprung des Leidens zurückgehen, zu einer falschen Entscheidung, einem Trauma oder schwerwiegenden äußeren Umständen?
4. Was sind die existentiellen Symptome? Wie lebt der Mensch, was sind seine Ängste, Träume und Emotionen? Wie sieht er die Gesellschaft, seine Ehe, seinen Beruf, seine Kompetenz? Wo glaubt er willentlich eingegriffen zu haben, selbständig zu entscheiden oder in Abhängigkeit oder Trägheit zu verharren?
5. Organotropie. In welchen Organen schlägt sich die Krankheit nieder, was sind deren Entsprechung in der Gesellschaft: Magen – Ernährung; Leber – Energie, usw.
6. Wie ist das Verhältnis zur eigenen Herkunft, zu den Eltern, vielleicht zu früheren Inkarnationen? Wie steht es mit der Geburt und der embryonalen Entwicklung? Wie war die Geburt? An welche Vorfahren knüpft er an, zu welchen steht er in Gegensatz?
7. Wie hierarchisiert er sein Leben, was ist sein Sinn? Wie können wir die Symptome nach ihrer Wichtigkeit ordnen? Welcher Wert ist für ihn im Augenblick der höchste?

Offensichtlich überschreitet diese Anamnese bei weitem das, was der durchschnittliche Patient vom Arzt erwartet. Während die allopathische, auf Gegensatz gegründete Medizin den Menschen immer mehr bloß als Fall sieht, will der Homöopath die Individualität verstehen. Es ist daher kein Wunder, daß ihm andere Wege der Heilung als Ergänzung verständlicher sind als dem Schulmediziner: die chinesische Akupunktur, für die Krankheit Stagnation im Wechselfluß der fünf Zustände ist, und die alles Geschehen von Yin und Yang und ihren Gegensatz ableitet; die Feldenkraismethode, die damit heilt, daß sie die Bewegungsabläufe auf ihre Grundlagen zurückführt, die Chiropraktik und natürlich die traditionelle Kräutermedizin.

All diese Disziplinen gehen von der Ganzheit und der Gesundung aus. Sie bilden daher die echte Ergänzung der wissenschaftlichen Forschung in der Schulmedizin. Man kann letztere den Überlebensstrategien vergleichen, die traditionellen Methoden dagegen als Suche nach der verlorenen Ganzheit bestimmen. Aber sowohl Allopathie als auch Homöopathie gehen vom Organismus selbst aus und nicht von seiner möglichen Eingewobenheit ins Jenseits. Diese Frage beschäftigt eine ganze andere Weise der Ganzheitsfindung, welche uns vor allem das indianische Medizinrad vermitteln kann.

II. TEIL

Kriterien der Offenbarung

Voraussetzung: Das Medizinrad

Das Ergebnis des herrschenden medizinischen Paradigmas ist der Arzt als Spezialist, die Pharmazeutik, die technologisch voll ausgerüsteten Spitäler und die Krankenversorgung. All dies ist gesellschaftlich eine positive Entwicklung: auch ich verdanke der allopathischen Medizin mein Leben, keine homöopathische oder traditionelle Medizin hätte mir bei meinem Herzinfarkt helfen können.

Doch „Spezialist“ hat auch eine andere Bedeutung. Bei Thomas von Aquin bedeutet es nicht Teilwissen, sondern für die Gattung zu wirken. Tatsächlich kann jeder Mensch einem anderen nur in etwas ganz Bestimmtem nützlich sein, kein Sinn ist zweimal auf der Welt. Was für mich sinnvoll ist, muß dem anderen einen Nutzen bringen, sonst verpufft die Bemühung ins Leere. Somit handelt es sich heute nicht darum, das allopathische Paradigma zu zerstören, sondern ganz im Gegenteil: es gilt, die ungeheure Leistung, die Naturwissenschaft und Medizin im letzten Jahrhundert vollbracht haben, in jenen ganzheitlichen Rahmen einzuordnen, den sie in ihrem Ursprung bei Asklepios hatte.

Es gibt keinen Weg zurück zur Ganzheit des Stammes; die Tage aller ethnischen Besonderheiten sind gezählt. Die Ähnlichkeit eines Wiener Studenten mit seinem Kollegen in Calcutta oder Nairobi ist größer als mit seinen Eltern; der Bruch zwischen den Generationen ist nicht mehr graduell, sondern total. Das globale Bewußtsein kann auf keine Wurzeln zurückblicken, es ist nur aus der Zukunft zu ergreifen.

Aber die technische und wissenschaftliche Revolution, der Paradigmenwechsel, läßt sich sehr wohl rückbeziehen. Die Begrenzung der Weltbilder vieler Vertreter des Establishments entstammt nicht ihrem Wissen, sondern historisch gewachsenen Vorurteilen. Wenn wir fortschreiten wollen zu einer neuen Ganzheit, die die Wohltaten der industriellen Revolution einbezieht und ihre Schäden meidet, müssen wir im Denken weiter zurück, als es in meiner Jugend üblich war: wir müssen bis an die Quelle der Zivilisation in der Altsteinzeit, als der Bruch mit der Tierwelt noch nicht im Bewußtsein vollzogen war; bis an jene Zeit der Gliedhaftigkeit des Menschentiers im großen Zusammenhang, der mit der neusteinzeitlichen Revolution verloren ging, aber heute wieder greifbar wird. Der Durchbruch zu dieser Sicht ist dem Werk von Carlos Castaneda zu verdanken.[4] Während frühere Forscher wie Mircea Eliade den Schamanismus von außen beschrieben, ist durch ihn diese Tradition, sei es existentiell, sei es dichterisch, wieder zur Lebensform geworden. Dank seiner Begrifflichkeit sind uns heute Weltbereiche und Bewußtseinszustände zugänglich, die ein gebildeter Mitteleuropäer der fünfziger Jahre noch ins Reich der Phantasie verbannt hätte.

Die nordamerikanische Tradition des Schamanismus bezeichnet einen Menschen, der die Ganzheit vertritt und heilen kann, als „Medicineperson". Medizin erreicht ein Mensch in der Visionssuche, und diese verlangt eine Einstellung, die nur durch die Erfahrung und die brennende Sehnsucht, im totalen Einsatz, erreicht werden kann. Von den Navahos heißt es: They lament for a vision.

Wir haben viele Jahre in engem Kontakt mit indianischen Medicinepersons und auch amerikanischen Forschern Erfahrungen und Erkenntnisse gesammelt[5], die es möglich erscheinen lassen, das ganzheitliche Paradigma des Heilens mit Hilfe der Ergebnisse der Gehirnforschung und der Erkundung anderer Bewußtseinszustände zugänglich zu machen. Als erstes wollen wir uns den Grundbegriffen zuwenden, die ein Verstehen dieser ungewöhnlichen Schau überhaupt erst möglich machen.

Die wichtigste Unterscheidung Castanedas ist die zwischen Tonal und Nagual, die von der üblichen ethnologischen Terminologie abweicht. Tonal ist die Welt, wie sie sich aus der äußeren Erfahrung beschreiben und rational verifizieren läßt. Nagual ist alles andere, das Umgreifende, das Jenseits, zu dem der Traum einen Zugang bildet. Don Juan erklärt: For the tonal no irrational crap; for the nagual no rational crap. Die Welt des Wachens ist genauso wirklich und wirksam wie die des Traumes. Im Wachen verläuft die Kausalität von der Vergangenheit in die Zukunft. Im Traum dagegen ist es umgekehrt: die Bedeutung einer Vision oder eines Zeichens wird erst aus einem künftigen Ereignis verständlich.

Dieses künftige Ereignis ist nicht vorbestimmt; es existiert als Möglichkeit. Doch die Möglichkeit hat bestimmte Kriterien, deren Erkenntnis vielleicht die erste denkerische Leistung der Menschen gewesen ist, und die ihren Niederschlag im Medizinrad der Indianer gefunden hat.

Nach indianischer Überlieferung existieren die Menschen während des Lebens im Tonal. Mit dem Tod gehen sie in den Nagual, in die Traumwelt, um dann wieder in den Tonal zu neuer Inkarnation hinüberzuwechseln. Bei den meisten Menschen geschieht dies ohne ihr Zutun, Tod und Leben wechseln gleichsam mechanisch. Doch manche können „men of knowledge“, Menschen des Wissens, werden und das Leben im Tonal dazu verwenden, beide Gebiete, jenes der Erfahrung und jenes der Offenbarung, als lebende Brücken zwischen Diesseits und Jenseits zu vereinen.

Aus der Zweiheit von Tag und Nacht, Wachen und Traum, Tonal und Nagual, kommen wir zu folgender Rahmenvorstellung: Jedes Wesen existiert seit jeher, entweder im Zustand der Potentialität oder Aktualität. Leben und Tod verhalten sich zueinander nicht metaphorisch, sondern tatsächlich wie Wachen und Träumen.

Der Mensch kommt mit Motiven auf die Welt, und sein physischer Körper mit seiner Fähigkeit des Gedächtnisses gibt ihm die Möglichkeit, die Motive in Taten zu verwandeln. Am Ende des körperlichen Daseins ist der Kraftleib, der Motivleib alt, der Lichtleib, der Traumkörper jedoch kindlich; man wird gleichsam im Tod in die Welt des Nagual hineingeboren. Aus der Summe der Erfahrungen und Erwartungen, der Enttäuschungen und Erreichnisse eines irdischen Daseins erlangt der Mensch im Tod einen neuen Lichtleib, der sich nach einer Periode der Klärung, die der christlichen Vorstellung des Fegefeuers ähnelt, nach einem entsprechenden Elternpaar im Weltall sehnt und durch dessen Vereinigung zu einer neuen Inkarnation ansetzt. Die Inkarnation braucht nicht auf unserer Erde stattzufinden, es gibt viele Planeten. Jedoch berichtet ein Mensch in einer Regression immer, als ob sein Leben auf der Erde verlaufen wäre, weil er sich keine andere Erde vorstellen kann.[6] Diese Hypothese würde erklären, warum es nur bei ganz wenigen Menschen gelingt, eine frühere Inkarnation historisch zu belegen. Des weiteren sind in bezug auf den Nagual alle Erden des Universums und damit die kosmische Menschheit im gleichen Zeitaugenblick, den wir bei uns als Beginn der Wassermannzeit bestimmen; es gibt also keine fortgeschritteneren Zivilisationen als die unsere im All, da man im Nagual mit allem Wissen in Beziehung treten kann.

Das Hin und Her zwischen Leben und Tod kann also ohne Bewußtsein geschehen, wie der gewöhnliche Wechsel zwischen Traum und Wachen. Der Schamane, die medicineperson, ist imstande, die beiden Bereiche über das Wissen zu vereinen und das eigentliche Ziel des irdischen Daseins zu kennen, das als Umstülpung, kabbalistisch als Umstellung der Lichter, beschrieben wird. Um die sprachliche Brücke zu bilden, den Wortleib zwischen Kraftleib und Lichtleib zu schaffen, muß man die Nahtstellen zwischen Tonal und Nagual kennen.

Der Medizinmann (-frau) hat die Aufgabe der Heilung mittels Wesenheiten aus dem Nagual. Er kennt diese; er weiß, welche er ansprechen muß, um eine bestimmte Krankheit, ein bestimmtes Leiden zu überwinden. Der Himmel wird in der Nacht erlebt, die Erde im Licht der Sonne am Tag. Am Tag sehen wir die Stunden durch die Sonnenstellung, in der Nacht können wir die Zeit nur an der räumlichen Drehung des Sternbildes des Großen Wagens um den Polarstern erkennen. Die Achse zum Polarstern, die gleichzeitig jene zur Erdmitte ist, ermöglicht uns, die Mitte des Bewußtseins und damit das Göttliche zu erreichen.

Die Himmelsrichtungen entstehen aus der Drehung der Erde um ihre Achse, wodurch Tag und Nacht abwechseln. Der Himmel in seinen Konstellationen, den Sternbildern und Planeten, ist der Zugang zur rückwirkenden Kausalität aus der Zukunft in die Gegenwart; der Tag ist der Ablauf der vorwirkenden Kausalität. Die Rechtsdrehung des Himmels und die Linksdrehung des Jahres sind die Urbewegungen der Zeit; ihre Erkenntnis kann Mögliches wirklich werden lassen.

Jede Heilung ist ein Durchbrechen der Trägheit des Todes, welche Identifizierung mit einer Statik, einem selbsttätigen Ablauf bedeutet. Die Himmelsrichtungen zeigen die Ordnung der verschiedenen Arten des Heilens im Medizinrad, die aus den vier Stellungen des Großen Wagens ein Swastika (Hakenkreuz) bilden und durch eine bestimmte Zählweise, den „Sacred Count", verständlich werden:[7]

Sacred Count

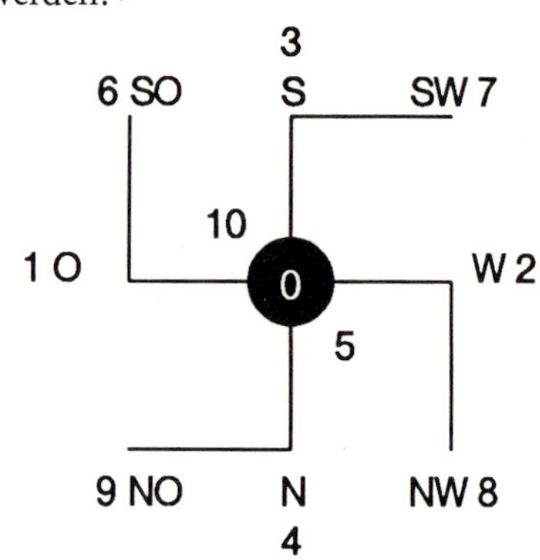

1. Ostheilung der Erleuchtung

Die erste Richtung ist der Osten, wo der Himmel und auch die Sonne als Sinnbild des Bewußtseins aufgehen. Die Vision des Göttlichen ist der Ausgangspunkt. Wer keine Hoffnung hat, wird sich mit dem Rücken nach Osten in den Kreis stellen, um von hinten seine persönliche Offenbarung zu erfahren, die darin besteht, ein Geschehnis oder ein Traumgesicht, ein Wort als verpflichtend anzuerkennen. Hier spricht das Göttliche und zeigt den Uranfang von allem, was man beginnen kann. Die Heilung des Ostens ist das Gebet, die Anrufung, die Einstimmung, die Bekehrung, die Auflösung der Vergangenheit. Osten ist dauernde Bewegung des Himmels; zwischen Tag und Nacht ist in der Dämmerung der „Spalt“ zwischen den Welten zugänglich. Deshalb kann im Osten der Mensch die eigene Richtung finden. Christus, Mohammed und Buddha sprachen aus dem Osten. Alles ist im Osten allbezogen, es herrscht die Freude des ewigen Augenblicks. Wer den Osten hat, kann anderen Hoffnung geben.
Die Hoffnung ist eine Ostentscheidung, nämlich die Vision, die einem widerfuhr, auf der Erde nachzuvollziehen, etwa, daß man vielleicht nach dem gegebenen Deutungsschlüssel einer Tradition beim Bild eines Sonnenuntergangs eine Reise nach Westen unternimmt oder gemeinschaftliche Kontakte pflegt. Im Osten ist jeder Anfang. Daher heißt der Aszendent des Horoskops auf indisch „lagna“, Beginn. Auch das griechische Wort für den Aszendenten, Horoskopos, offenbart den Gott, der die Stunde sieht und damit im Tierkreis als Feld der Tonalverwirklichung etwas Neues hinzufügt. Gott als der ewig Zukünftige, der Mensch im All, lebt nur in den Anfängen. Gelingt es, einen echten Anfang zu setzen oder einem anderen in einer ihm verzweifelt scheinenden Lage Hoffnung zu geben, dann kann die Vergangenheit tatsächlich ausgelöscht sein, wie der Islam die Bekehrung beschreibt. Wer immer erkennt, daß er Teil des Göttlichen ist, hat eine Ostoffenbarung, indem er nämlich aufhört, sich selbst als Gott zu bezeichnen. Das Ich ist im Osten als Gewahrsein empfangend und nur der Ritus, das Fest, kann den Osten dauerhaft im Bewußtsein verankern.
Das Gebet ist im Osten: das Sonnengebet des Yoga oder des Tai-Chi, die Morgenandacht im Kloster. Der Priester, der mit der Gemeinde nach Osten schaute, wurde dadurch Anführer auf der Suche nach dem ewigen Anbeginn. „Stopping the world“, der ewige Augenblick, erreicht beide Mitten: die

göttliche in der Nichtzeit und die irdische im Stillstand der Assoziationen, wie es der Yoga Suttra beschreibt. Der Osten hält als einzige Richtung den Weg zwischen innen und außen offen. So ist jeder Mensch im Osten allein, denn Gott selbst wird sein Helfer. So ist der Osten auch Glauben im jüdischen Sinn der Emuna oder im griechischen Sinn des Nomizein, der Anerkennung: dadurch, daß ich mich auf den göttlichen Anfang konzentriere, bin ich Geschöpf. Der Strom der Vision erschafft mich dauernd, und ich habe keine Sorgen, keine Identifikation mit Vergangenheit, Begebenheiten oder Bedingungen.

Gebetsheilung im Osten kann auch von den vielen durchgeführt werden, die für die göttliche Gegenwart, wie in der katholischen Messe, als Zeugen – als Zeugende – dabei sind. So kennt die Ostheilung keinen Eingriff von Geistern. Hierher gehören jene Heiler, die im Namen des Göttlichen wirken, also dem Menschen seinen Osten wiedergeben. Im Osten ist das Licht, das Feuer, aber auch die Stimme des Göttlichen, die im Feuer erscheint wie weiland dem Moses im brennenden Dornbusch.

Letztlich muß jeder Mensch seinen Osten finden. Aber was das Höchste und der Anfang ist, das ist gleichzeitig das Schwerste, denn es gilt die Hindernisse aus dem Weg zu räumen, die dem Annehmen der Offenbarung widerstehen. Ein indischer Weg des Ostens ist die schweigende Unterweisung, wie sie Ramana Maharshi im Samadhi zeigte. Begegnet man einem, der ganz von der göttlichen Gegenwart ergriffen ist, dann lösen sich alle scheinbaren Probleme; man hat keine Fragen mehr.

Das Wirken eines Ostheilers ist aber nur dann möglich, wenn man auf ihn und sein Tun vertraut – der ursprüngliche Sinn des englischen Wortes „faith“ im Unterschied zu „belief“. Selber Osten wird man erst, wenn man alle anderen Richtungen erfaßt und geöffnet hat. In den Worten des Schamanen Don Juan bei Castaneda gleicht das Wesen des Menschen einem leuchtenden Ei mit Strängen, die um den Bauch gewickelt sind; es gilt diese Stränge aufzulösen und in Verbindungskanäle umzugestalten.

Jedes Gipfelerlebnis ist eine Osterfahrung. Wem es gelingt, aus den Gipfelerfahrungen eine geistige Biographie, eine Lichterstraße zu gestalten, der kann die Nacht der Seele durchhalten, wenn er in Verzweiflung gerät. Aber auch die Verzweiflung, der zweite Schritt der Heilung, hat einen positiven Ort: wer wirklich zwei wird im Westen, für den ist die gesamte Erde, selbst das Mineral heilend geworden, indem sie sich in ihm zum Kristall, buddhistisch zum Diamantkörper, läutert.

2. Westheilung der Trance

Den Osten erlebt auch der Einfältige, er ist immer zugänglich; den Westen dagegen nur jener, der die Hölle der Gezweiung annimmt. Im Westen geht der Himmel unter, und die Erde geht auf. Dies ist der Ort der mineralischen Heilung, des Einstehens, der Wandlung, der Hypnose und Trance, die dazu gebraucht werden können, einen Menschen aus einer falschen Ichhaftigkeit zu befreien. Hinter den dichterischen Worten jedweden Künders kann man den göttlichen Ursprung finden, das tote Wort oder die Gebärde zum Sein erwecken.

Im Westen ist das Wesen auf sich selbst gestellt. Im Osten ist das Licht, im Westen ist der Ton, die Trommel, der Rhythmus, die dauernde Bewegung, die bis in die Tiefe der Befreiung führt.

Dreifältig ist die indianische Gottheit: Wakhan, Skwann und Wakhantanka. Wakhan ist der leere unendliche Raum, der Urgrund aller Masse und Mitte, der uns durch die Erde bewußt wird. Sie steht stellvertretend für die Große Mutter. Skwann ist das Licht, der Ursprung der Großen Schöpfung, die von mir fordert, daß ich ihr gewachsen sei. Skwann offenbart sich als Himmel und Zeit. So ist im Göttlichen der Raum, die Kraft und die Leere das Vorweltliche, die Zeit, das Licht und das Bewußtsein das Nachweltliche. Im menschlichen Leben hingegen beginnen wir mit der Sonne im Tag als Träger der Offenbarung, und als zweites erscheint die Nacht und der Mond, die Erde als Zugang zur Kraft. Beide sind nullhaft, bestimmen den Geysir, wo aus dem Nichts dauernd das Etwas sprudelt. So ist im Jenseits das Weibliche zuerst und das Männliche danach, im Diesseits das Männliche als die bewußte Kontinuität das Erste – das Schaffen der Lichterstraße – und das Weibliche als das Erfüllen der im Osten geschauten Möglichkeiten das Zweite.

Nur die Kraft der Aufmerksamkeit, das innere Dunkel, kann das Licht der Vorstellung wecken.

Dem gemeinsamen Gebet im Osten steht die gemeinsame Trance im Westen gegenüber: sie dient dazu, die Menschen für das mögliche Licht zu öffnen. Das Kristall, der Stein, das Mineral potenziert die Kraft der Aufmerksamkeit. Wenn ich imstande bin, in körperlichen Bewegungen einem Bild zu folgen – etwa Wasser aus einem Glas zu trinken –, kann ich auch dem anderen in der Trance den Zugang zu jenem Dunkel geben, zu seiner Kraft, die allein das Licht aufnehmen kann.

In der indischen Überlieferung heißt es: Wer nur im Osten lebt in der Kontemplation, ist für das Göttliche unnütz; erst im Westen gewinnt er das Was. „Wer da hat, dem wird gegeben werden“: Dieses christliche Wort bezieht sich auf das Ergreifen des Wollens. Der Osten ist Gewahrsein, der Westen die Entscheidung, die Wahl, die aus der Kraft zwischen Himmel und Erde, Skwann und Wakhan nur in Beziehung auf den Menschen im All, auf Wakhantanka sinnvoll werden kann.

Mensch im All heißt – im All. Er ist für sämtliche Wesen des Universums das Sein, nicht nur für unsere Erde.

Bei allen Riten und Zeremonien des Medizinrades bleibt die Mitte des Kreises, 0, 5 und 10, im Sacred Count frei; hier ist jeder Mensch und die ganze Menschheit vertreten. Nie habe ich ein Subjekt außer der Gattung, darin sind wir den Tieren gleich. Der Selbsterhaltungsinstinkt aller Wesen entstammt der Erde und dadurch dem Prinzip des Wakhan, das Nichts ist die Wurzel der Individualität. Der Arterhaltungstrieb ist Forderung und entspringt Skwann. Auch beim Menschen erweist er sich im Leben stärker als der Selbsterhaltungstrieb. Der dritte Gottesbegriff aber, Wakhantanka als Mensch im All, ist nur zugänglich, wenn beide Gottheiten vereint werden und in der Allgeborgenheit der Null, dem germanischen Got, dem indischen Brahman, dem Einenden Einen ihr Sein finden.

Im gemeinsamen Trommeln der Trance werden durch die inkarnierte und geschaffene Zeit der Musik – nur der Raum kann Zeit schaffen, wie etwa die Noten einer Partitur – die Menschen aus festgefahrenen Gebärden befreit. Die Trance des Voodoo dient dazu, einem Gottesbild den Weg in den Einzelnen freizukämpfen, der fortan als Medium wirkt. Das Medium kann dabei bewußt sein oder auch nicht, das ist eine Frage der persönlichen Entwicklung des Wortleibes. In der Hypnose ist der Wille des Heilers direkt über die Traumwelt mit dem Willen des anderen verbunden und befähigt den Körper zu Leistungen, die dem Bewußtsein deswegen unzugänglich sind, weil der Durchschnittsmensch die Welt des Traumes und damit seiner Motive nicht im Griff hat.

Westen ist Trance, Westen ist geschlechtliche Vereinigung, ist Spiel, ist Freude, ist aber auch bewußt angenommene Besessenheit: man dient einem Gott.

Der Schamane des Minerals sitzt im Westen; er sieht die Krankheiten als falsche Individualitäten – meistens als Tote, die den Weg zum Licht nicht gefunden haben und den Weg zur Gesundung verstellen. Er mag ihre Bilder auf ein Tongefäß malen und dieses dann zerbrechen, er mag sie in Eier bannen, die dann vernichtet werden.

In der Trance wirkt der Heiler von außen. Er bestärkt sozusagen Wakhan, den Selbsterhaltungsinstinkt. Der Mensch wird nach der Besessenheit entweder Herr im eigenen Haus, oder aber fortan Medium für eines der hilfreichen Wesen der anderen Richtungen. Medium heißt ursprünglich Mittler, und für die Brasilianer muß jeder Mensch ein Medium werden: sie bezeichnen es als ein Pferd, wie eben auch der Zentaur, der erste Lehrer der Heilkunst, einen Pferdekörper besaß.

Tranceheilung ist auch ohne den traditionellen Bezug auf eine Götterwelt möglich: Drei Bereiche befinden sich im menschlichen Körper. Der Kopf ist Sitz des intellektuellen Zentrums, das Herz jener des affektiven und der Unterleib des instinktivmotorischen. Das entfremdete Bewußtsein hat den untersten Bereich verloren. Durch Ausschaltung der intellektuellen Bewußtheit des Kopfes wird das Herz gezwungen, sich nach unten zu wenden und damit jene Motive zu finden, die den Zugang zu seiner Kraft öffnen und sich im Tanz als Zorn, Lächerlichkeit, Angst, Befreiung etc. äußern. So ist auch der rein dionysische Tanz ohne geistige Zielsetzung eine westliche Befreiung und hatte in den alten Kulturen seinen geheiligten Platz.

3. Südheilung der Pflanzen

Süden ist die Mitte des Tages, Gegensatz der Nacht. Hier ist der Schwerpunkt der Seele, die gleich der Sonne am Mittag strahlt. Das Kennzeichen der Seele, die in ihr Wesen tritt, ist Vertrauen und Unschuld. So bilden die Pflanzen die Grundlage jener Heilung, die auf volle Wachheit zielt.

Jede Pflanze hat ihre eigene Rolle im Kosmos. Ihr Atem geht im Tag-Nacht-Rhythmus, Kohlensäure-Sauerstoff. Jede Pflanze ist allbezogen. Sie wächst und vollendet sich nach Maßgabe der äußeren Bedingungen und Umstände, ohne auf Kosten anderer zu leben – es sei denn, zwei Pflanzen kommen einander zu nahe und überwuchern. Fast alle Heilmittel der Pharmakologie entstammen den Pflanzen. Die allopathische Medizin versucht sie auf ihre chemischen Bestandteile zurückzuführen. Doch auch biochemisch haben organische Verbindungen eine Rechts- oder Linksdrehung, während dies bei künstlichen zufällig variiert.

Das Wesentliche der Pflanzen ist ihr Bewußtsein, ihre Einfügung ins Ganze, ihre Fähigkeit zur schwachen Zellstrahlung, die Popp nachgewiesen hat,[8] und die Autopoiesis. Nahe ich mich einer Pflanze in Ehrfurcht, so kann sie zufolge der indianischen Überlieferung die fehlgeleitete Energie einer Krankheit aufnehmen oder diese über ein Medikament dem ganzheitlichen Organismus eingliedern.

Pflanzen ernähren sich durch Photonen, sind aber selbst imstande, diese gemäß ihrer Information wieder abzugeben. Das erstemal Pflanzen im Sinne des Schamanen Don Juan habe ich „gesehen“, als ich in einem Versuch LSD nahm; ich mußte erkennen, daß ich vorher nie geschaut hatte. Laut allopathischer Auffassung wird durch LSD nur das rationale Denken der Sprache blockiert, und die rechte Hemisphäre des Großhirns wird plötzlich übermächtig – gleichsam eine künstliche Schizophrenie. Aber die Erkenntnis der Eigenheit des Wesens der Pflanze ist mir geblieben. Ich brauche nur zu wollen, die Pflanze als Gegenüber, als Wesen zu erleben, und meine Schau verändert sich – die LSD-Erfahrung kehrt ohne Droge zurück. So sind die Wirkungen der „halluzinogenen“ Pflanzen – ein grundfalsches Wort – Tore in andere Wirklichkeiten. Schon der Alkohol befähigt den Menschen, die im Alltag aus Leiderleben versperrte Tür zur rechten Hemisphäre, zum Fühlen und zur Imagination zu öffnen, also in eine nicht auf praktische Ziele gerichtete Kommunikation einzugehen.

Man kann einem Baum laut indianischer Überlieferung sein Leiden abgeben, wenn man mit ihm spricht. Doch sein Zeitrhythmus ist anders als unserer. Der Schamane H. Storm erklärte mir, man müsse am ersten Tag fragen und am nächsten Tag um dieselbe Zeit auf die Antwort lauschen. Natürlich antwortet der Baum nicht in Worten; doch indem ich mich seinen Vibrationen öffne, verwandeln sich diese für mich in Sprache.

Es war seltsam, das erstemal in Workshops Menschen zu veranlassen, Bäume zu umarmen. Die Frauen hatten es leichter, die Männer brauchten einige Zeit aus Angst vor der Lächerlichkeit. Bevor ein Indianer einen Zweig abschneidet, bittet er den Baum um Erlaubnis und hält die Hand an den Stamm, wobei er sagt, wozu er den Zweig braucht. Wird die Hand warm, so stimmt der Baum zu, weil jedes Wesen bereit ist, dem anderen nach Befriedigung der eigenen Bedürfnisse zu helfen.

Das Mineral ist der Ursprung der Sexualität und des genetischen Codes; es kann, wie wir später sehen werden, in kristalliner oder lebendiger Form auftreten, gehört also zum Westen. Die Selbstbesinnung der Westheilung im Medizinrad bedeutet Rückkehr zur eigenen Information, zum Genom. Die Pflanze dagegen zeigt uns, wie wir in der Welt strahlend wirken können. Sie verwandelt das diffus weiße Sonnenlicht in ein chromatisches, farbiges, gleich einem Laserstrahl. Da alles im All miteinander in Verbindung steht, ist jede Wirkung unendlich groß, auch wenn sie uns klein erscheint; denn klein heißt immer auf irgendeinen willkürlichen Maßstab bezogen. Nichts in der Welt ist unwesentlich und gleichgültig. Alles hat eine tiefe Bedeutung. Halluzinogene Pflanzen eröffnen andere Wirklichkeiten. Die gleichen Pflanzen können als fördernd oder schadend auftreten, je nach Menge oder Form. Man denke an die Doppelbedeutung von „Gift"; schädlich auf deutsch, Geschenk auf englisch. Der Biotop der Pflanzen erwächst aus dem Mineral mit seinen drei Formen Kristall, Salz und Metall. Auch das Feuer ist lebendig, wie ich am Stromboli erlebte; es ist etwas ganz anderes, das lebendige Feuer des Vulkans zu schauen, als ein Holzfeuer zu beobachten. Es bringt eine andere Bewußtseinsart. Das brennende Holz zeigt uns den Zugang zu unserem eigenen Wollen, das der dauernden Nahrung bedarf. Das Urfeuer dagegen setzt Sauerstoff frei und macht das Mineral fruchtbar für Pflanze, Tier und Mensch.

Eine Stellung, die nicht der Kompetenz in der Öffentlichkeit entspricht, zerstört den Menschen als Seele, als Pflanze oder Baum. Er kann nur dann wie die Sonne strahlen, wenn sein Wissensterritorium und seine Stellung

nicht in Frage gestellt werden. Es ist seltsam, daß zerstörende Revolutionäre einen Haß gegen alte Bäume haben und diese sofort fällen, wie wir es beim Einmarsch der Roten Armee erlebten. Für mich gibt es keinen schöneren Anblick als einen vollendeten alten Baum, der nur ist und von nichts in Frage gestellt wird – es sei denn, er werde von bösen Menschen zerstört.
Die geistige Natur der Pflanzen verlangt, sie in bestimmter Art und Weise, mit Rücksicht auf Raum und Zeit zu pflücken, zu trocknen, zu zerstäuben oder in eine Lösung zu verwandeln. Gleiche Kräuter können in einer anderen Landschaft verschieden wirken. Das richtige Pflücken hängt traditionell mit Sonne und Mond zusammen. Die allopathische Arzneiprüfung vernachlässigt diese Überlieferungen als unwesentlich, hat keine Achtung vor der Pflanze als lebendigem Wesen.
Eine südamerikanische Überlieferung behauptet, der Mensch wäre gleichzeitig auf einem anderen Planeten ein Stein, auf wieder einem anderen eine Pflanze und ein Tier. Wir erwähnten bereits, daß die Reinkarnationen sich nicht notwenig auf dieser Erde vollziehen, da der Mensch durch das Tor des Ostens aus der Raumzeit aussteigt und im ganzen Universum zu Hause ist.
Jeder Mensch ist mit einer oder mehreren Pflanzen wesensverwandt. Vielleicht ist eine von ihnen sogar sein homöopathisches Heilmittel. Ich zum Beispiel erlebe den Löwenzahn als Freund und sehe auch meine öffentliche Tätigkeit in gewisser Weise wie jene weiße Kugel, die der Wind verbläst.
Die Grundlage des ganzheitlichen Weltbildes ist die Allverbundenheit.
Alles hat Körper, Seele und Geist, und eine pflanzliche Medizin kann nur dann positiv wirken, wenn der Heiler des Südens die drei Komponenten ihrer Signatur im Sinne von Paracelsus begreift.

4. Nordheilung der Tiermedizin

Der Norden ist die Medizin der Tiere, die von den vier Trieben – Nahrung, Sicherung, Aggression und Reproduktion – und aus dem Traum gelenkt werden. In den meisten schamanischen Traditionen muß der künftige Heiler des Nordens ein Tier aus der Unterwelt, einer Traumlandschaft finden, welches selbst zu ihm will. Hierzu imaginiert man laut Michael Harner in einer echten Höhle, die man kennt, folgendes: Man öffnet ihre Hinterwand; dort ist ein Tunnel nach unten.[9)] Man schwimmt ihn gleichsam hinunter, bis man in das Land der Tiergeister gelangt. Der Rhythmus der Trommel beträgt bei diesem Ritus vier bis sieben Hertz, aktiviert also im Gehirn die Thetawellen des Visionstraumes. Im Unterschied zur reinen Trance des Westens spricht der Leiter der Imagination bis zur Ankunft im Reich der Tiergeister. Wenn man ein Tier viermal dort gesehen hat oder es von selbst kommt, kehrt man mit ihm in die Oberwelt zurück, imaginiert sich mit ihm in der Höhle, dann tanzt man es, nachdem der Schamane das Bild verstanden und mit einer Zeremonie im Bewußtsein fixiert hat. Fortan ist dieses Tier ein Helfer; der nordamerikanische Schamane hat bis zu acht Tierhelfer, die von besonders Geschulten auch gesehen werden können.
Diesem Tier begegnet man fortan auch im Wachen ganz anders als bisher. Ich habe in der Unterwelt den Frosch als Helfer erlebt; doch die Rolle, die ich im Leben einnehme, ist jene des Luchses, des wachsamen Eingreifens, während der Frosch mir hilft, Erde und Wasser, rechts und links, Motive und Taten, Unterwelt und Oberwelt aufeinander abzustimmen.
Das Tier zeigt gegenüber einer Krankheit, einer eigenen oder der eines anderen, in der Vision durch Bewegung und Gebärde die Antwort, wie man sich im kosmischen Stoffwechsel, der Welt des Essens und des Gegessenwerdens, sinnvoll verhalten soll. Bei einer Magenverstimmung fragte ich meine Vision des Frosches: er hieß mich aus dem Auto aussteigen, auf der Wiese einen Löwenzahn pflücken und diesen essen. Die Verstimmung war vorbei, und ich hatte erfahren, wie der Löwenzahn zu mir gehört.
Die Medizin des Südens gibt Vertrauen und Unschuld, erweckt die Seele. Die Medizin des Nordens gibt Weisheit. Sie ist der Ursprung des sinnvollen Denkens, das man von den mechanischen Assoziationen des kontiguierlichen „internal dialogue" unterscheiden muß. Das Tier ist in jedem Fall seiner Gattung eingegliedert, daher ist es ein Lehrer des Menschen. Der

Mensch erreicht die Weisheit nur dann, wenn er „versteht“: dieses Wort bedeutet etymologisch, etwas um sich herumzustellen und es dadurch zu beherrschen. Die Mitte im Nachthimmel ist der Polarstern des reinen Nordens, um den sich der Himmel der Konstellationen, der den Traumbildern und Mythen entspricht, dreht.

Die Freundschaft mit dem Tier bleibt das ganze Leben hindurch. In Afrika wird der Adept mit einem lebenden Individuum seiner Tiergattung in Beziehung gesetzt, kann in dessen Haut hineinschlüpfen und so sein Lebensgefühl erfahren.[10] Bei den Indianern ist die Gattung, der Tiergeist, der Helfer, also alle Individuen. Bei einem Seminar mit einem Schamanen, der „Schnelles Reh“ hieß, kam während eines Schneefalls im Sommer ein Rehbock bis zu unserem Schloß. Ich begegne auch immer wieder Fröschen bei Spaziergängen, die mich einige Zeit hindurch anschauen und dann wieder weghüpfen. Die Tierweisheit befähigt uns, Finten und Schliche von Menschen zu durchschauen, die keine Tiermedizin haben. Ferner sind sie die Helfer, um die verschiedenen Schichten des Himmels, also des Nagual zu ersteigen, wie Harner in seinem Buch dargestellt hat. Diese Vision, bei der man durch den Rauch aufsteigt und seinem Tier in der ersten Ebene begegnet, vollzieht sich durch seltsame Landschaften der Traumwelt. Bei den sibirischen Schamanen gibt es auch den Abstieg in die Unterwelt, den ich aber nicht selbst erlebt habe, weil mir die entsprechenden Koordinaten nicht zugänglich sind.

Jedes Tier lebt zwischen Arterhaltung und Selbsterhaltung im Ritual der Gattung, das bei jeder Art verschieden und in männlichen und weiblichen Rollen festgelegt ist. Der Mensch dagegen erfindet seine Rituale durch die Sprache. Für ihn ist die Gewohnheit der Feind, der geistige Tod, und die Wachsamkeit des Tieres wird durch Angst vor Ungewohntem ersetzt. Der Schamane Don Juan spricht von vier Feinden, die auf dem Weg des Wissens zu überwinden sind. Als erstes muß die Angst besiegt werden – sie ist in Wachsamkeit zu verwandeln; damit hat man die Klarheit erreicht.

Auch diese ist ein Feind, denn man hält sich fortan an eingefahrene Strategien. Diese überwindet nur der Wunsch und die Sehnsucht nach Macht, die Fähigkeit, die Traumwelt im Wachen zu durchschauen und damit auch andere Menschen dank Kenntnis ihrer Motive lenken zu können. Auch diese wird zum Feind, wenn sie sich mit dem Egoismus paart. In Don Juans Worten: „In kürzester Frist verwandelt der dritte Feind den Menschen in eine grausames und unberechenbares Wesen.“ Entscheidend ist der letzte

Feind, die Trägheit und Müdigkeit; gegen sie muß man ankämpfen bis zum physischen Tod. Aber stirbt man bewußt, dann ist der Tod der Sieg über die Trägheit.

Die Meditation der Tiere und des Nordens, die Kommunion mit ihnen ist die Voraussetzung dafür, daß man seine Mitte im Rad findet, von welcher allein aus der Tierkreis als Betätigungsfeld zu beherrschen ist. The man of knowledge entspricht als Individuum einer neuen Tiergattung, er schafft sich sozusagen seine eigene Ökonische. Jeder ist in gewisser Weise Spezialist, und die Tiere können ihm helfen, seine eigenen Strategien zu finden. Der Nordstern im Denken ist der vierte Ort der Entfaltung, von wo aus das Wollen des Westens gemeistert weden kann, indem die Wahl nicht mehr zufällig erfolgt, sondern in bewußtem und beabsichtigtem Zusammenhang des All getroffen wird.
Kein Tier ist jemals unedel; nur der Mensch verliert sich, er wird zum Untier. Der Reichtum der Tierwelt ist unsere größte Hilfe. Jede Vernichtung einer Gattung bedeutet einen schweren Verlust für die menschliche Entwicklung – es sei denn, die Gattung verschwindet, weil ihre Zeit vorüber ist, wie einst die Dinosaurier und Ammoniten.
Das wahre Denken hat als Ergebnis die Gleichung. Das Verstandene wird Teil des Gedächtnisses. Diese Null des Istgleich (=) wird als spontanes Denken nur wenigen zugänglich. Dadurch, daß das Tier nie aus dem wahren Denken fällt – wunderbar beschrieben im Verhalten des florettfechtenden Bären in Kleists Novelle „Das Marionettentheater", der nie auf eine Finte hereinfällt – kann Vertiefung in die Tiernatur – das „Pirschen", nicht als Jagd, sondern als Beobachten verstanden – uns den Weg dorthin zeigen.

5. Gesundheit des Menschen

Die vier großen Triebe sind bei den Tieren in labilem Gleichgewicht.
Beim Menschen wird das Denken durch die Sprache zur Leitfunktion, und die beiden Aspekte des Aggressionstriebes, Territoralinstinkt und hierarchischer Instinkt, paaren sich mit dem Egoismus zu Besitzgier und Machttrieb. Diese beiden sind seit dem Neolithikum die größte Gefahr für den Menschen, die ihn in das tiefste Unglück stürzt, weil das Denken aus dem Denken nicht herausführt, wenn das Nichts, die Null, die Mitte nicht gewollt wird. Wer die vier Triebe nicht befriedet, dessen Ich ist kein Werkzeug des Selbstes, sondern eine Illusion, die mit dem physischen Tode vernichtet wird. Weisheit lernt der Mensch von den Tieren; doch sein Kennzeichen ist die Fähigkeit des Irrtums, weil bei ihm der Selbsterhaltungstrieb nicht immer dem Arterhaltungstrieb eingegliedert wird; letzteres geschieht nur in Katastrophenzeiten, wo das Selbstopfer verlangt und gebracht wird. Die Art ist nicht mehr instinktiv wirksam, sondern das Bewußtsein muß die Dreiheit 0 – 5 – 10 der Erdmitte und im Himmel den Polarstern wollen.
Null ist der Einende Eine über die Erdmitte, 5 der Mensch, und 10 bedeutet den Menschen im All, dessen Glieder wir nur als sprechende, individualisierte Menschen werden können, die ihre Tierheit nicht aufgeben, sondern als Rolle in die Zivilisation einbringen. So ähneln alte, zur Persönlichkeit gewordene Menschen fast immer mehr einer Tierart als dem Modellkörper einer Generation im Zeitgeist, von dessen Vergänglichkeit man sich durch das Anschauen alter Filme überzeugen kann.
Die vier Hauptrichtungen und Medizinen von Osten, Westen, Süden und Norden sind dem Körperbewußtsein zugänglich, sie stehen dem Selbsterhaltungstrieb zur Seite. Fünf ist die Mitte als Mensch. Hier kann der Einzelne dem anderen hilfreich werden – nicht in einer festen Form, sondern nach Maßgabe der Situation. Die mitmenschliche Beziehung erfordert die Öffnung vom Ich des Denkens zum Menschen im All. Die sekundären Himmelsrichtungen, deren Reihenfolge im Sacred Count Südosten, Südwesten, Nordwesten und Nordosten ist, eröffnen geistig den Zugang zu den nicht inkarnierten Wesen: 6 den Ahnen, 7 den Elementalen, 8 den Engeln und 9 den Erzwesen der Verwirklichung, von den Griechen als die neuen Musen bezeichnet, die aller menschlichen Zivilisation zugrunde liegen und den Zugang zum Werk der Erde eröffnen.

6. Südostheilung durch Ahnen

Die Seele ist im Süden, das Gewahrsein oder Gewahrwerden der Offenbarung und der Vision im Osten. Jene, die als Seelen den Zusammenhang mit dem Osten, dem Himmel, bereits gewonnen haben, sind die Ahnen. Sie sind Teil des Großen Menschen, aber gleichzeitig sind sie noch über ihr Vermächtnis mit den Seelen der Erde verbunden. An dieses muß der einzelne anknüpfen, um selbst seine Zukunft zu erreichen.

Der wesentliche Ritus im pazifischen Raum ist darauf gerichtet, Tote in Ahnen zu verwandeln. Wenn ein Mensch stirbt, dann ist ihm das meistens nicht bewußt: er spürt sich wie im Traum, kann nicht verstehen, wieso er andere nicht mehr beeinflussen kann. Die Spiritisten in Brasilien haben es sich zur Aufgabe gesetzt, Tote davon zu überzeugen, daß sie tatsächlich gestorben sind; sie dazu zu bringen, nicht mehr auf die Erde zu schauen, sondern sich zum Licht umzuwenden. Manchmal wollen aber die Angehörigen und Lieben einen Toten auf der Erde behalten, dann können sie sich ihm zur Verfügung stellen und werden Besessene. In diesem Fall sitzt der Schamane im Südosten, durch seinen Mund spricht der Tote und der Besessene oder der Leiter der Zeremonie muß den Toten auffordern, sich umzudrehen, den Weg zum Lichtleib und zu neuer Inkarnation zu wählen, wenn es ihm nicht gelungen ist, die Integration des Wortleibes zu vollziehen.

Manchmal greifen Wesen des Ahnenbereichs heilend in die Welt ein. Das bekannteste Beispiel ist das des Dr. Fritz in Brasilien, der sich bereits eines zweiten Mediums bedient, um heilende Operationen auf der Erde auszuführen, wobei das Medium alle üblichen Regeln der Heilkunst außer acht läßt. Ich lehre seit über zwanzig Jahren Geschichte, und jedesmal erfahre ich bei den Ahnen, über die ich spreche, daß sie mir gegenwärtig sind. Wie sollte ich auch eine Anknüpfung an die Zukunft finden, wenn ich mein kleines Dasein nicht an deren Fragestellung rückbinde, wo sie mir wesentlich erscheint. Der englische Biologe R. Sheldrake bezeichnet das, was wir hier als Ahnen und Geist bestimmen, als das morphogenetische Feld der Gattung, wo jede Erkenntnis eines Menschen, wenn er sie anderen in einer „kritischen Masse“ verständlich gemacht hat (der „hundertste Affe“), der Intuition jedes anderen zugänglich wird. Damit erklärt er die Gleichzeitigkeit großer Entdeckungen, etwa die der Erfindung der Infinitesimalrechnung zur selben Zeit durch Newton und Leibniz.

Jeder findet aus dem Bereich des Südostens denjenigen, der ihm weiter hilft, oder das Buch, dessen er bedarf. So ist die Heilung des Südostens die eingangs zitierte des Telesphoros; eine historische Aufgabe kann es nur geben, wenn man sich der lebendigen Geschichte einfügt. Das Nervensystem des Menschen ist hedonistisch ausgerichtet. Aufgrund der Funktionsweise des limbischen Systems wird alles, was Lust bereitet, wiedergesucht und alles, was schmerzlich war, im Sinne des bedingten Reflexes ganzheitlich abgeblockt. Jeder Mensch braucht zu seinem Leben die geistig-historische Dimension, die ihm die Zukunft eröffnet. Geist ist die Dimension der Zukunft, er ist ewig im Werden. Um in die Zukunft zu gelangen, muß ich zuerst die Vergangenheit vergegenwärtigen, weil in ihr eine Fragestellung verborgen ist. So haben mir in meiner persönlichen Arbeit, abgesehen von meinen lebenden Lehrern, Pythagoras und Sokrates, Konfuzius, Lao Tse, Patanjali und Raimundus Lullus direkte Anregungen gegeben.
In der persönlichen Biographie muß man alle traumatischen Ereignisse über die Analyse und Anamnese in positive Vorkommnisse verwandeln, um die in ihnen verlorene Kraft wiederzugewinnen. Das gleiche gilt für die Geschichte. Das Unglück des Kolonialismus und der christlichen Missionierung war in Spenglers Worten die Fellachisierung, das Verdammen ehemaliger Mayas und Azteken zu einer bloßen Überlebensphilosophie, wie sie bis heute gleichermaßen von den Machthabern in Ost und West vertreten wird.
Die Medizin des Südostens gibt den Grundstein zur Hoffnung. Auch das deutsche Wort „ahnen" bezieht sich auf Vergangenheit und Zukunft – auf die Vorfahren und die Intuition, etwas Mögliches zu „erahnen". Der Heiler des Südostens gibt nun keine unmittelbare Antwort im Sinne des Propheten des Ostens; er zeigt vielmehr in der Rückbindung an einen Ahnen den Ansatz der Arbeit, welcher für den Geheilten zur Richtung der Teilnahme am Werk werden kann.
Persönlich sind die Bedürfnisse und ihre Befriedigung der Kraftquell; in der Gattung ist es die Einstimmung und Abstimmung auf das Ganze. Negative Geschichte gibt es nicht, es sei denn, man verwende sie als Diagnose, als Erkenntnis eines Mangels, um etwas besser zu machen. So verlangt der Südosten eine umfassende Bildung, die aber keine Anhäufung von Daten ist, sondern deren gestalthafte Durchdringung. In den Worten von La Rochefoucauld: J'aime mieux forger mon âme que la meubler. (Ich schmiede lieber meine Seele, als daß ich sie möbliere).

Die Ahnen sind im Wachen zugänglich. Sie zeigen die Art und Weise, in der das göttliche Spiel mit Hilfe von Menschen – die die goldene Kette bilden oder christlich formuliert: die Gemeinschaft der Heiligen – eine Bereicherung des Welttheaters gebracht hat. Die Teilnahme am Geist ist persönlich die höchste Integration, die wir uns vorstellen können; durch sie wird die Brücke zum Himmel geschaffen.

Über die Sprache kann man in diese Sphäre eindringen, wie es Swedenborg gezeigt hat, wenn auch bei vielen, die dieser Sicht fähig sind, persönliche Vorurteile das Bild verfälscht haben. Man muß den Kairos im Unterschied zum Chronos, also die trächtige, kreative Zeit ausnützen. Wieviel bedeutet es doch manchen Menschen, als Laien in einem wesentlichen Film mitgespielt zu haben oder als Figur eines Romanschriftstellers verewigt zu sein! Die Heilung des Südostens ist heute fast vergessen. Sie ist nur noch im persönlichen Bereich, etwa in Brasilien, präsent. Aber sie kommt mit Riesenschritten zurück, denn die Ahnen stehen bereit, um an der Verschönerung der Welt inspirierend mitzuwirken.

Goethe sagte kurz vor seinem Tode zu Eckermann, das Weltall müsse ihm ein neues Betätigungsfeld zur Verfügung stellen, weil er seine Begabung nur zu einem Teil ausgeschöpft habe. Der Schamane Don Juan sagt: We are perceivers – wir sind als Wesen lernende Wahrnehmer. Darum ist es notwendig, die anerkannten Raster des Denkens immer wieder zu sprengen und in größere Zusammenhänge zu überführen, auf daß mehr Menschen an der olympischen Heiterkeit des Pleroma teilnehmen können.

7. Südwestheilung durch Naturgeister

Auch der Südwesten ist dem Menschen insofern im Wachen zugänglich – im Rad befindet er sich über dem Horizont der Ost-West-Achse – als er Angelegenheiten des praktischen Lebens betrifft. Die Personifizierungen der Elementale in der europäischen Tradition – die Elfen des Feuers, die Feen des Wassers, die Zwerge der Luft und die Trolle der Erde – sind nur in einer Zwischenwelt zugänglich, die den meisten verborgen ist. Kleine Kinder können sie manchmal sehen. Alle Naturkräfte entstammen ihrem Wechselspiel, und wer sie nicht ehrt, bleibt glücklos. Noch für die Römer war Glück, „fortuna", eine Tugend. Man war für ihr Fehlen verantwortlich, weil man vergessen hatte, den Elementalen zu opfern. Hier hat Hippokrates nur einen Teil integriert, und die nachfolgende Medizingeschichte von Galen bis zum 19. Jahrhundert hat die Humoralheilkunst kausalmechanisch betrachtet, ohne sich darüber im klaren zu sein, daß in jedem Augenblick die Kräfte der Elementale die Stimmung des Menschen wie das Wetter auf der Erde lenken.

Als wir das erstemal das Fest der Elementale im November feierten, waren wir enttäuscht, daß keiner diese Wesen sah, wie es manche Kelten noch können. Ich fragte einmal eine alte Irin, warum man die Elfen nicht mehr sähe. Sie erwiderte, wenn diese das Gesicht eines grimmigen Menschen sehen, wie eines Engländers, dann verschwinden sie vor Grausen gleich für hundert Jahre. Doch bei unserem Fest nahm dann plötzlich eine Künstlerin Papier und begann zu zeichnen – und schon wurden sie sichtbar! Jeder Berg, jeder See, jeder Fluß und Bach, das Meer, aber auch charakteristische Orte haben einen Elementargeist, der einem helfen kann, sobald man ihn anspricht. Man kann auch durch Kontemplation vieler einen Ort als Heiligtum vergeistigen; besonders Begabte können die Kraftlinien der Erde spüren. Das einfachste Hilfsmittel für den Südwestheiler sind Pendel und Wünschelrute. Die Entschlüsselung der Pendelbewegung eröffnet den Zugang zu den Elementalen, die aber nicht für das persönliche Heil, sondern durch ihre Zugehörigkeit zur Tagwelt für die große Menschheit verantwortlich sind. So sagte mir einmal ein Indianer, die Zwerge hätten schon seit Jahren das amerikanische Telephonnetz übernommen; und viele werfen eine Münze beim Überqueren einer Brücke ins Wasser, um die Trolle zu ehren.

Um die vier Elementale zu verstehen, müssen wir ihre Charakteristik beschreiben. Die einleuchtendste Schilderung gibt die germanische Himmelskarte, wo Osten oben ist und Westen unten:[11)]

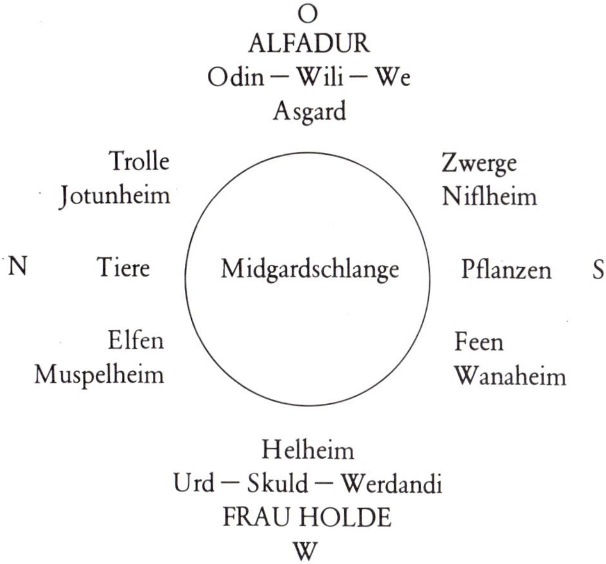

Alfadur ist indianisch Skwann, der die Visionen bringt. Nur wer Weisheit, Dauerhaftigkeit und Erkenntnis des Guten im Gegensatz zum Bösen – Odin, Wili und We – sucht, kommt zum Osten und zum Himmel, nach Asgard und Walhalla.

Im Westen stehen die Nornen Urd, Skuld und Werdandi, in der Vision schrecklich anzusehende alte Frauen. Bedankt man sich bei Urd für die Vergangenheit, bei Skuld für die Gegenwart und bei Werdandi für die Zukunft, wird der Weg zur Erdgöttin, Frau Holde, zur Geborgenheit frei. Der Mensch ist im Norden Tier und im Süden Pflanze – allbezogen gleich der Pflanze, im kosmischen Stoffwechsel gleich dem Tier. Solange er in der Midgardschlange gefangen ist, im Tierkreis (indisch Bhava Chakra, das Rad des Werdens, mit dessen Drehung das falsche Bewußtsein sich identifiziert), bleibt er im Wechsel von Tag und Nacht, Tod und Wiedergeburt. Im griechischen Mythos kommt der Gestorbene über den Fluß Styx in den Hades, wo er an der ewigen Wiederholung seiner Geschichte leidet, und beim Weg in die neue Inkarnation muß er vom Wasser der Lethe trinken, das ihn alle Vergangenheit vergessen läßt. Nur der Held erreicht Aletheia, die Wahrheit der Wahrhaftigkeit im Dienst am Werk der Erde. Der Weg hierzu geht über die vier Naturgeister, von denen jeder eine andere Bestimmung anjocht (= Rückbindung an den Ursprung schafft):

1. Trolle, Erde. Sie sind die Geister des natürlichen Lebens, meistens traurig, weil der Mensch die Natur nicht achtet, sondern ausnützt. Sie sind männlich, erscheinen in der Vision als großer Körper mit kleinem Kopf. Sie helfen dem Empfindenden, der an der Erde mitarbeitet.
2. Zwerge, Luft. Die Zwerge haben einen kleinen Körper und einen großen Kopf. Sie wirken uralt. Sie inspirieren die Teilnahme an der Zivilisation, der Arbeit und Technik, sind unermüdlich, lieben es aber, im Hintergrund zu bleiben. Wer sich einem Projekt des Denkens verschreibt, erhält von ihnen Intensität und Mut und wird in seiner Bemühung nicht erlahmen.
3. Feen, Wasser. Feen erscheinen als große, dunkle Frauen. Als Mächte des Fühlens verleihen sie unmäßige Wünsche, die den Betroffenen zwingen, seine kleine Sicherheit aufzugeben, Unmögliches zu wagen und dabei Erfolg zu finden.
   Während Zwerge und Trolle von der Allgemeinheit ausgehen, sind Feen und Elfen für das persönliche Wohl zuständig: der Wunsch, die Sehnsucht, das Begehren, das Streben nach Freude und Lust kann das Gefängnis der Midgardschlange sprengen.
4. Elfen, Feuer. Das Wollen ist heiter. Es ist der ewige Reigen im Wald. Die Feen sind riesengroß, die Elfen erreichen in der Vision nicht einmal einen Meter. Sie fordern, daß Lust Freude sei und nicht Kummer, daß Feste genauso wichtig sind wie der Alltag.

Die Feen darf man bei den Festen nicht vernachlässigen, sie wollen eingeladen werden – sonst wird die Fee, das Bedürfnis, das nicht beachtet und befriedigt wurde, alles zerstören oder zum schlechten Ende bringen.

Der Medizinmensch des Südwestens kennt wie Merlin die Zauberkräfte der vier Elementale, welche nur Allgemeinbegriffe sind und zahllose Individualitäten besitzen. So betrachtete Ramana Maharshi sich als Inkarnation des Berges Arunachala, dem heiligen Berg des Gottes Shiva. Kraftlinien, Heiligtümer, Berge und Quellen, Felsen – sie alle können dem Menschen einen bestimmten Wunsch erfüllen, einen Anlaß geben, der ihn zwingt, zwischen Himmel und Erde, zwischen Apollo und Dionysos als Orpheus, als sprechender Sänger und Spieler, zu leben. Nur der Mut ist den Wesen des Südwestens gewachsen, und Krieger dieser Richtung sind der erstaunlichsten Wunder fähig, wie sie Castaneda schildert.

8. Nordwestheilung durch Engel

Die Mächte der achten Richtung werden von den Indianern als Meister des Schicksals bezeichnet; in unserer Terminologie sind es die Engel. Der Nordwesten ist in der Nacht, also im Unbewußten, in der durch den Körper um das Genom strukturierten Anlage. Jede Anlage hat eine höchste Möglichkeit, deren Ausprägung als Vision empfangen werden kann. Diese Vision wird dem Menschen einerseits über Vorbilder zuteil, die er bewundert – er kann nur das bewundern, was in ihm angelegt ist – und andrerseits durch den Lehrer, der imstande ist, den Sinn für die eigene Medizin zu wecken. Dieser Lehrer ist nicht der Vermittler des Wissens an der Universität, die der Entfaltung der Forschung und der Vorbereitung auf den späteren Beruf zugewandt ist, sondern der Guru; jener, der einen Menschen zu sich selbst erweckt.

„Engel“ kommt vom griechischen Wort für: Bote. Die Botschaft wird meine Medizin. Jeder hat seinen Engel, der in der Kindheit als Schutzengel wirkt, aus dem sich später die beiden Helfer im Sinne des Asklepiosmysteriums lösen, sobald der Mensch zu seiner eigenen Männlichkeit und Weiblichkeit erwacht, und der schließlich seine Medizin im indianischen Sinn bedeutet. Es ist schwer einen Guru zu finden, heißt es in der indisch-tibetischen Tradition. Ein Guru ist der Medizinmensch, der fähig ist, einem anderen zu helfen, seine Identifikation mit dem denkerischen Ichbild aufzulösen. Manche folgen dem Weg des absoluten Gehorsams. Jeder Beruf kann in dieser Weise aufgefaßt werden, vom Handwerk bis zum Krieger. Aber entscheidend ist, daß die Stimme des Engels irgendwann durchbricht; meistens dann, wenn seelische Verzweiflung das Selbstwertgefühl so weit geschwächt hat, daß man für die Freude der Verheißung zugänglich wird.

Der Mensch ist wie ein Schauspieler, doch muß er sein eigenes Spiel erfinden. Jeder hat seinen Engel, der die genaue Antwort auf die Frage ist, die er im Leben darstellt. Diese Frage hat niemand anders als er. Sie ist die Inkarnation des Körpers mit seinem Fühlen, seinen Bedürfnissen und Wünschen, die Motivation und Kraft, in die das Licht des Engels hineinstrahlt.

Mein persönlicher Zugang zum Osten ist der Mensch im All, weil meine Aufgabe die Verkündung der Ganzheit ist; doch den Engel erlebe ich durch die Gestalt Merlins. Für einen anderen mag es eine Forschungsrichtung sein, eine Gestaltung oder auch selbstloser Einsatz für das Wohl der Gemeinschaft. Der Engel erscheint als höchste Möglichkeit, weil nur die Auferstehung des Fleisches den Menschen zum Freund Gottes erheben kann – wenn das Wesen allbezogen wird.

Alle Engel bilden einen Zusammenhang in der himmlischen Welt des Alfadur oder der olympisch-heiteren Götter. Wir sind auf der Erde, um die irdische Anlage zu individualisieren und uns zu Mitarbeitern Gottes zu erheben. Dies bedeutet die Auferstehung des Fleisches, wobei ich mit Gott alle drei Aspekte meine: Wakhan, Skwann und Wakhantanka. Auch Menschen können hierbei helfen: Jemanden wirklich zu erkennen, ihm den eigenen Weg zu weisen, das ist wahre Pädagogik.

Die Schwierigkeit dieses Weges liegt für den Heiler nicht nur darin, den einzelnen zu erkennen, sondern wie bei den anderen Toren des Medizinrades sich mit ihm zu identifizieren, also sich selbst für einen göttlichen Meister zu halten. Der wahre Guru ist der Engel im Menschen, der nur durch seine Annahme am zeugenden Leben teilnehmen kann. So sehnt sich der Engel nach der Frage.

Ahne wird nur derjenige, der sich mit seinem Engel vereint hat. Die Inder waren der Überzeugung, daß nur wenige Menschen zu einem geistigen Leben, einer Aufgabe berufen sind. Ich glaube dagegen, daß in der Wassermannzeit jeder seinen Engel finden muß; daß jeder seinen eigenen Sinn verwirklicht, und daß die Beschränkung auf Eliten eine falsche Substantivierung der beiden Aspekte des Aggressionstriebes, von Macht und Besitz, bedeutet.

Es heißt weiter in der indianischen Überlieferung der achten Richtung: Wenn jemand von einer Krankheit geheilt werden solle, er sich also entscheide sie aufzugeben, müsse er die Meister des Schicksals davon verständigen. Diese akzeptieren seine Entscheidung, die ja immer auch für die Angehörigen eine Wandlung bedeutet.

Der Engel antwortet nur auf jene Fragen, die in Wahrhaftigkeit bezüglich der eigenen Entfaltung gestellt werden; nicht auf falsche Fragen danach, was geschehen werde. Der Engel ist nicht mitleidig, denn das würde eine Identifikation mit einem Zustand bedeuten; sein Weg ist das Wagen.

Einen Menschen zu sich selbst zu erwecken, verlangt ein anderes Weltbild als es heute im politischen Westen und Osten besteht, wo Überlebensstrategien mit Funktionalismus gepaart sind; wo der Mensch ein wandelnder, statistisch erfaßter Fragebogen ist und seine Scheinwelt durch den „inneren Dialog“ aufrechterhält.

Nordwesten ist in der Nacht, im Bereich des Nagual, der Motive. Nicht nur die jetzige Existenz, alle bisherigen Inkarnationen haben dazu geführt, daß der Mensch gerade diesem Engel begegnet. Seine eigene Erinnerung ist das „Magische Kind“ in der Formulierung des Volkes der Hunas; das Sprechende Selbst wird durch die Eltern geprägt und der Weise Alte befindet sich dann im engelhaften Bereich. Erst wenn das Sprechende Selbst dem Magischen Kind folgt, kann dieses den Weisen Alten verständigen, und dann wird der Mensch als Freund fähig, das Sprechende Selbst in einen Teil des Großen Ganzen zu verwandeln und somit ein Pfeiler der Kommunion zu werden.

9. Nordostheilung im Werk

Wer seinen Engel gefunden hat, sehnt sich nach Mitarbeit am Werk der Erde. Dieses wird durch den Nordosten zugänglich, der Mensch erfährt seinen Weg, den Weg des Wissens als Forscher. Seit den Griechen war dies der europäische Weg, der zur Philosophie und zur Wissenschaft geführt hat. Von der Nacht des Nordostens aus ist die Dämmerung des Ostens zugänglich. Sowohl über die Ahnen im taghellen Südosten als auch über die Musen des nächtlichen Nordostens kann der Zugang zur Fülle, zum Paradies gefunden werden.

Alles Wissen entstammt der Inspiration. Sie ist die Wurzel der Fähigkeit zur Sprache und Mathematik. Man begegnet ihr nicht in der wachen Wirklichkeit, sondern in der Innenschau der Vorstellung. Das Wissen muß am Gesicherten ansetzen, an dem, was dank der Kriterien der Wissenschaft auch tatsächlich nachprüfbar ist.

Dies ist auch der Weg der Schulmedizin. Der Medizinmensch des Nordostens findet jedoch seine Erfüllung im bewußten Sterben, indem er seine Anlage als Bereicherung der Erde zurückgibt. Einstein *ist* die Relativitätstheorie, Planck die Plancksche Konstante, Bach das Wohltemperierte Klavier. Wer keinen Namen sich erwarb, gehört den Elementen an, sprach Goethe; und weiter dichtete er von der geprägten Form, die lebend sich entwickle.

Heute wird Persönlichkeit meist als Charakter verstanden. Das ursprüngliche Objektivitätsideal der Wissenschaft bedeutet aber Objektivierung der eigenen Anlage, die damit zum Teil des Pleromas wird, jener Fülle, die als Wissen und Können über den göttlichen Osten die Verbindung zu den Ahnen schafft.

Für den Forscher bilden eine Frage oder ein Mangel den Ansatz seines Strebens, aber nicht sein eigener Wunsch und seine eigene Entfaltung wie im Nordwesten. Die Fragestellung richtet sich vielmehr auf ein konkretes Problem. Das Empfinden ist weiblich-hingebend, pflanzlich-irdisch; es kann nur vom Gegebenen aus wachsen. Ich frage nach der Lösung eines Problems gleichsam in den Wind, und die Erzwesen der Verwirklichung weisen mich darauf hin, durch welche Art der Bemühung ich die Lösung finden kann. Wesentliche Ansätze entstammen der Intuition, der nichtsprachlichen Vision. Seit meinem persönlichen Todeserlebnis kann ich hinter einem

Menschen in seiner Traumsphäre eine gleichsam geometrische Gestalt sehen, die seinen Beitrag zum Großen Werk als Symbol versinnbildlicht. In Rückführungen durch die Todeswelt erleben sich die meisten als seltsame Formen, fast nie als ganze Gestalt. Dieser Zusammenhang ist ungeheuer wichtig. Wer die Symbole sehen kann, der wird dem einzelnen helfen, jenen Ansatz zur Teilhabe zu finden, der nicht nur seiner Anlage und seinem Engel entspricht, sondern auch eine konkrete Bedeutung für die Forschung hat.

Die Nächstenliebe ist Kennzeichen des erwachten Sprechenden Selbstes; die bedeutende Persönlichkeit des Nordostens erwächst aus dem Nachtbereich. Oft wird ein Mensch erst lange nach seinem Tod den anderen verständlich, wie Van Gogh oder Kierkegaard. Seine Unsterblichkeit ist immer sowohl eine irdische als auch eine jenseitige. Nur was im Werk definiert werden kann, ist tatsächliche Individualität; das Objektivste wird subjektiv.

Jede Bachsche Fuge ist im Nachhinein als mathematische Formel zu entziffern, aber die bloße Formel genügt nicht, um wie Bach komponieren zu können. Der Anschluß an die Musen muß gefunden werden.

10. Mensch und Menschheit

Die letzte Entscheidung des Medizinmenschen ist die Anerkennung des All und der Ungreifbarkeit der Menschheit, die immer im Werden ist und nie von einer Gruppe, einem Stamm, einem Volk, einer Kultur, einem Reich oder einem Bekenntnis vollständig repräsentiert werden kann. So verlangt die Teilhabe an der Zehn, an der Achse der Erde, die symbolhafte Einstellung, alles als Hinweis zu bejahen und nichts als endgültig zu nehmen. Jede Monopolisierung und Parteiergreifung zerstört den Zusammenhang. Im Großen Ganzen spielt dies keine Rolle, weil das Todgeweihte von selber stirbt. Aber man kann einen Menschen heilen oder ihn zerstören. Hier ist die letzte Entscheidung: Einsatz für das Gute, für die Entfaltung jeder Anlage oder Identifikation mit der Zerstörung. Vor dieser Frage bleibt jeder allein, niemand kann ihm helfen. Skandal muß sein, aber wehe dem, der ihn macht, so sprach Christus. Daher rührt in allen Religionen das Gebot des Nichtangreifens: die linke Backe hinhalten, Ahimsa, Wu Wei, wirken ohne zu streiten. Die Friedfertigen werden das Erdreich besitzen. Wer das Schwert nimmt, wird durch das Schwert umkommen. Doch erst heute, in der Wassermannzeit, wird es möglich, jedem Menschen den Weg zu seiner Teilnahme am Großen Werk zu weisen. Das Rad ordnet die deutlich einseitige Entwicklung der Schulmedizin in das Große Ganze ein und leitet damit über zum wahren Verstehen, das seit jeher das Anliegen der Philosophie war.

III. TEIL

Rationale Esoterik

Voraussetzung: Das Enneagramm – die Urgrammatik

Der Gegensatz zwischen geistiger Heilung durch Wesen außerhalb der Welt und der Medizin in ihren beiden Aspekten, dem homöopathischen und allopathischen, ist heute absolut geworden: er erstreckt sich über alle Gebiete der Zivilisation Der Suche nach neuen biochemischen Medikamenten entspricht die Suche nach wirtschaftlichen Heilmitteln im Zeichen der Fetische Vollbeschäftigung und Wirtschaftswachstum. Der industrielle Norden steht den Entwicklungsländern gegenüber, die sich noch an ihre frühere ganzheitliche Lebensweise zurückerinnern und erleben müssen, wie diese Stück für Stück verlorengeht.

Der Ursprung dieses Gegensatzes ist in der Gegenüberstellung von rational und irrational zu finden. Die Vorsokratiker, die die Dichotomie von Kosmos und Chaos mit Episteme und Doxa, Wissen und Meinung, gleichsetzten, glaubten nicht an die bloße Existenz des sprachlichen Ordnungsgefüges im Gegensatz zur äußeren Unordnung, etwa im Sinne eines unordentlichen Zimmers, das man aufräumt. Sie wußten, daß der Mythos, der dem Leben einen dramatischen Sinn verleiht, ebenso wichtig und wirksam ist wie Ernten und Wetterkatastrophen. Auch Eitelkeit und Wahn können den Lebenssinn genauso zerstören wie Erdbeben und Fluten, und Kriege entstanden noch selten aus praktischen Motiven. Meistens hatten sie einen pseudogeistigen Ursprung.

Das Rationale ist nicht die Außenwelt und es ist nicht die Innenwelt. Es ist auch nicht das Ichbild; ICH als Zentrum des Lebensstils ist frei und ungebunden, genauso unvorhersehbar wie das Wetter. Nur der Stil ist das „Was" des ICH, der besondere Zusammenhang meines Wesens und Handelns; bei allen Menschen aus gleichen Elementen gefügt, aber in verschiedener Kombination und in verschiedenem Ausdruck, ebenso wie keine zwei Menschen den gleichen Fingerabdruck haben. Die Welt des Rationalen, der Vernunft, wie es seit Descartes und Kant genannt wird, ist die ureigenste Welt des Menschen. Menschwerdung bedeutet, seiner Vernunft mächtig zu sein, aus dem Sein heraus zu handeln und das eigene Wesen genauso wie das des anderen im sprachlichen Dialog zur Entfaltung zu bringen.

Die Wissenschaften Physik, Chemie, Biologie, Psychologie und Soziologie sind willkürliche Sprachen. Die Rede von der unerlaubten Grenzüberschreitung entspricht dem allopathischen Vorurteil, daß man nur Krankheiten und nicht Menschen heilen könne, und daß die Wissenschaft objektiv ohne Rücksicht auf den sie Betreibenden zu verstehen sei. Sie steht in Entsprechung zur zweiten falschen Rationalität: den philosophischen Systemen, gleichsam Spinnennetzen, welche Philosophen um ihre Person als Mitte ausgespannt haben, worin sie alles fangen, was in die Maschen hineinpaßt. Und noch schlimmer ist die Identifikation im jenseitigen Bereich, im Bekenntnis zu einer der acht Wesenheiten, die Ichinflation eines religiösen Gebäudes, das sich anheischig macht, durch Gründung einer Elite, einer auserwählten Gemeinschaft, alle Feinde zu vernichten – so wie Cromwell gleichgültig dem Gemetzel seiner Soldaten in der irischen Stadt Drogedha zuschaute, und Paul Gerhard, der evangelische Verfasser vieler schöner Kirchenlieder, als Hauptfreude der Erlösten im Paradies die Betrachtung der Qualen der Verdammten in der Hölle einführte, oder Luther es als Unfrömmigkeit brandmarkte, beim Verbrennen einer Hexe mit dieser Mitleid zu fühlen.

Die Verbrechen der Nagualseite wiegen schwerer als jene des Tonal, weil die irdischen Triebe endlich sind, aber der Geist die Sehnsucht nach der Unendlichkeit in sich trägt. Diese gehört ganz woanders hin: weder in das Streben nach Reichtum noch in das nach Macht, sondern in die Vermenschlichung der Welt, wo der Gegenpol zum einzelnen die Gattung, der Mensch im All ist. Im christlichen Weihnachtsevangelium heißt es: Friede auf Erden jenen, die guten Willens sind. Der gute Wille genügt aber nicht; es muß das Verstehen hinzukommen. Denn die rationale Ebene, die Vernunft, ist weder eine Ordnung der Außenwelt noch der Innenwelt: sie hat ihren Ursprung im Gliederbau der Sprache und in dessen Anwendung auf die Erfahrungen und Offenbarungen. Das chemische periodische System findet sich in keinem Bergwerk, die Grammatik ist nicht dem Kind eingeboren. Das wahre rationale Wissen ermöglicht die Beherrschung und Anwendung aller Strategien nach innen und außen, um seine Individualität durch alle Fährnisse hindurch zu wahren.

Die Tiergattungen leben zwischen Selbsterhaltung und Arterhaltung in ihrem Ritual, das in Ökonischen der Evolution eigegliedert ist. Der Mensch erlebt Innen und Außen, das medizinische Heilen und das Medizinrad, aus seiner Mitte heraus über Zahl und Sprache. Die Zahl wurde ihm durch den Raum von innen her offenbart; das Medizinrad mit der heiligen Zählweise bestand schon lange vor der menschlichen neolithischen Zivilisation. Die Zähmung des Feuers, die Erfindung des Rades, des Messers und Hammers, der Werkzeuge geht bereits Jahrmillionen zurück. Das gleiche gilt für die Vision: Die Darstellungen der Altsteinzeit in den Felsenhöhlen von Altamira zeigen Schamanen, die mit Tiergeistern und Toten in Beziehung treten. Kein Volk war je unvernünftig in Beziehung zu dem, was für sein Leben notwendig war; ein australischer Ureinwohner ist in den Begriffen der Känguruhjagd oder beim Regenmachen genauso exakt wie ein gutwilliger Automechaniker in seinem Bereich.

Ich habe die Geschichte der Entfaltung der Vernunft, der Philosophie, an anderer Stelle beschrieben und will mich hier auf die lehrbaren Ergebnisse beschränken. Den besten Einstieg in die Problematik bildet jener strukturale Raster von Claude Lévi-Strauss, wie er ihn für die ethnologische Forschung erstellt hat:[12)]

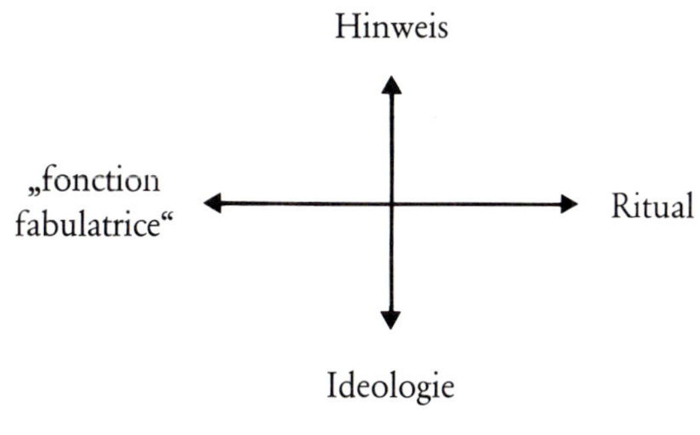

Der Hinweis bedeutet den Bereich der Erfahrung und die Strategien des Überlebens, denen eine Sprache adäquat sein muß. So gibt es bei den Arabern über hundert Bezeichnungen für das Kamel, weil es eine beherrschende Rolle in ihrer Kultur hat. Die Moros der Philippinen, Fanatiker der

Pflanzenwelt, gebrauchen botanische Klassifikationen – Heileigenschaften, halluzinatorische Wirkungen –, die weit über die Linnésche Struktur hinausgehen. Die Inder benützen Begriffe der inneren Erfahrung, die sich auf deutsch gar nicht wiedergeben lassen. Das chinesische „Buch der Wandlungen“ arbeitet mit Bildern und Urteilen, die einem Nichtchinesen erst nach langer Studienzeit zugänglich werden.

Der Hinweis ist der verwendete Wortschatz einer Sprache. Bei den indogermanischen Sprachen gründet er auf Laute und Buchstaben, bei den Sprachen des chinesischen Typus auf Schriftzeichen, die beliebig ausgesprochen werden können, sodaß man bei Kenntnis der Ideogramme eine bestimmte Speise auch in Thailand oder Japan bestellen kann. Die Physik hat einen anderen Wortschatz als die Biologie. Das Wort „Plasma“ zum Beispiel bedeutet in beiden Wissenschaften etwas vollständig Verschiedenes. Ebenso steht es mit den Umgangssprachen. Nur zu einem geringen Teil sind sie bedeutungsgerecht ineinander zu übertragen – nämlich da, wo es sich um reine Erfahrung des Empfindens oder um den Ablauf eines Experiments handelt.

Der Hinweis kennzeichnet sprachlich die Welt des Empfindens, die auf bestmögliches Überleben gerichtet ist. Im Gegensatz zu dieser wachen und präsenten Erfahrung steht die unterbewußte Ideologie, welche bestimmte Bedeutungen bevorzugt. In den Umgangssprachen ist es die Etymologie, indogermanisch die Wortwurzelverwandtschaft. Erinnern wir uns an die verschiedenen Wurzelverwandtschaften des Begriffs Wahrheit: deutsch „Wahrheit“ – wahrnehmen, also auf Sinneserfahrung bezogen; französisch „verité“ – vérifier, logisch nachgeprüft, cartesianisch; englisch „truth“, dem deutschen „Treue“ verwandt – daher gibt es auf englisch persönliche Philosophie. Während im deutschen Sprachgebrauch persönliche Meinung und Wissen auseinanderklaffen, bestimmt im Englischen „meaning“ sowohl die persönliche Meinung als auch die objektive Bedeutung. Das Sanskritwort „vidhia“ bezeichnet das, was mit den Augen des Unbewußten gesehen wurde, der russische Begriff „prawda“ vereint Recht und Wahrheit. Im Arabischen und Hebräischen werden nur die Konsonanten geschrieben, und jede Vokalisierung gilt als wurzelverwandt, wodurch nach Auffassung der Sufis der Koran 7 mal 7 Sinnschichten für jede Sure enthält.

Die ideologische Ausrichtung des Unterbewußten ist keine freie Wahl, sondern eine psychische Notwendigkeit. Der Mensch kann nicht aus dem Willen handeln, wenn er das Unerklärte nicht irgendwie in einen Bedeutungszusammenhang eingliedert. In jeder Gesellschaft werden Verstöße gegen die Ideologie strenger bestraft als gemeine Verbrechen; man denke nur an die katholische Inquisition oder die stalinistischen Schauprozesse. Der Mensch bedarf der Sicherung im emotionellen Bereich des Fühlens. Im gewöhnlichen Leben schafft der sogenannte REM-Traum die Wiederherstellung des gestörten Gleichgewichts, sodaß am nächsten Tag wieder Handeln möglich ist.

Die dritte Stufe ist das Ritual der Kommunikation und Information. Seltsamerweise erwartet jedes Volk, daß man von vornherein seine Sitten und Gebräuche kennt, sonst „macht man sich unmöglich". Am Nacktbadestrand gekleidet zu sein, ist indezent, Schamgrenzen sind durch Verhaltensweisen bestimmt. Die meiste Kommunikation ist Ritual. Niemand will eine genaue Antwort auf die Frage „Wie geht es Dir?", sondern sie dient zur Eröffnung eines Kontaktes, eines Verkehrs. Das Tier ist in seinem Ritual fixiert, der Mensch nicht. Doch das entfremdete Bewußtsein fällt in das tierische Ritual zurück, sehnt sich nach Sicherheit im Verkehr, nach Anerkennung der Gewohnheiten. In England darf man einen Menschen nicht ansprechen, dem man nicht vorgestellt wurde. Südländer umarmen einander, Norweger wirken wie einsame Inseln. Der Russe erkundigt sich gefühlvoll nach der Stimmung des anderen, der Araber möchte nichts verkaufen, wenn er nicht vorher gefeilscht hat.

Hier ist nun im Denken der entscheidende Schritt: verharre ich im Ritual oder in der Gewohnheit, beim Monolog oder dem Disput, in dem ich meine Meinung in der Auseinandersetzung durchsetzen will, oder bin ich des Dialoges fähig? Letzteres kann ich nur, wenn ich die vierte Ebene der Sprache einbeziehe, wo sie eins mit der Zahl wird: die fonction fabulatrice.

Die gleichen archaischen Urelemente sind bei allen Stämmen für deren Sonderheit verantwortlich. Wähle ich bestimmte Voraussetzungen, so folgen daraus bestimmte Möglichkeiten für den historischen Ablauf. Lévi-Strauss erklärt: Ein Mensch, der im 15. Jahrhundert die mathematische Kombinatorik gekannt hätte, hätte wissen können, daß die damals entstehenden Dur-Moll-Tonleitern höchstens einige Jahrhunderte als Musikmaterial dienen können, weil sie nur 7040 Permutationen ermöglichen; praktisch waren diese bis Debussy und Wagner ausgeschöpft. Die Inder haben sich auf 72 Ragas fixiert, aus denen zusammen mit einem gewählten Rhythmus der Reichtum ihrer Musik entsteht.

Geschichte ist also ein Spiel, das der Mensch in den Voraussetzungen frei gewählt hat, und in welchem er sich oft versklavt fühlt. Gelingt es ihm, das Spiel zu verwandeln – wie etwa einem Flüchtling, der sein Land verlassen mußte und mit fünfzig Jahren eine völlig neue Existenz aufbaut –, dann spürt er eine Freude und Freiheit, die ihn zu unglaublichen Leistungen befähigt.

Was ist nun aber die Basis der fonction fabulatrice? Für Lévi-Strauss ist sie archetypisch; er zeigt ihre Kombinatorik an der Verwendung der Symbole für Honig und Asche in manchen Mythen, oder anhand der für die Himmelsrichtungen gewählten Farben bei den verschiedenen Indianerstämmen.[13)] Doch damit bleiben wir auf der Ebene des Mythos; das Medizinrad zusammen mit der islamischen Überlieferung wird uns die logische Erkenntnis vermitteln. Ich habe sie strukturell durch Gurdjieff kennengelernt, aber erst mit der Wandlung des naturwissenschaftlichen Weltbildes habe ich ihre Bedeutung begreifen können. Die Grundlage dieses Bereichs ist die auf den natürlichen Zahlen begründete Grammatik.

Natürliche Zahlen sind die neun Ziffern, sie lassen sich laut Frege aus der leeren Menge, der Null, konstruieren. Die Null steht für den Sinn, den Satz; sie entspricht logisch dem „=“ der Gleichung bei den rationalen Zahlen. In der Logik ist das einzig fundamentale Prädikat „sein“. Im Satz „Die Rose ist rot“ fügt das „ist“ keinen Inhalt hinzu, zeigt also den intensiven Zusammenhang. Es gibt Sprachen, die die prädikative Aussage nicht kennen, wie z. B. die russische. Alle anderen Satzformen können durch Umkonstruktion in einen Aussagesatz mit dem Prädikat „sein“ verwandelt werden. Freges Beispiel: der Satz „mein Vater starb gestern“ wird logisch verifizierbar in der Umformung „der gestrige Tod meines Vaters ist eine Tatsache“. Das Gegenteil ist falsch und es gibt keine dritte Möglichkeit – das Postulat der Logik ist erfüllt.

Die Etymologie oder Ideologie, bei den Chinesen die durch die Etikette ergänzte natürliche Symbolik, hat nur Bedeutung, keinen Sinn. Der Sinn erscheint nur im Satz, dessen grammatikalisches Gerüst immer mathematisch darstellbar ist. Wir können es folgendermaßen beschreiben:

$$3 + 4 = 7 \text{ – nur Sinn}$$

drei Stühle und vier Tische sind sieben Möbelstücke – Sinn und Bedeutung. Sinn ist also mathematisch, und die Mathematik ist daher der Weg, die Information zwischen Tonal und Nagual, Erfahrung und Offenbarung zu bestimmen. Die natürlichen Zahlen heißen deswegen natürlich, weil sie keine Ausdehnung für ihre Vorstellung benötigen. Man könnte 1 als Einfältigkeit bezeichnen, oder 3 als die Klasse aller Klassen, die drei Bestandteile aufweisen. Die Ziffern sind also nulldimensional und daher als einzige Zahlenart imstande, den Zugang zum Göttlichen, zum ewigen Augenblick außerhalb von Raum und Zeit zu eröffnen.

Fabulieren bedeutet, Spiele zu erfinden. Diese Spiele bestehen aus Symbolen, und das Symbol ist ein Zeichen, welches nur zur Hälfte rational verständlich ist. Der Plan eines Spieles ist gänzlich anders als das Erleben der tatsächlichen Durchführung. Ist der Ansatz einmal gewählt, so ist der Ablauf mehr oder weniger fixiert. Die Bedeutung der Symbolebene war allen Kulturgründern klar, und viele haben daher versucht, ihr spezielles Spiel, wie zum Beispiel Moses die Thora, in einen numerologischen Zusammenhang zu bringen. Es gibt viele Sprachen, die eine Verbindung von Buchstabe und Zahl beinhalten.

Der banale Grund dafür ist häufig die Tatsache, daß das gleiche Zeichen für Laut und Zahl verwendet wird. So ist auf hebräisch der Buchstabe Jod gleich 10. Hierdurch wird ein gefühlsmäßiger Zusammenhang geschaffen, und sowohl die Bibel als auch der Koran haben mit dieser Technik einen geistig-dichterischen Bezug zwischen Tonal und Nagual gesetzt, der reinen Umgangssprachen wie dem heutigen Englisch fehlt.

Doch wenn der Mensch frei sein will, sein Lebensspiel zu erfinden, dann muß er die Ziffern in ihrer Urbedeutung verstehen, wie wir sie beim Sacred Count erwähnt haben. Es ist mir gelungen, die numerologische Grundlage der Grammatik zu entschlüsseln. Der islamischen Überlieferung nach wurde diese Arbeit erstmalig um 800 n. Ch. von den „Lauteren Brüdern" in Basra unternommen, von denen Gurdjieff auf Umwegen die Figur des Enneagramm erhalten hat.

Betrachten wir nun die neun Wortarten als Kriterien der Vernunft, als das einzige System der Metaphysik, das keine Dichtung ist, so ergibt sich folgende Ordnung, die wir als die „generische Grammatik" bezeichnen können (siehe Abb. S. 63).

Alle Kommunikation hat ihre Elemente im Sein, in den neun Ziffern. Die Sprache als ein Vermögen – im Unterschied zu den historischen Sprachen – findet ihre Struktur in den Ziffern als Klassen oder Erzeugungsprinzipien, deren Ordnung durch das Enneagramm bestimmt wird. Hierbei gilt es Wortarten als Träger der Bedeutung und Satzbausteine als Träger des Sinnes zu unterscheiden. Die Zuordnung von Ziffern und Wortarten bzw. Satzbausteinen wird durch die Anzahl der Kategorien gegeben, welche in ihr

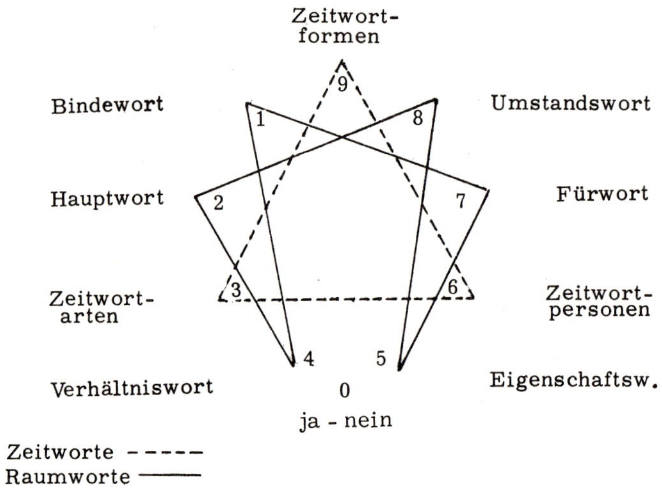

vereint sind, sodaß die quantitative Bestimmung zugleich die logische ist.[14)]

B e d e u t u n g : Wortarten	S i n n : Satzbausteine
1. Wort (als Zeichen)	1. Konjunktion (Bindewort)
2. Substantiv (Hauptwort) 1 Name /Singular 2 Begriff/ Plural	2. Logisches Subjekt, Haupt- und Nebensätze
3. Verbum (Zeitwort) a) Sein b) Haben c) Werden	3. Arten der Satzaussage a) intransitiv (nicht ziehend) b) transitiv (zielend) c) modal (Art, Weise, Möglichkeit betreffend)

4. Deklination / od. Präpositionen (Verhältniswort) 1) Nominativ 2) Akkusativ 3) Dativ 4) Genitiv	4. Objekte (Ergänzungen)
5. Adjektiv (Eigenschaftswort) 1) Positiv (Grundstufe) 2) Komparativ (Vergleich) 3) Superlativ (höchste Stufe) 4) bestimmtes Zahlwort 5) unbestimmtes Zahlwort	5. Attribute (Beifügungen)
6. Zeitwortpersonen (Konjugation) 6 Sprechpersonen: (Immer bezogen auf den Gesprächspartner oder den Leser)	6. grammatisches Subjekt – Satzaussage d) ich gehe e) du gehst f) er-sie-es geht g) wir h) ihr i) sie
7. Pronomen 1) hinweisend (der, dieser) 2) bestimmend (derjenige) 3) unbestimmt (mancher) 4) bezüglich (der Mann, der) 5) besitzanzeigend (mein) 6) persönlich (ich, du) 7) fragend (wer?)	
8. Adverb (Umstandswort) 1) Grund (weil) auf Frage: warum? 2) Ort (hier) auf Frage: wo? 3) Zeit (jetzt) auf Frage: wann? 4) Häufigkeit (oft) Frage: wie häufig?	8. adverbiale Bestimmung

5) Art u. Weise (schön) Frage:
wie?
6) Grad (besonders) Frage:
wie sehr?
7) Beschränkung (wenig) Frage:
wieviel?
8) modal (vielleicht) Frage:
ist es wirklich so?

9. Zeitwortformen
3 Zeiten
k) Vergangenheit
l) Gegenwart
m) Zukunft

3 Modi
n) Wirklichkeit (Indikativ)
o) Möglichkeit (Konjunktiv)
p) Bedingung (Konditional)

3 Formen
q) Leideform (Passiv)
r) Tätigkeitsform (Aktiv)
s) Unendlichkeitsform
(Infinitiv)

0. Aussagesatz
Fragesatz
Sollsatz

In jeder Sprache sind nun alle 45 Kategorien: 1+2+3+4+5+6+7+8+9 in bestimmter Verquickung enthalten, und sämtliche sonstigen oder nicht erwähnten grammatikalischen Formen lassen sich unschwer als Element oder Verbindung erweisen. Es kann eine Wortart auch durch Gestik, durch

Satzstellung oder durch Tonhöhe ausgedrückt werden. Doch wesentlich für die objektive Erkenntnis der Sprachstruktur ist die Gesetzlichkeit der Natur, die durch die Wortarten vergegenwärtigt und damit zum Werkzeug des Bewußtseins wird.

1. Die erste Wortart ist das Wort selbst; die Fähigkeit, ein Zeichen, eine Verbindung von Buchstaben oder Lauten für einen bestimmten Zusammenhang zu setzen: das Benennen einer Einheit. Ein solches Wort kann nur jener Zusammenhang sein, der nicht in einer höheren Ordnung steht, wie z. B. das Zeitwort oder der Begriff; es sind die Wurzelbedeutungen, wobei es gleichgültig ist, ob diese Wurzel aus einem affektiven Laut wie „Mama", aus einer historischen Wurzel wie „Handschuh", „Frühstück", „Erkenntnis", aus einer Übersetzung: „Bewußtsein" und „Gewissen" ursprünglich für „conscientia", aus einem Hinweis: dieser Baum „Ahorn" oder einer willkürlichen Festlegung und Konvention: „UNO" gebildet wird.
Was immer Wort werden kann, ist als Einheit der Sprache zu betrachten, und der Wortschatz wird in etwa durch ein Wörterbuch umrissen. Aber Einheit ist jede Zahl, 1 ebenso wie 27 oder 2011; gleichermaßen kann der komplexeste Gedanke wie „Differentialrechnung" als ein Wort, eine Idee behandelt werden, sobald dies syntaktisch möglich ist.
Die Unterscheidung von Substantiven, Adjektiven, Adverbien usw. im Lexikon darf nicht darüber hinwegtäuschen, daß eigentlich jede Idee, jedes Wort beinahe sämtliche Formen annehmen kann oder in einer Sprache haben wird – so wie etwa das Zeitwort auf deutsch zum Mittelwort und damit Eigenschaftswort werden kann, z. B. „der wandernde Mensch", oder zum Hauptwort „das Wandern".
Syntaktisch entspricht der Einheit des Wortes die ursprüngliche Verbindung oder Konjunktion: die Bindewörter u n d – o d e r. Mittels dieser Bindewörter kann man nur Wörter zusammenfügen, die in keinem höheren Verhältnis zueinander stehen, wie „Vater und Mutter", nicht aber „Vater und Familie", weil dieser selbst Teil der Familie ist.

2. Das Wort wird im zweiten Erzeugungsprinzip zum Hauptwort und teilt sich damit in Name und Begriff, Singular und Plural; es entsteht die vertikale Ordnung. In der Natur bedeutet dies die „Oktavierung": gleicher Ton auf höherer Ebene in der Musik, Teilung zufolge des Genoms in der Meiosis, bis der ganze Organismus vollständig, die Einheit also verwirklicht ist.

Im Multiplikationsfeld als Kriterium der Atomwelt entspricht der Zweierprogression die Reihe 2-8-18-32, die mögliche energetische Ladung.
Die Idee des Hauptwortes ermöglicht die Begriffsbildung. Alles kann als Teil einer höheren Ordnung betrachtet werden, wenn auch dieser Regressus nur theoretisch unendlich ist, praktisch aber schnell den umfassendsten Begriff erreicht, in Entsprechung zur Natur nach höchstens sieben Stufen: Arbeiterameise – Ameise – Bau – Insekt – Tier – Lebewesen – Wirklichkeit.
Die zweite Wortart birgt die Gefahr falscher Begriffe, falscher Regresse. Hier gilt es nun, die Notwendigkeit der Oberbegriffe immer wieder nachzuprüfen, damit nicht plötzlich gleichsam dämonische Substanzen entstehen, die eine fiktive Wirklichkeit der gegebenen zugrundelegen, wie es etwa die Ätherhypothese zum Erklären der Schwingungen des elektromagnetischen Feldes versuchte.
Syntaktisch entspricht der zweiten Wortart in ihrer Gliederung allgemein-besonders, Plural – Singular das logische Subjekt eines Satzes, z. B. „Der Vater“ (schläft) und die Beziehung Subjekt – Objekt, Subjekt – Prädikat im Sinne des Syllogismus, wenn ein Unterbegriff deduktiv einem Oberbegriff eingeordnet wird:

Alle Menschen sind sterblich.
Sokrates ist ein Mensch.
Also ist Sokrates sterblich.

Letztlich wird hier als Einheit oder Singular Sokrates dem begrifflichen Plural „alle Menschen“ eingeordnet.

3. Das Benennen der ersten Wortart und die Unterordnung der zweiten bestimmten Raumworte bedeuten das Bleibende im Wandel. Die dritte Wortart erfaßt den Wandel selbst in den drei Urzeitworten, grammatikalisch Hilfszeitworte genannt: das Sein erfaßt das Wort als Einheit, als Zusammenhang; das Haben erfaßt das Verhältnis zum Objekt, setzt also ein Subjekt voraus, und das Werden zeigt eine Wandlung des Objektes an. Im Satzbau sind Worte, die ein Sein ausdrücken, intransitiv, nicht zielend; Worte des Habens sind transitiv, zielend und solche des Werdens modal: sie drücken die Möglichkeit einer Veränderung aus.
In der Natur entspricht die Zahl 3 der Bewegung: die Quinte führt zu einem neuen Tonwert. Ein Satz kann freilich als Prädikat nur eine der drei Formen

enthalten, die anderen verlangen neue Sätze, die durch eine Konjunktion, durch ein Bindewort mit dem ersten verbunden werden:
„Theodor ist ein Schüler, (und) hat viele Kenntnisse und wird Lehrer.“

Beispiele der drei syntaktischen Formen:

intransitiv	transitiv	modal
gehen, leben, lachen …	essen, halten, sehen … (etwas, ein Ding)	sollen, müssen, dürfen … (mit einem Zeitwort)

Die Raumwortarten sind im Enneagramm durch die komplexe Figur vom Dreieck der Zeitwortarten geschieden, welch letztere immer zusammen auftreten; das Prädikat ist erst vollständig mit der 6. und 9. Wortart, der Person und der Form, während die Raumworte für sich selbst stehen können. Aber die Sprache besteht nicht nur aus dem Satz. Die drei Impulse des Urzeitwortes zeigen vereint den Vorgang der Dialektik. Ein Zustand wird durch Vereinigung mit seinem Gegensatz gewandelt und gebiert einen neuen Zustand: ein Mädchen (sein) bekommt durch einen Mann ein Kind (haben) und wird dadurch vom Mädchen zur Mutter (werden). Genau wie es echte und falsche Begriffsregresse und Syllogismen gibt, gibt es eine echte und eine Scheindialektik. Auch hier gilt es immer, den Bezug zur Wirklichkeit zu wahren. Wahr und falsch z. B. ist kein dialektischer Gegensatz, weil er nicht in die Bewegung führt. Wahr = sinnvoll, falsch = sinnlos und fällt damit aus dem Sprachraum; diese Unterscheidung gehört also zur zweiten Wortart, sie wird durch den Syllogismus mit seinen drei Kriterien verifiziert: dem Satz der Identität, des Widerspruchs und des ausgeschlossenen Dritten; wenn etwas wahr ist – und sein Gegenteil falsch –, dann gibt es im Rahmen dieses Zusammenhangs keine dritte Möglichkeit (kein Werden).

4. Die Verhältniswörter (Präpositionen) bzw. die vier Fälle der Deklination führen die Reihe fort und bringen den Zusammenhang damit zum Abschluß. Der Nominativ, dem Subjekt entsprechend, bestimmt das Sein, das ursprüngliche Wort, über das etwas ausgesagt werden soll. Der Akkusativ, dem Haben entsprechend, bestimmt das Objekt, welches das Ziel darstellt. Der Dativ – der „gebende“ Fall – drückt die Beziehung zwischen Subjekt und Objekt aus und verräumlicht die Bewegung, z. B. „Er hilft dem

Vater", und der Genitiv bringt den ganzen Satz – als Ergebnis der dritten Wortart – in Verhältnis zu einem anderen Wort oder Satz, z. B. „Der Spin ist Kennzeichen des Elektrons." 4 = 2 x 2 – so steht die vierte Wortart in engem Zusammenhang mit dem Hauptwort.
In der Dimensionsfolge ist im vierten Schritt die Wirklichkeit erreicht; der Genitiv – als Possessiv oder Ursprungsfall – schafft den Zusammenhang mit den anderen raumzeitlichen Gegebenheiten; er erfaßt somit die Existenz, die Wirklichkeit. Dies hat dazu geführt, daß in der Geschichte der Grammatik nur die vier ersten Kategorien als ursprünglich betrachtet wurden. Das Eigenschaftswort als Adjektiv war dem Substantiv zugeordnet, das Umstandswort diente im Adverb zur Bestimmung des Zeitwortes, und die neun Formen gehörten wiederum zur Konjugation. Doch Sprechen beschreibt nicht nur die Wirklichkeit, es bestimmt und schafft sie. Wenn die Natur nun tatsächlich sprachlich erfaßt ist, dann bestimmt die Sprache die Art und Weise des Zustandekommens der Dinge und Wirkungen; wenn sie menschliche Handlungen beschreibt, so schafft sie sie, und wenn sie Informationen überträgt, so verwirklicht sie diese. Solange die Wortarten den genannten vier Schritten untergeordnet sind, bleibt die Sprache und damit auch das Denken heteronom, bloße Begleiterscheinung. Die Klippe liegt zwischen der vierten und fünften Wortart, im Enneagramm beim Überschreiten der Null, die in der Sprachstruktur für den Sinn, das heißt den Zusammenhang des Satzes steht, in dem alle Kategorien gleichwertig zu verwenden sind.

5. Das Eigenschaftswort bezeichnet die Erscheinung in der Wirklichkeit, die unmittelbar empfindbare Gegebenheit. Ein Wort im Sinne der ersten Kategorie fügt nur Zeichen zusammen, ohne Bezug auf die äußere Wirklichkeit; die zweite Wortart, sinngemäß konstruiert, zeigt seinen vertikalen Bezug, die dritte seine Rolle im dialektischen Ablauf, die vierte seine Verhältnisse zur Gesamtwirklichkeit. Doch die fünfte bestimmt die Eigenschaft als Element, welches austauschbar ist. So hat die Befreiung des wissenschaftlichen Denkens aus der Naturphilosophie erst begonnen, als man „blau" nicht mehr als Attribut eines Körpers betrachtete, sondern als Wahrnehmung einer konkreten Gegebenheit, die sich als eine bestimmte Wellenlänge des Lichtes interpretieren läßt.
Nur als Eigenschaft, als Qualität lassen sich Gegebenheiten vergleichen – blau mag heller oder dunkler, klarer oder trüber sein; ja das klarste und

intensivste Blau – die dritte Steigerungsstufe – vermittelt ein anschauliches Bild. Auch Zahlen werden hier zu Eigenschaften; sowohl bestimmte („vier Äpfel“) als auch unbestimmte („viele Bienen“) ergeben eine eindeutige Vorstellung.
Die Struktur der fünf Sinne – die sich natürlich auch anders gliedern ließen als herkömmlich, wo manche Zuordnung wie etwa jene der Wärme zum Tastsinn willkürlich erscheint – leuchtet deswegen ein, weil das Urteil über die Eigenschaft fünffältig ist. Nur die Eigenschaften sind gegeben, empfindbar; sobald ich die Welt als Qualität zu betrachten versuche, offenbart sie sich als Erscheinung.

6. Aber der Erscheinung entgeht das „Ding an sich“, die Subjekthaftigkeit. Diese wird durch die sechste Wortart des grammatikalischen Subjekts erfaßt. 2(= logisches Subjekt) x 3 (= Zeitwort) schafft die Konjugation = 6. Wie aber die dritte Wortart nur in der Abfolge der Dialektik, also in drei Sätzen Sinn verwirklicht, ist die sechste in die Kommunikation eingeordnet: die drei Sprechpersonen bestimmen Träger, Empfänger und Gegenstand, über den gesprochen wird, als gleichberechtigt, und zwar als Selbsterhaltung (ich, du, er-sie-es) und als Arterhaltung (wir, ihr, sie). Die präpositionale Artikulation der vierten Wortart bestimmt die Wortart von außen; die Sprechpersonen, immer in Zweiheit von Ich und Wir, Sprecher und Antworter, bestimmen ihr Werden, die Wirklichkeit im Fluß, das Eingreifen, über die Sprache. Geometrisch sind Sechsecksseiten und Umkreisradius identisch; in der Natur bauen der Kohlenstoffring als Basis aller organischer Struktur und auch die Waben der Bienen als einfachste architektonische Gliederung auf dem Sechseck auf. 6 x 2 = 12: der ursprüngliche Gegensatz gliedert den zwölffältigen Kreis in sechs aktive und sechs passive Felder, wobei die neutrale Verbindung durch die Kreisstruktur selbst gegeben wird.

7. Sprechend, hörend, lesend, vermittelnd, informierend, im Vorgang selbst ist das grammatikalische Subjekt gleichsam unsichtbar; in der siebten Wortart, dem Fürwort oder Pronomen, wird es zum wahrnehmbaren Träger des Werdens. Es steht nicht nur für das Hauptwort als Nomen, sondern für alle Wortarten:

1) Das hinweisende kennzeichnet einen Zusammenhang, entspricht also dem ursprünglichen Wort („dieser Baum“).

2) Das bestimmende kennzeichnet den Begriff einer vertikalen Reihe: „derjenige" vereint Einzelheit und Allgemeinheit.
3) Das unbestimmte zeigt eine Wirkung als Vorgang an, ohne daß das Subjekt klar wäre („mancher wünscht sich ...").
4) Das bezügliche bestimmt die Verhältnisse („der Mann, der ...").
5) Das besitzanzeigende steht für das Eigenschaftswort („mein Federhalter").
6) Das persönliche bestimmt die Personen: ich, du ... und ist in manchen, besonders aggressiven Sprachen Teil der Konjugation.
7) Nur im fragenden Fürwort ist die Kategorie sozusagen bei sich selbst angelangt. Es erfordert eine Antwort in einem Satz, oder leitet über zur nächsten, der achten Wortart, die ihren Charakter ohne vorhergehende Frage verbirgt.

8. Das Umstandswort enthält alle philosophischen Kategorien wie Kausalität, Raumzeitbestimmung und vereint Hauptwort mit Verhältniswort – 2 x 4 = 8 – in der adverbialen Bestimmung:
„Am heutigen Tag beginnt ..." (Bestimmung der Zeit). Es erschließt seinen Charakter auf folgende Fragen, welche allesamt mittels der „Adverbialkonjunktionen" Nebensätze einleiten können.

Ich frage ihn:
warum er kommt (Grund)
wo er war (Ort)
wann er diesen Ort verließ (Zeit)
wie häufig er reist (Frequenz)
wie er fährt (Art und Weise, etwa: schnell)
wie sehr er Reisen liebt (besonders, Grad)
wieviel ihm jede Reise einbringt (Beschränkung)
ob er das nächste Mal wiederkommt (modal)

Achtfältig ist der Verbindungsschlüssel des Atoms, achtfältig ebenfalls der Dimensionskreis als Rahmen des Bewußtseins. 8 x 8 ist der Schlüssel allen Wachstums bei der Doppelhelix der Genbänder im Genom; 8 x 8 war auch der Schlüssel des chinesischen Buchs der Wandlungen. Die liegende Acht wurde zum Zeichen der Unendlichkeit gewählt, die befreite Atmung schwingt in der Achterfigur. Ein Achterring schließt die Edelgase nach außen ab, ebenso jede gesättigte Verbindung wie etwa das Wasser H_2O: wo immer die Umstände bestimmt sind, ist der Rahmen des Wirkens vollendet.

Im Enneagramm ergänzen einander immer jene Wortarten, die zusammen in der Anzahl ihrer Kategorien neun ergeben:

(1) Konjunktionen wie „und", „oder" verbinden Worte, aber auch Sätze im gleichen Sinne wie die (8) Adverbialkonjunktionen „weil", „ob".

Sowohl das Substantiv (2) als auch das Pronomen (7) kann das logische Subjekt einen Satzes sein.

Der Genitiv des Hauptwortes bzw. die entsprechende Präposition (4) kann durch das Eigenschaftswort (5) ausgedrückt werden: das Blau des Himmels = der blaue Himmel.

Ebenso verweisen (3) und (6), Zeitwortart und Zeitwortperson immer zusammen auf das grammatikalische Subjekt. Doch um im Satz zu wirken, bedürfen sie der neunten Wortart, welche mit ihnen im Dreieckswinkel steht und deren eigener Gegenpol die Null als Träger des Sinnes, des Zusammenhanges ist.

9. Die neunte Wortart bringt die Kategorien zum Abschluß, indem das Werden der raumzeitlichen Dauer unterstellt wird und damit dem Bewußtsein: die Formen vereinen die Vergangenheit (haben) mit der Zukunft (werden) über die Gegenwart (sein); sie erheben die drei grammatikalischen Geschlechter und Personen zu Verhaltensweisen der Tätigkeitsform (aktiv = ich-männlich), der Leideform (passiv = du-weiblich), und Unendlichkeitsform (infinitiv = es-sächlich) und bringen durch Kenntnis der Bedingungen (Bedingungsform = Konditional) das Mögliche (Möglichkeitsform = Konjunktiv) zur Verwirklichung (Wirklichkeitsform = Indikativ):
Doch nicht jeder Satz ist wahr. So bildet den Gegenpol allen Sprechens und Hörens, Schreibens und Lesens, Informierens und Assimilierens das Kriterium des Satzes selbst: sinnvoll oder sinnlos, wahr oder falsch, ja oder nein. Ja und nein bestimmen die logische Entscheidung als Grundlage jeglichen Bewußtwerdens. Diese erfolgt einzig und allein im Satz, wenn er sich als richtig, als sinnvoll erweist, wobei jede Wortart andere Kriterien liefert: die erste mit den Konjunktionen „und, oder" die Grundlage des logischen Urteils; die zweite den Syllogismus (Deduktion und Induktion) und die vertikale Begrenzung; die dritte die Dialektik „Sein – Nichts – Werden"; das Nichtsein schafft die Möglichkeit des Verwandelns einer Eigenschaft in eine andere, also die Änderung des Zustands. Die vierte ermöglicht die Assoziation und Ausweitung durch Aneinanderreihung von Sätzen. Die fünfte erfaßt die Qualitäten und Elemente als letzte Gegebenheiten. Die sechste

bestimmt das eigentliche Subjekt, die siebte stellt dieses als Täter heraus, die achte bringt die Urteilsformen: Kausalität, Ort- und Zeitgebundenheit, Frequenz, Analogie, Grad, Beschränkung und Modalität. Damit erübrigen sich die besonderen philosophischen Kategorien, der Gegensatz zwischen Logik und Umgangssprache wird aufgelöst. Die Satzarten (hypothetische, konditionale, Aussagesätze, Wunschsätze usw.) erweisen sich schließlich als Formen der drei Konstituenten der neunten Wortart, sodaß sich siebenundzwanzig Möglichkeiten ergeben, als Permutationen von

k Vergangenheit	n Wirklichkeit	q Leideform
l Gegenwart	o Möglichkeit	r Tätigkeitsform
m Zukunft	p Bedingung	s Unendlichkeitsform

Beispiele: k-n-q, l-n-q-, m-n-q usw.

Damit zeigt die Satzstruktur die Verwirklichung der dritten Diagonale des Multiplikationsfeldes 3-12-27 im Rad:

3: Zu jedem Satz müssen eine Kategorie der dritten Wortart, zwei der sechsten und drei der neunten vorhanden sein, wobei die zweite der sechsten der Gesprächspartner ist.

12: Die sechs Zeitwortkategorien können durch die sechs Raumwortarten beliebig ergänzt werden, sodaß sich ein zwölffältiger Satzrahmen ergibt:

(7) 2 3-6-9 8 (7) 5 4
Beispiel: “Die Elektronen umkreisen regelmäßig den winzigen Kern,

8 7 4 (7) 4 1 (7) 4 3-6-9
weil sie von der Quantenstruktur und der Schwerkraft bedingt werden.«

27: Die möglichen Satzarten.

Objektiv ist ein Satz dann in allen 27 Möglichkeiten richtig, wenn er mit der Wirklichkeit und der Möglichkeit, also mit der Struktur des Rades übereinstimmt. Doch außer der objektiven Logik gibt es die subjektive des persönlichen Bewußtseins.

Die Grammatik auf Grund der natürlichen Zahlen ist in philosophischer Sprache die Systemik der Vernunft, also die Rationalität.
Irrational wäre dann die Haltung, etwas, das man erklären könnte, nicht zu erläutern. Für den gewöhnlichen Sprachgebrauch bedeutet aber irrational alles, was man nicht kausal erklären kann und als Sosein akzeptieren muß. Wenn die afrikanische Vorstellung der Besessenheit für irrational im böswilligen Sinne einer absichtlichen Täuschung erklärt wird, wie dies etwa Devereux macht, so ist das ein eurozentrisches, unberechtigtes Vorurteil. Es gibt keine Kultur, die nicht in irgendeiner Weise in das All eingebettet wäre. Die Diagnose der Besessenheit ist für einen afrikanischen Schamanen oder einen katholischen Exorzisten genauso rational bestimmbar wie ein naturwissenschaftliches Experiment für den Physiker. Es ist ein Grundirrtum des europäischen Denkens, aus affektiven Gründen die gesamte Religion und Traumwelt als Illusion zu negieren. Dieser Irrtum ist, wie Horkheimer gezeigt hat, erst durch die Dialektik der Aufklärung entstanden. Noch Newton betrachtete die Schwerkraft als Ausdruck der Sympathie aller Dinge und suchte nach einer ganzheitlichen Beschreibung der Welt.
Körper, Seele und Geist – konkrete Gegebenheiten, persönliche Wahrnehmung und Einstellung, das kollektive Gedächtnis als Grundlage von Weltbild und Lebenswelt – sind für den lernenden Menschen getrennt, doch für den befreiten vereint. Empfinden oder die Welt der Sinne, Denken oder die Welt der Sprache, Fühlen oder die Welt der Triebe, und Wollen oder die Welt der Kräfte mit der Aufmerksamkeit, der inneren Leere als Ausgangspunkt der Selbstwerdung, werden für den Lernenden zu Assoziationskreisen im Sinne der bedingten Reflexe verknüpft; sie gilt es zu trennen. Die letztere Arbeit war das Anliegen der allopathischen Humoralmedizin, die erstere die der homöopathischen. Die früher erwähnten sieben Stufen der Anamnese betrachteten die Heilung als Aufstieg zur Menschwerdung:

Gebärde entspricht dem Empfinden,
die Erzählung dem Denken,
die Unterscheidung von aktual und kausal dem Fühlen,
die existentielle Problematik dem Wollen,
die Organotropie dem Körper,
die Erkenntnis der Ahnen der Seele,
und die Hierarchisierung der Symptome und Heilungsziele dem Geist.

Das Gewahrsein ist die Vernunft selbst.[15] Das Kind sollte sie mit der Sprache erlernen, was erst in der Wassermannzeit mit ihrem globalen Bewußtsein und dem Ende der Ideologien möglich wird. Doch jede der Stufen hat in einem Weltbild und einer Lebenswelt ihre Ausprägung gefunden. Ich werde aufgrund meiner eigenen Erfahrung den Zugang zur Ganzheit in folgender Weise gliedern:

1. Maieutik: die Entwicklung der Sprache über sieben Stufen als Grundlage der ganzheitlichen Pädagogik.
2. Das Rad als Ursymbol der Systemik.
3. Alphysik: die chemischen Elemente und ihre Beziehung zu den Krisen der Persönlichkeitswerdung.
4. I Ging: die Erkenntnis des Buches des Lebens.
5. Die Bestimmung der menschlichen Wesensstruktur über das Bild der Hände in der Chirologie.
6. Philosophische Astrologie, Anlage als Weg.
7. Yoga als Vereinigung von Urlicht und Urkraft.

Sicher könnte man diese Gebiete auch anders gliedern; doch ich wähle die vorliegende Form, weil sie der Struktur des Organismus und der Psyche entspricht und deshalb als rationale Esoterik begriffen werden kann. Diese bedeutet in traditioneller Sprache Metaphysik. Das System der Vernunft liegt für mich im Enneagramm, denn es ermöglicht uns, Mathematik und Logik in bezug auf das Subjekt und die Wirklichkeit als Brücke zu verwenden. Diese Brücke ist durchaus in die wissenschaftliche Sprache zu übersetzen. Holistik ist kein Mythos, sondern Kritik der Kriterien, also aller möglichen Voraussetzungen, die sowohl dem strategisch-wissenschaftlichen als auch dem existentiell-religiösen Denken zugrunde liegen.

1. Maieutik

Die menschliche Sprache ist biologisch als offenes Programm zu verstehen. Sie wird nur entwickelt, wenn ein Kind bei menschlichen Eltern aufwächst, also sie von Geburt an hört. Die sogenannten Wolfskinder, die mit Tieren aufwuchsen – sieben Fälle sind wissenschaftlich untersucht worden –, waren niemals imstande, die menschliche Sprache zu sprechen, Sinne und Triebe voneinander zu unterscheiden. Sie blieben affektive Triebwesen. So muß das grammatikalische Sprechen, Laute und Zeichen als Werkzeuge zu verwenden, eine echte Mutation des Menschentiers gewesen sein. Alle Pädagogik setzt seither an der Wortwerdung an.

In den traditionellen Kulturen sind Begriff und Name in ihrer Bedeutung an die Weltdichtung angepaßt, die dem einzelnen seinen Sinn und seinen Ort in der Gemeinschaft zuweist. Diese ideologische Entfremdung kann nur durch Beachtung der Sprachstufen überwunden werden; ganzheitliche Pädagogik setzt eben hier an, um von der bisher gelehrten Anpassung an den „local cultural consensus“ zum freien Lebensentwurf zu gelangen, wie es die Postulate der Wassermannzeit – Demokratie, Menschenrechte, soziale Gerechtigkeit, Selbstbestimmung – fordern.

Lernen erzeugt das Zeitwesen des Menschen, den Wortleib, der imstande ist, die Welt des Tages und der Nacht, des Wachens und des Traumes, der Motivation und der Intention in der Reflexion zu vereinen. Lernen vollzieht sich auf zwei Weisen: einerseits durch Wiederholung eines Zusammenhangs, eines Satzes oder eines Verhaltens, andererseits durch Einsicht im Sinne des Verfügens über einen umfassenden Begriff.

Wird ein Satz oder Zusammenhang sechzehnmal wiederholt, dann geht er ins Kurzzeitgedächtnis über. Wird er aber mittels Einsicht einem größeren Zusammenhang einverleibt – wie etwa Tische und Stühle als Möbel zu begreifen sind – dann wird er Teil der Erinnerung. Wie heute vermutet wird, ist der Sitz des physiologischen Kurzzeitgedächtnisses die synaptische Verknüpfung der Neuronen des Großhirns; doch das Langzeitgedächtnis, die Erinnerung, arbeitet nach Auffassung Jean Charons elektronisch, bedeutet Strukturierung der Photonen im Elektron, von welchen jedes holographisch die gesamte Erinnerung vom Urknall bis heute enthalten müßte. Diese Erinnerung ist dem Bewußtsein als Speicher zugänglich, ähnlich wie sich Sheldrake das morphogenetische Feld der Gattungserinnerung vorstellt, und kann beliebig abgerufen werden.

Die Hauptfrage der ganzheitlichen Pädagogik ist folgende: Wie kann Einsicht oder ganzheitlicher Zusammenhang rational erreicht werden? Comenius hatte es in seinem Orbis Pictum versucht, der Goethe begeisterte, Giordano Bruno in seinem „Teatro della memoria“ methodisch gelehrt. Doch alle Versuche, die Einsicht ideologisch zu begünden, wie in der Scholastik, sind seit dem Dominieren der Kartesischen Methode gescheitert.
Die Synthese liegt nicht in einem Bild, sondern in der mathematischen Ursystemik des Rades, die das nächste Kapitel erhellen wird. Auf dieses hin können wir die Sprachstufen nach den sieben Bewußtseinskomponenten gliedern:

Sprachstufe	
1. Affektive Laute	empfinden
2. Brabbeln	denken
3. Lateralisation, Doppelworte	fühlen
4. Grammatik	wollen
5. Wortschatz	Körper
6. Kommunikation	Seele
7. Artikulierte Vision	Geist

1. Die erste Lautäußerung des Kindes zeigt die affektive Gliederung der Laute nach den vier Funktionen. Gähnen öffnet das Empfinden, entspannt den ganzen Körper und macht ihn für neue Sinneseindrücke empfänglich. Lachen, das auf Ausatmen beruht, ist Ursprung des Denkens, der Witz ist die erste Erkenntnis. Weinen eröffnet das Fühlen; wer weint, wird vom Kummer befreit. Schreien ist Ausdruck des Wollens, der Selbstbehauptung: das Kleinkind macht auf seine Existenz aufmerksam. Gähnen ist Erde, Lachen ist Luft, Weinen ist Wasser der Tränen, und Schreien ist überschüssige Kraft des Feuers. Somit ist die Sprachwerdung unmittelbar mit den vier hippokratischen Elementen verknüpft, und es ist im Sinne des Empedokles Aufgabe der Eltern, die Lautentfaltung durch Wohlwollen in Richtung Liebe und nicht zum Haß und Streit zu lenken.

2. Die zweite Stufe heißt: Erkundung des akustischen Milieus. Wie der Fisch seine Umwelt im Wasser hat, so verlangt die menschliche Kommunikation den Schall der Luft. Das Kind beginnt Laute auszuprobieren, wenn es erfährt, daß das Verhalten, das Spiel der Eltern mit Lauten zu tun hat. Bestimmte Worte stehen mit bestimmten Abläufen in Zusammenhang, die

als Ganzes erinnert werden können. Die menschliche Welt ist sinnlich; das Lesen ist Vorstellung, die so weit reicht wie die Sprachfähigkeit. Nur das lautlich Geformte kann aus Diesseits und Jenseits erinnert werden. Auch Gott spricht den Menschen über seinen Namen an, und der Name Gottes war für viele Traditionen das große Geheimnis.

Der numerologische Bedeutungsschlüssel der Buchstaben ist in vielen Kulturen verschieden. Vom Sprechwerkzeug her gibt es nach indischer Auffassung 54 Konsonanten (Mitlaute). Sie beruhen auf den neun Schwerpunkten der Lauterzeugung im Mund. Bei jedem gibt es einen stimmhaften, stimmlos-nasalen und einen aspirierten Laut, der ferner stark oder schwach sein kann. 54 = 9 x 3 x 2. Da die Ordnung der Heiligen Zählweise seit Urzeiten alles in ihrer Bedeutung bestimmt, was sich überhaupt als Qualität feststellen läßt, haben die Inder damit recht, daß der ursprüngliche Lautschlüssel physiologisch ist; die kabbalistischen Systeme wie das jüdische gehören zur Etymologie. Eine absolute Bedeutung der Laute darüber hinaus ist schwer zu bestimmen; die Sanskrit-Bij-Mantras z. B. werden von den Tibetern lautlich anders ausgesprochen als in Indien, zeitigen aber die gleiche Wirkung, weil der magische Laut nur eine Konstituente des Sinnes ist.

Wir können die Laute beispielhaft in folgender Weise gliedern:

	stimmlos	stimmhaft	aspiriert (hart oder weich)
1. Kehle	Schrei	Ton	Hauch
2. Kehle-Gurgel	ch	ng	ch
3. Gurgel	k	?	g
4. Gurgel-Zunge	r	j	sch
5. Zunge-Gaumen	tl	l	sch
6. Zunge-Zähne	d	n	th
7. Zähne	ss	s	hs
8. Zähne-Lippen	v	w	f
9. Lippen	p	m	b

In jedem Landstrich ist die Auswahl der Laute verschieden, keine Sprache gebraucht alle 54. So kennen die Chinesen nicht den Unterschied zwischen r und l, die Deutschen können das englische th nicht richtig aussprechen, die Engländer nicht die Umlaute ö, ä, ü, ebenso die Inder; die Russen haben kein h. Nach Tomatis hat jeder Ort eine bestimmte Resonanzneigung, die

für die Entfaltung der Dialekte verantwortlich ist; Berlinerisch klingt in Wien lächerlich. Jede Sprache hat eine bestimmte Schwingungsbreite: Französisch zwischen 800 und 4000 Hertz, Russisch zwischen 500 und 16.000 Hertz. Daher haben es Russen leichter als Franzosen, andere Lautsprachen richtig zu artikulieren. Doch die magische Bedeutung der Laute kann durch das Lesen nicht ermittelt werden, sie muß persönlich erarbeitet sein.
Zu den Konsonanten treten die Vokale (Selbstlaute). Von allen möglichen Selbstlauten sind in allen Sprachen 5 Vokale (a, e, i, o, u) bevorzugt, weil sie allein der Körperresonanz entsprechen, wie Helmholtz und die Yogis erkannt haben. Sie lokalisieren die Vokale im Körper als Energieorte, als Chakras, wobei das oberste und das unterste Chakra u und i wiederholen. Alle Vokale entstammen lautlich den Obertönen und den Untertönen des Tonwertes „b", in europäischer Terminologie B-dur und F-moll, wie ebenfalls Helmholtz nachgewiesen hat. Vokale sind Klangfarben. Alle anderen Grundtöne außer b ähneln nicht den Selbstlauten.
Die Lokalisierung im Körper ist auch visuell über die Farben des Regenbogens zu ereichen.

y	violett	Scheitelchakra
i	ultramarin	inneres Auge
e	blau	Nacken
a	grün	Herz
o	gelb	Nabel
u	orange	Bewegungsmitte
y	rot	Perineum

Die tiefere Bedeutung dieser Orte werden wir später schildern. Für die Integration der Lautstufe, die beim Kleinkind gleichzeitig das Kritzelalter ist, darf die Periode der Erkundung des akustischen Milieus nicht von den Eltern durch Erzwingen sinnvoller Worte verkürzt werden, sonst leidet die Assoziationsfähigkeit und Intelligenz des Kindes.

3. Die dritte Stufe ist die der Doppellaute. Ohr und Stimmwerkzeug sind recht und links durch verschieden lange Nervenstränge verknüpft, so daß die Lateralisation – die Unterscheidung von rechts und links – im Hören auf einer Verzögerung der Wahrnehmung um eine Zehntelsekunde beruht. Mittels der Doppellaute beginnt das Kind Bedeutungen zu vermitteln,

2. Das Rad

Mit 21 Jahren, an jenem Tag als die Sonne über meinem Aszendenten ging, saß ich als Soldat in einem Kaffeehaus in Brüssel und las Henri Bergsons „Matière et Memoire". Plötzlich erlebte ich mich an der Peripherie einer sich drehenden Scheibe, trat in die Mitte – alles wurde anders. Ich hatte mit einem Male Vertrauen, keine Sorgen mehr. Was aber war das für eine seltsame Vision? Für mich begann an diesem Nachmittag ein neues Leben. Meine Frau hat später diesen Zeitpunkt für das Horoskop in ihrem Buch „Anlage als Weg" verwendet, und als wir es jetzt wieder lasen, schien uns, als sei diese Beschreibung für mein seitheriges Leben viel stichhaltiger als mein Geburtshoroskop.

Ich versuchte die Erkenntnis 1943 in meinem ersten Buch darzustellen, welches ich mit den kantischen Antinomien begann. Aber nach 80 Seiten wurde der Gedankengang schal. Ich begann über die Vision zu lesen, fand sie bei C. G. Jung als Hinweis auf eine Individuation gedeutet. Aber mein Anliegen war nicht therapeutisch oder mythisch. Ich hielt diese Vision für einen echten Schritt des Verstehens, wenn ich auch nicht wußte, was ich eigentlich verstanden hatte. Als ich viel später meine Lehrer Gurdjieff und Hauer kennenlernte, von denen ich das Enneagramm und den Quintenzirkel als Raster allen Verstehens erlernte, und gleichzeitig die Aufgabe hatte, für das Werk meines Vaters, seine Sinnesphilosophie, eine strukturelle Basis in Grammatik, Zahl und Musik zu finden, begann ich einen Weg, der über 40 Jahre dauerte und jetzt langsam zu seinem Ergebnis gekommen ist. Die Schau des Rades gilt in Indien gemäß der Katha-Upanishad als Vorbedingung der Unsterblichkeit, bei den Tibetern als Symbol der Orientierung, in der Ars Magna des Raimundus Lullus als Struktur der Vernunft. Doch erst durch die griechische Philosophie gelang es mir, über die Bekanntschaft mit dem Harmoniker Hans Kayser das Urschema zu bestimmen und mit Hilfe der neuen wissenschaftlichen Erkenntnisse zu klären. Der erste Philosoph der abendländischen Geschichte – einer, der sich um das Wissen hinter dem Wissen, um die Kriterien gekümmert hat – war Thales von Milet im 6. vorchristlichen Jahrhundert. Jeder lernt als Kind seinen Lehrsatz, nämlich daß im Halbkreis alle Winkel rechte sind. Daß manche es waren, wie das ägyptische Dreieck mit 3, 4, 5 als Seitenlängen, wußte ein jeder. Aber daß man von Einzelfällen auf Allheit verallgemeinern kann, daß es also geometrische

Intuition gibt, die etwas unmittelbar evident erscheinen läßt, das wurde zum erstenmal von Thales formuliert. Damit hatte er das geometrische Denken aus einer Praxis, einer Strategie, in eine Theorie, etymologisch in eine „Schau“ von Ahnung oder Vermutung gebracht. In der Geometrie bedeutet es Anschauung; tatsächlich sind geometrische Intuitionen unmittelbar evident, man sieht ihre Wahrheit. Plato schrieb an die Pforte seiner Akademie, niemand dürfe hier eintreten, der nicht Geometrie verstehe. Geometrie wäre das Gesetz der Seele und Arithmetik jenes den Körpers.

Der zweite Vorsokratiker war Anaximandros, Schüler des Thales. Er erfand den Begriff des Unendlichen, des Grenzenlosen oder Unbegrenzten, des Apeiron, als Ursprung allen Seins. Der Schritt vom Nichts zum Etwas, von der Null zur Eins ist der Anfangsgrund der Arithmetik. Es gibt keine Zahlenoperation, die sich nicht letztlich auf diese Zweiheit 0 – 1 zurückführen ließe. Anaximandros bestand darauf, daß nicht nur das Denken, sondern auch alle Wesen mit Leben und Tod dauernd zwischen Nichts und Etwas, „nach Maßgabe ihrer Schuld“, also ihres Verhaltens, alternieren.

Der dritte Vorsokratiker, Anaximenes, erfand die Epistemologie: Alles, was nicht zu messen oder zu zählen ist, bleibt außerhalb des logischen Wissens im Mythos oder im Bereich der unverbindlichen Meinung. Die Urkategorien des Heilens – Erde, Wasser, Luft, die durch das Feuer verwandelt werden – haben als Ursprung die Luft und entstehen quantitativ durch Abkühlen bis zum flüssigen und festen Zustand.

Damit wurde Episteme von Doxa, verstandenes Wissen von Meinung getrennt. Der Umfang des Wissens ist notwendig kleiner als jener der Meinung.

Wissen umfaßt einen kleinen Teil des Vorstellungsraums. In ihm allein kann das Ich herrschen, während es im Bereich der Meinungen, Mythen, Traditionen oder Autoritäten untergeordnet bleibt.

Lassen sich nun sämtliche Gegebenheiten von Maß, Zahl und Epistemologie in einen Urzusammenhang versetzen? Das war das Anliegen des vierten Denkers, Pythagoras von Samos. Durch Reisen in seiner Jungend mit der ägyptischen und babylonischen Tradition vertraut, unternahm er es, die Grundbegriffe allen Wissens, also sowohl der äußeren Erfahrung als auch der inneren Offenbarung in der mathematischen Figur des Rades darzustellen. Im Laufe der Jahre ist es mir gelungen, nicht nur die Voraussetzungen dieses Denkens aufzuspüren, sondern es auch dank der Entdeckungen der modernen Naturwissenschaft zu vollenden. Die Kriterien der Vernunft, als

Wissen hinter dem Wissen, lassen sich intellektuell als Metaphysik der Sprache im Enneagramm zur Gänze erfassen und artikulieren.

Das Rad ist banal verstanden der Zusammenhang und die Veranschaulichung aller arithmetischen und geometrischen Gesetze der Fläche, der zweiten Dimension.

Gleichzeitig ist es der Ursprung des Medizinrades, das seit jeher den Zusammenhang zwischen Mensch und Kosmos gelehrt hat. Für die Indianer wie für die Tibeter ist jeder Mensch in seinem Bewußtsein ein Rad, und überall waren dessen Elemente bekannt. So trägt der Tibeter an seinem Gürtel eine Messingscheibe mit den neun Ziffern, den acht Raumrichtungen des Buchs der Wandlungen und den zwölf Symbolen der Zeit.

Doch den denkerischen Zusammenhang, wie man sich durch das Rad von äußerer Bedingtheit umd mythischer Identifikation befreien kann, hat Pythagoras gelehrt, dessen Denkschritte wir jetzt systematisch und ohne historische Rückbindung entschlüsseln wollen!

Der Ursprung des Gewahrseins ist die nullte Dimension, das dauernde Entstehen des Etwas aus dem Nichts im Osten. Die nullte Dimension ist ein Zeitpunkt; es gibt keinen Raumpunkt in der äußeren Erfahrung – er ist eine Abstraktion.

Die nullte Dimension enthält die *natürlichen Zahlen,* deren Begreifen keiner Ausdehnung bedarf; die Ziffern als Ursprung alles Beharrenden im Wandel werden auch physikalisch als Invarianz bezeichnet. So sind die neun natürlichen Zahlen, deren Klasse die Null ist, die Kriterien aller Qualität.

Im Mikrokosmos gibt es die neun Gruppen der chemischen Elemente des periodischen Systems, die ihre Vollendung in der nullten Gruppe der Edelgase finden. Im Makrokosmos ist es die Sonne selbst mit den neun Planeten, und im Leben im Kosmos sind es die neun Wortarten der Sprache, die sich zum Satz, zum nullhaften Sinn fügen.

Das Bewußtsein entfaltet sich zwischen Raum und Zeit, zwischen Miteinander und Nacheinander. Es gibt vier Raumdimensionen und vier Zeitdimensionen, die sich im Schritt von unendlich zu eins vollziehen. Betrachten wir zuerst den Raum.

Die erste Dimension enthält eine unendliche Menge von Punkten, als beharrende Zeitpunkte, als Substanzen oder Wesen verstanden. Nur in der Geraden können sie lotrecht auf den punkthaften Ursprung zurückprojiziert werden.

Die zweite Dimension ist die Fläche; sie enthält eine unendliche Anzahl von Geraden, geometrisch im Raum des Quadrates, das durch zwei Senkrechte an den Endpunkten der Geraden geschaffen wird. Die Gerade wird durch zwei Punkte bestimmt, die Fläche im Raum benötigt dagegen drei. Verbinde ich drei beliebige Punkte, so entsteht die ebene Fläche als Ausfüllen des Raumes zwischen den Punkten und Verbindungslinien.

Die dritte Dimension, geometrisch im Würfel veranschaulicht, enthält eine unendliche Anzahl von Flächen. Der Kubus entsteht durch das Fällen von vier Lotrechten auf die Fläche und hat daher acht Ecken. Sobald im Raum vier Punkte gegeben sind, haben wir als Verbindung ein Volumen, es sei denn, der vierte Punkt liege auf der ursprünglichen Fläche.

Doch die Volumen bestehen im energetischen Schwingungsraum der vierten Dimension. Das All enthält unendlich viele Körper, die miteinander in Beziehung stehen. Hier kehrt der Zeitpunkt in die Mitte zurück. Acht Diagonalen aus der Mitte, senkrecht zueinander stehend, bestimmen die mögliche Bezüglichkeit eines Seins zum All; Raum und Zeit vereinen sich in der Aktualität der Wirklichkeit. So sind erste, zweite und dritte Raumdimensionen Abstraktionen. Den dreidimensionalen Raum hat es nie gegeben, die euklidische Geometrie ist eine Illusion, da sie auf unendlichen Geraden beruht, die sich in einem Punkt schneiden. Der Begriff „unendlich" ist nur sinnvoll als Schritt zum Endlichen. Die euklidische Geometrie ist ein Behelf für die Baukunst, ein mathematisches Modell. Nur die vierte Dimension ist wahr. Die Schwingungen des Raumkontinuums verlaufen, wie wir in der nächsten Wortart sehen werden, entweder gerade oder in transversalen und longitudinalen Wellen nach Maßgabe der Energie und der Lichtgeschwindigkeit, oder sie krümmen sich um 90 Grad und schaffen damit die Masse.

Die acht Ecken als Beziehungsorte der dritten Dimension sind notwendig und bestimmen in der Chemie die Grenze molekularer Verbindungen. Das gleiche gilt für das Bewußtsein. Der Achterkreis des Medizinrades kann aber nur als flächige Projektion im Kreis oder Quadrat veranschaulicht werden.

Gehen wir nun zu den Zeitdimensionen. Ursprung der Zeit ist der ewige Augenblick, indisch Samadhi, schamanisch „stopping the world". Wir können uns über das Denken davon überzeugen, daß das Sein unseres Wesens und damit das wahre Subjekt nichts anderes ist als der Ewige Augenblick. Dauer bedeutet, wie der französische Philosoph Bergson nachgewiesen hat, den Augenblick des Gewahrseins der Zeit überzuordnen. Diese Dauer ist nicht die Gegenwart, sondern in der Gegenwart als Nichtzeit, als Trennung zwischen Vergangenheit und Zukunft existentiell zu erleben.

Der Punkt wandert und bildet die Bahn, die erste Dimension der Zeit, die Zukunft. Während im Raum die niedere Dimension in der höheren im Verhältnis unendlich zu eins erhalten ist, wird sie in der Zeit im Verhältnis eins zu unendlich erzeugt. Jede Bahnkurve hat dimensional einen Anfangspunkt und einen Endpunkt und entspricht damit der Geraden des Raumes. In der zweiten Dimension kreist der Endpunkt der Kurve um einen zweiten Punkt und bildet damit den Umlauf, geometrisch in Form einer Scheibe. Dies entspricht der Quadratfläche der zweiten Dimension. Die Scheibe des Umlaufs dreht sich ein halbes Mal um ihre Achse und erzeugt eine kugelförmige Drehung: damit sind wir an das Ende der Zeitdimensionen gelangt. Für das Erleben ist die nullte Dimension der Augenblick, die erste die Zukunft, das „Nochnicht“, und die Frage. Die zweite ist die Gegenwart, die nur als Beziehung zwischen Beobachtern zu bestimmen ist, und die dritte die Vergangenheit, das bereits Geprägte, welches die Erinnerung bildet. Da räumlich verstanden die Scheibe der Gegenwart eine halbe Umdrehung benötigt, um den Raum der Kugel auszufüllen, setzt sich die Bewegung fort und es entstehen die Schwingungen des energetischen Kontinuums, in dem wir leben: transversal verläuft die Welle quer zur Schwingungsrichtung wie beim Licht, longitudinal längs zur Schwingungsrichtung wie bei den Erdbebenwellen, Meereswellen oder dem Schall.

Mit dem Kontinuum ist die Dimensionalität abgeschlossen. Jede Dimension wird für das Gewahrsein durch eine Rechnungsart erzeugt, und die Dimensionen gliedern sich nach fünf Zahlenarten. Dies war bereits den Schamanen bekannt, weshalb Pythagoras letzlich nichts anderes getan hat, als das Urwissen zu logifizieren, wie die indianische Schreibweise der ersten fünf Ziffern zeigt:

1	.	nullte Dimension	Zeitpunkt
2	..	erste Dimension	Gerade und Bahn
3	...	zweite Dimension	Fläche und Umlauf
4	....	dritte Dimension	Volumen und Drehung
5	--------	vierte Dimension	energetisches Kontinuum

Der Dimensionskreis

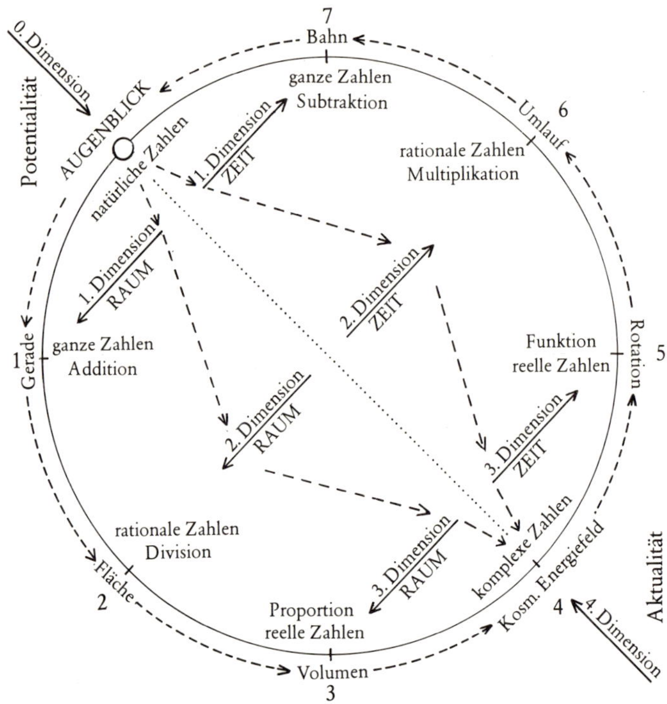

Die Dimensionen sind der Rahmen des Bewußtseins. Ihr Inhalt wird durch die Arithmetik erzeugt, durch die Rechnungsweisen und die Zahlenarten. Die nullte Dimension hat als Weg das Zählen, das Wählen und Aussprechen der Ziffern. In der Darstellung ist es also der Nullpunkt selbst, der die Neun in sich als Potentialität enthält. Das Gewahrsein wechselt dauernd zwischen Raum und Zeit, Beobachtung und Erinnerung, im Großhirn im Sekundenrhythmus. Es ist immer satzhaft, ja und nein gleichzeitig. Bei Ja zur Erinnerung und Nein zur Beobachtung liegt der Schwerpunkt in der rechten Hemisphäre. Bei Ja zur Beobachtung und Nein zur Erinnerung liegt er in der linken. So ist das Gewahrsein die Dauer des Augenblicks als Urschwingung, und Schwingung ist das Wesen sämtlicher Gestalten des Universums.

Die erste Dimension wird im Raum durch die Addition und in der Zeit durch die Subtraktion erzeugt. Es sind Schritte, die ich gehe. Hier gibt es nur die ganzen Zahlen, keine Brüche. So lassen sie sich auf einer Linie darstellen, und die Null wird nun zur Mitte.

Subtraktion   Addition
10 9 8 7 6 5 4 3 2 1 0 1 2 3 4 5 6 7 8 9 10
negativ   positiv

Die ganzen Zahlen bestimmen die Geraden und die Kurven. Die zweite Dimension entsteht, indem zwei Achsen auf die Null gefällt werden und ihre Zusammenfügung – im positiven Feld durch Division und im negativen Feld durch Multiplikation – die Fläche ausfüllt. Man nennt diese Zahlen rational, vernünftig; die Gleichung ist dem Denken zugänglich:

$$3 \text{ x } 4 = 12$$
$$12 : 4 = 3$$

Die Division ist positiv, weil sie von etwas Gegebenem ausgeht. Die Multiplikation ist im negativen Feld; doch doppelte Verneinung ist Bejahung, nicht nicht ein Stuhl ist ein Stuhl. Das Denken ist nur zuständig für die Fläche; die Linie ist genauso irrational wie das Volumen, wie die Cantorschen Aporien und der Möbiussche Ring beweisen. Der Möbiussche Ring hat wegen seiner Drehung nur eine einzige Oberfläche, und in der Mengenlehre kann ich unter jede ganze Zahl – 1 2 3 4 5 usw. – eine gerade Zahl schreiben, 2 4 6 8 10. Daher ist die Menge aller ganzen Zahlen und aller geraden Zahlen von gleicher Mächtigkeit. Die Periodik ist ein Ausdruck der ganzen Zahlen. Nur die rationalen Zahlen sind dem Denken zugänglich. Die Gleichung vereint Analyse (3 x 4) und Synthese (12) im Urteil (=). Der Dimensionskreis ist also die Urform aller möglichen Projektionen auf die Ebene.

Daher sind die Indianer berechtigt, jeden Menschen und jedes Wesen in seiner Individualität als ein Rad zu bezeichnen. Alles wird zum Ich, sobald es auf die Fläche projiziert werden kann. Die anderen Dimensionen sind und bleiben irrational. So gibt es zum Beispiel mathematisch keine Möglichkeit, die Bewegung dreier Körper zueinander zu bestimmen.

Die pythagoräische Mathematik dient der Ichbildung. Das Ich selbst ist in der Vernunft – wenn wir die Kriterien des Denkens so bezeichnen wollen – die ungreifbare Mitte. Null ist kein Ergebnis der Multiplikation oder Division; wird sie versteckt eingeführt, dann ist die Rechnung falsch. Multiplikation und Division sind ferner invers: Ich kann die Division 3 : 2 = 1 1/2 auch als Multiplikation von 3 mit 1/2 definieren: 3 x 1/2 = 1 1/2.

Pythagoras hat die Darstellung der rationalen Zahlen als Chi bezeichnet. Die Ergebnisse der Multiplikation im oberen Feld des Rades bestimmen die nichtkontinuierlichen Verhältnisse, die Struktur des Atomes. Die mittlere Achse mit den Zahlenwerten 1, 4, 9, 16, 25, 49 bestimmt die Entfernung der Schalen der Elektronen vom Atomkern; die zweite Diagonale 2, 8, 18, 32 die mögliche Ladung an Elektronen.
Die rationalen Zahlen als Erzeugungsprinzipien – rationes seminales – sind geometrisch auf den Umkreis 10 beschränkt. Diese Begrenzung stimmt nicht nur für das Bewußtsein, sondern auch für die Wirklichkeit, wie wir im vierten Kapitel verstehen werden. Kein Atom reicht über die siebte Schale hinaus, die Begrenzung ist also richtig. Das sogenannte Gamma enthält daher alle Gesetze von Elektromagnetismus und Schwerkraft.
Das untere Divisionsfeld heißt Lambdoma. Es zeigt die Gesetze der longitudinalen Wellen in der Musik, ferner die Proportionen allen kontinuierlichen Wachstums. Die Nachprüfung der Mathematik durch den Sinn des Hörens war auch der Ausgangspunkt des pythagoräischen Denkens.
Beide Figuren zusammen bilden das Chi, das Platon im Timaios als Werkzeug der Welterschaffung durch den Demiurgen bezeichnet hat. Doch Plato verstand nach der Zerstörung der pythagoräischen Schule nicht mehr die mathematische Grundlage des Dimensionskreises; erst die moderne Physik hat die Richtigkeit dieses Denkens verifiziert.
In der dritten Dimension zeigen alle Diagonalen, die vom Nullpunkt ausgehen, im Multiplikationsfeld die Funktionen und im unteren Divisionsfeld die Proportion, die keinen Sinn, sondern Analogien veranschaulicht: 1/2 = 2/4 = 3/6 = 4/8. Wo diese Diagonalen auf eine senkrechte Strecke treffen, die von der unteren Achse nach rechts verläuft, zeigen sie die entsprechenden Maße an. Die analytische Geometrie ist also nicht erst durch Descartes entdeckt worden, sie war bereits den Pythagoräern bekannt.
Die Multiplikation erzeugt nicht eine Summe, sondern ein Vielfaches; sie ist synergetisch. Doch die Zeitstruktur der Vergangenheit, die Kugel in der dritten Dimension ist nicht für die Sinne wahrnehmbar; sie ist potentiell

und archetypisch. Sie weist den Elektronen ihren möglichen Platz an, wenn sie existieren.

Die vierte Dimension mit fünf Punkten bzw. dem Kontinuum der Allbezogenheit ist nur räumlich, nicht zeitlich zu verstehen. Während die dritte Dimension durch *reelle Zahlen* wie die irrationalen Wurzelzahlen gekennzeichnet ist, bezeichnet man die Zahlenart der vierten Dimension als *komplexe Zahlen.* Ihre Rechenart ist die Kombinatorik, die Permutation mindestens zweier Zahlen, also die Möglichkeit ihrer verschiedenen intervallischen Verbindungen.

Dieses Denken war der Newtonschen Physik in ihrer Suche nach Naturgesetzen unbegreiflich. Erst in den letzten Jahrzehnten ist klar geworden, daß die Natur *nur* die Kombinatorik kennt, so wie alle molekularen Verbindungen aus den 92 chemischen Naturelementen oder das Leben aus der Kombination der vier Nukleotide des genetischen Codes zu erklären sind.

Was hat nun das Chi mit Ganzwerdung tun? Für mich war in der Schule das größte Leiden, daß ich die Mathematik nicht verstand; erst viel später begriff ich, daß es meinen Lehrern genauso ging. Auch die heutigen philosophischen Theorien, etwa daß Mathematik nur Konvention sei; oder die Auffassung, Mathematik sei das Spiel, das die Natur mit uns veranstalte; Platos Behauptung, sie sei die Welt der reinen Ideen; Mathematik als Normwissenschaft im Unterschiede zu den Erfahrungswissenschaften und als letztes die Aussage Kroneckers, Gott habe die ganzen Zahlen erschaffen, alles andere sei Menschenwerk – all diese Theorien sind sowohl historisch als auch systematisch falsch. Erst wenn man die Logik des Chi erkannt hat, ist man imstande, dem Denken zu vertrauen, sodaß es uns wirklich zum Sinn führt. Für mich und viele meiner Freunde war das Verstehen des Dimensionskreises eine echte Heilung. Von da an begann ich einzusehen, daß alles, was den Sinn betrifft, restlos mit Hilfe von Grammatik und Mathematik geklärt werden kann.

Auch physiologisch haben die Rechnungsarten eine heilende Rolle. Wenn zum Beispiel ein Kind nicht imstande ist, subtrahieren zu lernen, dann läßt man es zählend rückwärts gehen, und schon ist es der Vorstellung der Verringerung fähig.

Ist es nicht ein Wunder, daß der gleiche Schritt von der ganzen Zahl Drei zu Zwei, von Zwei zu Eins, auch weiter in die Null und dann in die Gegenformen von Minus-Eins und Minus-Zwei führt?

Im Medizinrad ist die Mathematik und die Wissenschaft die Heilung des

Nord-Ostens, und es ist ein befreiendes Erlebnis, die Wahrheit mathematischer Prinzipien zu erkennen.
Nun wieder zurück zum Dimensionskreis. Die Mitte des Kubus oder der Kugel, die achtfältig in der vierten Dimension mit dem All in kontinuierlicher Wechselbeziehung steht, ist der Wesenskern, ein Wahrnehmer. Pythagoras schuf nicht nur den Zusammenhang aller Dimensionen, sondern auch das Rad, das ihren sinnlichen Ausdruck veranschaulicht.

Die Vier hat eine Mitte, das Fünfte. Die vierte Dimension ist die Wirklichkeit, deren Mitte die nullhaften Wesenskerne bilden, wo dauernd Nichts zu Etwas wird und über die acht Richtungen mit dem All in Beziehung tritt; die Wirklichkeit, die Aktualität, ist nicht mehr die Welt der abstrakten Zahlen, sondern jene des Wahrnehmbaren, der Sinne. Sowohl die äußere Erfahrung der Welt als auch die innere Offenbarung des Jenseits sind sinnlich. Eine mögliche Vision des Paradieses wird genauso sinnlich wahrgenommen wie ein Sonnenuntergang.
Die beiden Fernsinne sind Sehen und Hören, Licht und Schall. Sehen erkennt das Licht, die Farben und Formen des Raumes, Hören den Schall, den Laut, den Ton und die Zeit. Die vierte Dimension mit der Rechnungsart der Kombinatorik ist nicht mehr im Chi zu erfassen, obwohl sie von diesem erzeugt wird; sie bildet das Rad im Viereck des Raumes, wie es in der germanischen Tradition als Midgardschlange, im Buddhismus als Bhava-Chakra, als Rad des Werdens, und im griechischen Mythos als Uroboros, als Seeschlange, die sich in den Schwanz beißt und den Menschen hypnotisch fesselt, bestimmt wird. Wir beginnen mit den Gesetzen des Hörens:
Betrachten wir den Ton c, so wird er als regelmäßige Schwingung einer Saite erzeugt. Die Darstellung der Saite finden wir als Achse im Divisionsfeld vom Punkt 10 zur Einserdiagonale, von links nach rechts. Durch die Regelmäßigkeit der Schwingung bilden sich die Obertöne in folgender Reihenfolge (wir nehmen c als Grundton, weil es die Oktave der Erdsekunde ist):

1	2	3	4	5	6	7	8	9	10
c	c	g	c	e	g	b'	c	d	e

Das Grundgesetz des Hörens und damit der Wirklichkeit, die Grundlage der Identität und der Entsprechungen ist die Oktave: 2 : 1, 1 : 2. Die Verdoppelung einer Schwingung oder ihre Halbierung haben den gleichen Tonwert – Schwingung und Maß sind daher umgekehrt reziprok. Die vierte

Dimension wird also nicht durch die Zahlen allein verständlich, sie wird auch unmittelbar über die Sinne als Wirklichkeit wahrgenommen. Unser Körper ist uns nicht als Fleisch, sondern als Bild bewußt, als kinästhetischer Leib. Der Teil, der nicht vorstellbar ist, wird nach schamanischer Auffassung krank: Wo ich nicht bin, da läßt sich ein anderer nieder. Nach indianischer Auffassung ist dies oft ein Toter mit Hilfe einer der vier Elementale, der sich dort etabliert und ein Scheinleben als Verursacher führt.

Der kinästhetische Körper ist die Vorstellung des Leibes im inneren Sinn, er allein ist körperlich, seelisch und geistig. Die mathematische Begrenzung der rationalen Wissenschaft auf Maß und Zahl geht am Wesentlichen vorbei: sie erkennt nur das Allgemeine der drei Dimensionen, nicht die Auswirkung der Wesen in der vierten.

Im Chi zeigt das Lambdoma die Tonzahlen, das Gamma die Licht- und Schwerkraftzahlen des Mikrokosmos und Makrokosmos. Die Tonwelt – das Lambdoma ist innerhalb des Rades – liegt in unserer Größenordnung: Der tiefste wahrnehmbare Ton, c mit 16 Hertz (Oktave der Erdsekunde), hat bei durchschnittlicher Schallgeschwindigkeit eine Länge von etwa 22 m. Urgesetz der Tonwelt ist die Gleichwertigkeit von 1 und 2, als Schlüssel aller Entsprechung in der Esoterik. Auch logisch ist der Syllogismus Identität. Das Intervall der Oktave, das senkrecht von oben nach unten (Unterton) oder oben (Oberton) verläuft, ist der Ursprung des Holon, wie wir im Vorwort erwähnten. Es gilt daher folgende Entsprechung:

Jedes Wesen ist nach unten zu ein Ich, zu seiner Merkwelt und Wirkwelt, nach oben zu Teil eines größeren Ganzen; daher der Ausdruck Holon. Die Leberzelle weiß wahrscheinlich nicht, daß sie als Teil der Leber fungiert. Sie empfindet sich sicher als individuell, obwohl sie im Sinn des größeren Ganzen, des Organismus, „unbewußt" auf einige Eigenschaften verzichtet hat, die im Rahmen des Organs Leber nutzlos sind.

Das gleiche gilt für den Menschen. Der obere Teil seines Holons ist die Gattung, der untere der Weltausschnitt seines Erfahrens und Handelns. Wegen des Verlusts der tierischen Instinktgeborgenheit muß er sich bemühen, das Tor nach oben zu durchbrechen, das im Zahlenkreuz durch die Null bestimmt wird.

So hat auch die Urkirche als Wappen des Papstes das Chi genommen, in Erinnerung an die ursprüngliche Bedeutung, doch ergänzt als Chi-Rho:

☧

Das gleiche Symbol finden wir im germanischen Schamanismus in der Hagalrune, dem Zeichen des Heiligen All. Sie wird durch sechs Komponenten erklärt:

Hagal ist der Atem im All.
„Is“ ist die senkrechte Achse als Voraussetzung des Ichbewußtseins. Im Rad verläuft sie vom Südosten nach Südwesten, oben – unten, Ahnen – Engel.
„Not“ ist im Rad die Diagonale vom Osten nach Westen, von links oben nach rechts unten, die sogenannte Schöpfungsachse.
„Eh“ ist die Evolution der Sippe, von Norden nach Süden, links unten nach rechts oben. In der christlichen Ikonographie des Mittelalters wurde sie oft zur Darstellung des Dämonischen verwendet.
„Man“ ist der Mann mit erhobenen Händen, der Priester, der die Himmelsvision aufnimmt und mitteilt, wie Moses nach dem Empfang der zehn Gebote: Osten und Süden.
„Yr“ sind die nach unten geöffneten Beine, Kennzeichen der Frau. Es gibt keinen Irrtum in der Schöpfung, sondern jedes Wesen muß seine Vollendung finden: Westen und Norden.

Die Oktave ist chinesisch Yin, Wiederholung der Identität auf oberer oder unterer Stufe. Der dritte Ton g ist Yang. Er führt uns in einen neuen Zusammenhang: den Intervallkreis des Quinten/Quartenzirkels.
Quinten aneinandergereiht führen nach zwölf Schritten fast zum Ausgangston zurück. Um dies zu begreifen, müssen wir zu der Obertonreihe die Untertonreihe verstehen, in der die Schwingung kleiner und das Maß größer wird. Wir vernehmen sie in der Glocke: einmal der Umfang, zweimal …

1	2	3	4	5	6	7	8	9	10
c	c	f	c	as	f	g’	c	b	as

Von der Oktave aus, das heißt von c, wird das g von unten nach oben nach sieben Halbtönen erreicht, von oben nach unten nach fünf Halbtönen.
Die Oktave ist senkrecht, daher Yin. Der Quintenzirkel Yang enthält die 84 Halbtöne, der Quartenzirkel 60. Nehmen wir als Zeugerton c zu 512 Hertz, dann ergibt sich der folgende Tonraum von 12 Oktaven, von denen 10 hörbar sind (bei einer mittleren Schallgeschwindigkeit von 331,2 m/sec):

	TON	Zeit Schwingungen p. S.	Raum Wellenlänge in m
(144)	c	65536	0,005
	c	32768	0,01
	c	16384	0,02
	c	8192	0,04
	c	4096	0,08
	c	2048	0,17
	c	1024	0,34
Zeu-(60)	c ger-	512 ton	0,69
	c	256	1,38
	c	128	2,75
	c	64	5,5
	c	32	11
(1)	c	16	22

Um nach 12 Schritten zurück zur Oktave zu kommen, zum Osten im Quintenzirkel des Rades, müssen Quinte und Quarte „temperiert" werden. Die Naturintervalle haben eine arithmetische Zahl, ihre Abstimmung aufeinander verlangt eine geometrische reelle Zahl. Wir verstehen sie, wenn wir die Intervalle begreifen:

Obertöne		Untertöne
1 c – 2 c	Oktave	1 c – 2 c
2 c – 3 g	Quinte	2 c – 3 f
3 g – 4 c	Quarte	3 f – 4 c
4 c – 5 e	Große Terz	4 c – 5 as
5 e – 6 g	Kleine Terz	5 as – 6 f
6 g – 7 b'		6 f – 7 d'
7 b'– 8 c		7d'– 8c
8 c – 9 d	Große Sekund	8 c – 9 b
9 d – 10 e	Große Sekund	9 b – 10 as

Das siebte Oberton- und Untertonintervall fällt aus dem Rahmen.
Intervall bedeutet, in Resonanz zu treten. Das Verhältnis 9/8 als Schwingung, 8/9 als Maß, und 9/10 als Schwingung, 10/9 als Maß, wird beides als Große Sekund wahrgenommen. Somit ist die Toleranz des Hörens und auch die physikalische Resonanz der Longitudinalwellen durch die Schwingungsbreite 9/8 – 10/8, also 81/80 bestimmt: das sogenannte diatonische Komma, in dessen Rahmen Töne in Resonanz treten.
Die Toleranz schließt im Verhältnis zur arithmetischen Quinte und Quarte den temperierten Wert ein, als Triton Wurzel aus 2 zu 1. Dadurch wird die Tonspirale zum Kreis des Rades, und die anderen Intervalle gliedern sich ein. Die Große Terz wird dritte Wurzel aus Zwei, die kleine Terz vierte Wurzel aus Zwei und die große Sekund sechste Wurzel aus Zwei. Hierzu tritt der Halbtonschritt mit zwölfter Wurzel aus Zwei.
Wie stehen nun die Tonwerte als sinnlich wahrnehmbare Zahlen zum Chi in Beziehung? Erinnern wir uns an die mathematischen Schritte und fassen wir die Beobachtungen im bezug auf die Dimensionen zusammen:

0. Die Null als Mitte des Chi oder Holon enthält im Punkt die neun Ziffern der natürlichen Zahlen als Ursprung aller Qualität und als Kennzeichen jeglichen Wesens. Sie wird zur Seinsmitte der vierten Dimension, die der Wahl und der Entscheidung fähig ist. So stehen nullte und vierte Dimension in Zusammenhang.

1. Addition und Subtraktion der ganzen Zahlen sind die Schritte nach rechts und nach links von der Null aus ins positive und negative Feld. Ihre Anzahl ist auf zehn begrenzt, die ganzen Zahlen enthalten also die natürlichen als Teilmenge.

2. Multiplikation und Division werden durch zwei senkrechte Achsen gebildet, nach oben und nach unten. Im Feld dazwischen erscheinen die Produkte und Brüche als Erzeugungsprinzipien des Gamma und des Lambdoma. Das Urbild der rationalen Zahlen ist die Gleichung mit Analyse, Synthese und Urteil. Sie allein ist dem Ichbewußtsein zugänglich. Im Divisionsfeld geht sie vom Gegebenen aus, im Multiplikationsfeld äußert sie sich synergetisch. Die Null ist *nicht* in den rationalen Zahlen enthalten; die Rechnungsarten bilden sich im rechten Winkel und schaffen das flächige Kontinuum. Jedes Ergebnis von Division und Multiplikation kann wieder zum Ansatz einer neuen Gleichung werden: 3 x 4 = 12, 12 x 4 = 48, usw.
Das Kontinuum ist unendlich dicht; dies ist der Ursprung des Gedächtnisses, welches man holographisch verstehen kann.

3. Proportion und Funktion der reellen Zahlen werden nun in der flächigen Projektion von Diagonalen veranschaulicht, die dem Nullpunkt entspringen. Durch zwei weitere Achsen wird der Raum des Lambdoma zur Darstellung der Dimension des Volumens und leitet über in die vierte Dimension der Töne. Eine Saite, die schwingt, erzeugt erst einen Grundton in der ganzen Länge. Die Einserdiagonale – im Rad zwischen Ostpunkt und Mitte – 1/1 – 2/2 – 3/3 – 4/4 – 5/5 – 6/6 – 7/7 schafft zusammen mit den Strecken von Punkt 10 links und oben in ihrem Schnittpunkt die neue Mitte.

Die Diagonalen schneiden die Strecke von Punkt 10 der unteren Achse zur Mitte an den entsprechenden Maßstellen: 1/2 trennt die Strecke in zwei Hälften, 1/3 und 2/3 gliedern sie in drei Teile. Die Schnittpunkte bezeichnet man als Schwingungsknoten. Wird ein solcher auf einer Saite angetupft, dann ertönen die Obertöne erst ab diesem Wert, also bei 1/3 ab der Quinte: der Flageoletton.

Nach rechts über die Radmitte verlängert, zeigt das Lambdoma die Untertöne, die eine Verlängerung der Saite bis zur doppelten Länge erfordern.

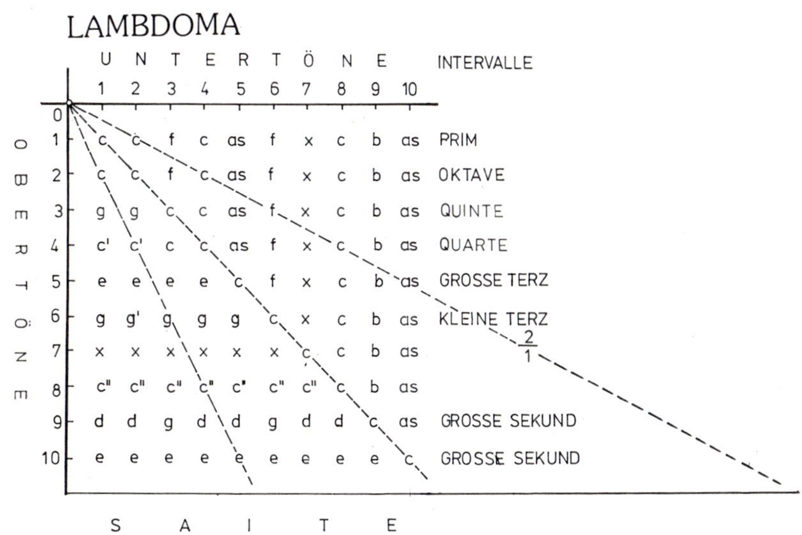

4. In der nullten Dimension ist die Null die Klasse aller natürlichen Zahlen. In der ersten ist sie die Mitte zwischen den positiven und den negativen ganzen Zahlen. In der zweiten ist sie das Subjekt, das denkt, seelisch verantwortet und sein Gedächtnis bildet, ohne daß es in die rationalen Zahlen einbezogen wäre. Der Nullpunkt ist nicht Teil der Gleichung, deren Ergebnisse die Brüche und Produkte sind; er offenbart sich logisch als das Sein des Urteils, das Istgleichzeichen. In der dritten Dimension kehrt der Nullpunkt wieder; er ist der Ursprung der Diagonalen der reellen Zahlen, nach unten der Proportionen und nach oben der Funktionen. In der vierten Dimension der komplexen Zahlen mit der Rechnungsart der Kombinatorik ist der Nullpunkt wieder nicht vorhanden.

Die Tonwerte als sinnliche Zahlen zeigen eine weitere Charakteristik, die wir im Rad veranschaulichen:

Die Prim und Oktave ist der Ostpunkt. Aus dem Schnittpunkt der Einserdiagonale mit den beiden Strecken entsteht mit der Mitte die Einswerdung – das Ich oder besser das Selbst des Wollens.

In der schwingenden Saite – daß sie schwingt, ist das Werk der Mitte – hat jede Strecke innerhalb der Schwingungsknoten den gleichen Tonwert im Verhältnis zum Grundton. Zum Beispiel bei der großen Terz bei Grundton c erklingen die Strecken 1/5, 2/5, 3/5 und 4/5 als die Terz e; 5/5 ist der Grundton c, der e als Klangfarbe, als Oberton enthält. 5/1, 5/2, 5/3, 5/4 ist der Unterton as als Länge, der aber wie gesagt, nicht in einer Saite oder Flöte erklingen kann, sondern nur im Kreis der Glocke: 1 x Umfang, 2 x Umfang und die weiteren Untertöne. Die Reihe von Obertönen und Untertönen geht so lange weiter, bis die Kraft des Anklingens erschöpft ist – wie bei den Meereswellen, wenn sie zum Stillstand kommen und nur noch der glatte Wasserspiegel verbleibt.

Um die Intervalle in Resonanz zu versetzen, bedürfen wir des temperierten Quintenzirkels, der als doppelter Kreis mit dem Radius Wurzel aus 2 zu 1 um die Mitte verläuft; der eine Umfang durch den Nullpunkt des Zahlenkreuzes, der andere durch Punkt 10. Das Maß der Abwandlung ist also die geometrische Länge der Einserdiagonale im Verhältnis zur Strecke. Als Tonwert kennzeichnet sie den Triton c – fis.

Dieser Triton ermöglicht uns, die Intervalle geometrisch zu verstehen. Nach dem Satz des Thales sind alle Winkel im Halbkreis rechte. Folgende können im zwölffältigen Rad miteinander in Beziehung treten und stehen mit den Funktionen in Zusammenhang:

Oktave – Identität – Prim – Punkt.
Triton – Opposition – Durchmesser, 180° – beides wollen.
Quinte – Quarte – Schritt nach oben und unten – Wechsel des Schwerpunkts im Denken. Gegenintervall: große Septime und kleine Sekund.
Große Terz – Gegenintervall: kleine Sext. Sie teilt die Oktave in drei gleiche Teile, entsteht aber aus dem fünften Ober-Unterton.
Große Sekund – gliedert das Rad in zwei Sechsecke, entstammt dem neunten Ober-Unterton. Beides empfinden.
Kleine Terz – teilt die Oktave in vier Teile, 90°. Mit ihrem Gegenintervall, der großen Sext, ist sie die Grundlage des Fühlens, des Mangels und des Wunsches.

Betrachten wir die Erzeugung der Intervalle durch die Obertöne im „Steinbauerschen Dreieck“, so ergeben sich folgende Zusammenhänge:

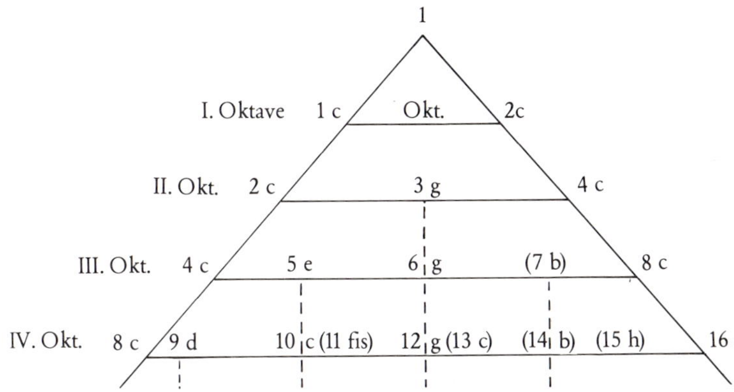

Der Quinten- und Quartenzirkel ist der Rahmen des Ichbewußtseins. Der Ton- und Intervallkreis dient auch zur Veranschaulichung des Farbkreises, der die Flächen der Radsegmente ausfüllt. Die Farben sind linear im Regenbogen als Spektrum zu verstehen, von den Pigmenten her als Farbkreis und vom Auge her als Grundlage des Sehens im Kreuz.
Das Sonnenspektrum zeigt sieben Farben, von der längsten bis zur kürzesten Wellenlänge, von Rot bis Violett; die Schwingungen sind reziprok.

Wellenlänge	Farbe	Frequenz
3800 A	violett	7600 Millionen Hertz
	ultramarin	
	blau	
	grün	
	gelb	
	orange	
7600 A	rot	3800 Millionen Hertz

Der Tonraum umfaßt zwölf Oktaven, der Farbraum nur eine Oktave von über 80 gegebenen Oktaven des elektromagnetischen Spektrums. Die Lichtfarben ergeben, wie wir im Rad sehen können, zusammen mit ihrer Gegenfarbe Weiß. Jede geometrische Mischung der Lichfarben ergibt ebenfalls Weiß, sobald die Figur den Kreis ausfüllt. Doch Grün hat keine Gegenfarbe im Sonnenspektrum: das Purpurrot entsteht aus der Vereinigung von Rot und Violett als Gegenfarbe von Blattgrün.

Der Purpurkörper im Auge ist die Grundlage der farbigen Wahrnehmung. Das Formsehen des Auges entspricht dem Rad. Das Farbsehen vollzieht sich in sechs Richtungen. Das Auge unterscheidet den Gegensatz von Rot und Grün, Ultramarin und Orange, Schwarz und Weiß, wie man durch die Farbblindheit festgestellt hat. Daher sind im Rad die vier Farben nach innen als Kreuz durchgezogen.

Im Gegensatz zu den Lichtfarben stehen die Pigmentfarben, die aus drei Grundfarben – Blau, Purpur und Gelb – additiv zu mischen sind. Sie ergeben als erstes das Farbsechseck, das sich durch weitere Mischung zum Zwölfeck schließt. Die Gesamtheit der Farbwelt läßt sich nur im Bilde der Erde veranschaulichen: Der Nordpol sei weiß, der Südpol schwarz. Zwischen Norden und Süden verläuft die Grauachse. Die Oberfläche der Kugel zeigt die klaren Farben, der Innenraum die trüben. Die Farben gleicher Intensität im Sonnenspektrum von Rot bis Violett entsprechen der Neigung der Fläche der Sonnenbahn im Tierkreis im Verhältnis zum Äquator: die Sommersonnenwende als hellste Farbe wäre Gelb, die Dunkelwende des Winters entspräche dem Violett. Die Sonnenfarben sind gleich der Ekliptik um 23° zu den Farben gleicher Helligkeit des Äquators geneigt.

Ostwald, Runge, Mayer und Schönborn haben sich um die Darstellung der Farbkugel bemüht. Es wäre leicht, in den Schnitten dieser Kugel jegliche Farbnuance topographisch zu bestimmen, und in der Praxis wird dies auch mit einem, allerdings nicht der Systemik entsprechenden Modell durchgeführt. Das richtige ist bis heute niemals gebaut worden, weil die geistige Bedeutung der Farben noch nicht in den Fokus des öffentlichen Interesses gelangt ist.

Kehren wir wieder zur Tonwelt zurück. Bisher besprachen wir Oktave, Quinten und Quarten. Doch erst durch die Terzen wird die Unterscheidung von Obertönen und Untertönen als Dur und Moll einleuchtend. Betrachten wir die Tonwerke, die durch die Oktavreduktion tatsächlich als verschiedene Intervalle der Obertröne und Untertöne erklingen:

Bei den Obertönen c, d, e, g: der Durdreiklang,
bei den Untertönen c, d, as, f: der Molldreiklang.

Der siebte Ober-Unterton spielt eine Sonderrolle, er tritt nicht in die Resonanz des Zwölftonkreises.

Die Untertöne zeigen die Beziehung zum Nagual, die Obertöne verwirklichen sich im Tonal. So ist jeder Ton eine Siebenheit, die folgende Tonwerte beinhaltet:

f, as, b, c, d, e, g – als Tonleiter c-d-e-f-g-as-b-c

Diese Tonleiter bedeutet die Resonanzfähigkeit jedes raumschaffenden Tones und läßt sich in ihrer Gesetzlichkeit im Enneagramm veranschaulichen:

Der ursprüngliche Tonschritt ist die große Sekund, der Ganztonschritt 1/9. Das Enneagramm ist 9/9. Als Tonwert erreichen wir in der Tonleiter den nächsten Schritt daher über das Neuntel: c und 1/9 ist d; d und 1/9 ist e. Nun kommt aber der Richtungswechsel. Der weitere Schritt würde zu fis führen, 3/9 = 1/3, ist aber g. So vergrößert sich das Intervall auf eine kleine Terz, und wir erhalten in der Obertonreihe den Durdreiklang. Dasselbe geschieht in der Untertonreihe: c minus 1/9 = b; b minus 1/9 = as. Doch der dritte Tonwert der Quinte nach unten ist der Tonwert f. Dieses f führt oktavversetzt in den Obertönen zum g, in den Untertönen leitet das g zum f. Diese Oktavtöne besetzen die Dreiecksspitzen im Enneagramm, sie führen also den Halbtonschritt als Richtungswechsel ein. Für Gurdjieff war dieser Richtungswechsel das entscheidende Geheimnis des Siebenergesetzes.
(Siehe Abb. S. 101)

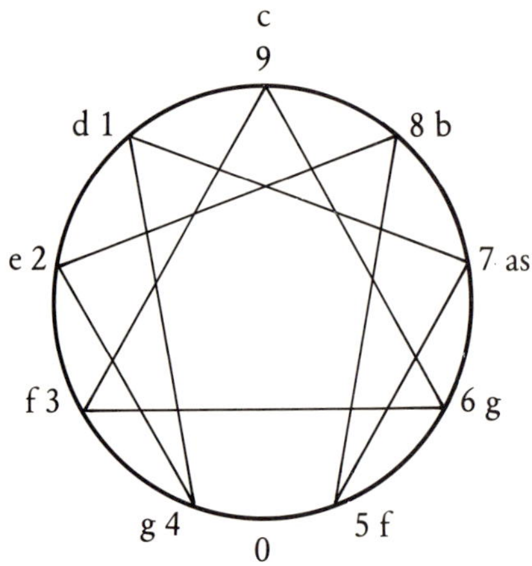

Jeder Ton enthält physikalisch sieben Ober- und Untertöne; dadurch entsteht die vorher geschilderte Tonleiter; die pythagoräische Tonleiter ist dagegen „künstlich". Die zwölf Töne mit ihren Teiltönen, wie Hans Kayser Obertöne und Untertöne im Lambdoma zusammenfaßt, werden in den verschiedenen Musiken mannigfach abgewandelt. Betrachten wir aber die Töne vom existentiellen Bewußtsein her, so bedeuten sie etwas anderes: sie offenbaren das Formgesetz der Materie.

Der feste Zustand der Materie läßt bei regelmäßiger Form wie der einer Saite nur die Obertöne erklingen. Die Untertöne sind unter bestimmten Bedingungen wie bei der Glocke und der Fläche zu beobachten, treten aber nicht als Reihe auf, sondern gleichsam als Auswahl. Sie sind die Gegenform des Körpers und daher dafür verantwortlich, daß er innerhalb von Kraftlinien geometrisch strukturiert ist. Diese Strukturen bilden den Rahmen des Wachstums bei einem Kristall in seinen sechs möglichen Formen, bei den Blüten, wo das Fünfeck zum ersten Mal auftaucht und beim tierischen und menschlichen Organismus. Wenn man einen erwachsenen Menschen in eine Saite stellte, befänden sich die Arme bei dem Schwingungsknoten von 1/5. Die Untertöne sind also die Formen der Potentialität, und erklingt eine Stimme als Ausdruck des Wesens von Ich und Subjekt, dann kann sie sowohl Obertöne als auch Untertöne singen.

Streicht man die Saite einer Geige unter einer Glasplatte, auf der sich Sand befindet, so erzeugt der Ton immer andere, gleichsam kristalline Konfigurationen: die Chladnyschen Klangfiguren. Urs Jenny hat gezeigt, daß der Ton

im flüssigen Zustand flüssige Kristalle erschafft. Da der menschlicher Organismus zum größten Teil aus Wasser besteht, kann er diese Formen immer annehmen – der genetische Code wird als flüssige Kristallform definiert. In der Luft ist der Schall im gasförmigen Zustand durch die Töne strukturiert, durch die Differenz- und Summationstöne.
Wenn eine Obertonreihe aus einem Zeugerton erklingt und in Beziehung zu einem anderen Ton gesetzt wird, so hört man ihre Differenz und Summe lauter als die Obertöne, die die Klangfarbe ausmachen:

Differenzton	Intervall	Summationston
1 c	4 c – 5 c (gr. Terz)	9 d

Nehmen wir von der Enneagrammtonleiter aus die Differenztöne und Summationstöne aller sieben Tonwerte der Ober- und Untertöne, so erhalten wir bereits von einem einzigen Ton die zwölf Tonwerte des Quintenzirkels, allerdings nicht temperiert:[16)]

c	des	f	g	a	h	d
a	c	d	e	fis	gis	h
g	b	c	d	e	fis	a
f	as	b	c	d	e	g
es	ges	as	b	c	d	f
ces	e	ges	as	b	c	dis
b	des	es	f	g	a	c

Nur die ersten zehn Töne sind Erzeugungsprinzipien. Obertöne und Untertöne gehen natürlich weiter als zehn. Aber in der Resonanz wird wegen der Stärke der Primärintervalle ein Ton 47 oder 46 mit 48 verschmelzen, sodaß die Zwölftonskala der größte gemeinsame Nenner bleibt, worin sich alles einordnet, was formal mit einem Subjekt in Beziehung treten kann. Ton bedeutet schwingende Mitte. Hieraus wird verständlich, warum das Bewußtsein nur im Rahmen des Raddenkens zum handelnden Ich erwachsen kann, welches durch Kenntnis der Elemente und Gesetze der Resonanz, in Analogie zur Sprache, die Welt kosmisiert. Wort ist diffuser Schall; nur die Vokale sind Klangfarben, doch ihre Tonhöhe spielt im Unterschied zur chinesischen Sprache in den europäischen Sprachen keine Rolle. Das Wort ist individuelle Bedeutung, der Sinn ist Resonanz, Öffnung gegenüber der Ganzheit.

Man kann jede Stimmung als ein Rad verstehen. Räder stehen dann miteinander in Resonanz, falls ihre Schwingungshöhe im Rahmen der zwölf Töne ganzzahlig übereinstimmt. Besteht eine Abweichung zwischen zwei Tönen, die über die Toleranz des diatonischen Kommas hinausgeht, so entsteht keine Resonanz. Wir wissen, daß wir zu vielen Menschen, die ein wenig anders gelagert sind als wir, keine Beziehung haben, daß wir uns aber durch Erlernen ihrer Struktur ohne weiteres auch auf sie einstimmen können und sie nicht als Fremde oder Feinde betrachten müssen.

Der Fehler der tonalen Musik ist die Betonung des Grundtons, dem sich die anderen Töne unterordnen sollen. Bach schrieb sein Wohltemperiertes Klavier, um zu zeigen, daß es in der wahren Musik keine Begleitstimmen gibt; sie ist also der ursprüngliche Spiegel der geistigen Demokratie. Der größte Reichtum harmonischer Verknüpfung ist in Hauers Zwölftonspiel zu hören, welches er ausdrücklich nicht als Komposition, sondern als lebendigen Spiegel der Natur betrachtete.

Das Rad der Tonwelt und der Farbwelt entsteht aus dem Lambdoma. Dieses ist mit Zirkel und rechtem Winkel vom Punkt 9 des Enneagramms aus zu konstruieren, indem die obere Achse von Punkt 10, der im Enneagramm die 9 ist, auf den Nullpunkt des Zahlenkreuzes bezogen wird, und wir von hier aus die Entfaltung der Rechnungsarten durchführen. Das Rad hat zwei Kreise; ein Kreis führt durch den Nullpunkt, der andere durch Punkt 10.

Bisher haben wir das Rad formal aus Grammatik und Mathematik, aus den Gesetzen der Fernsinne, arithmetisch und geometrisch bestimmt. Banal gesprochen ist es nichts anderes als die flächige Darstellung der Gesetze der zweiten Dimension, die als einzige sowohl arithmetisch als auch geometrisch kritisch zugänglich ist. Wir können uns immer wieder über die dafür notwendigen Schritte Rechenschaft ablegen und uns damit der Wahrheit vergewissern. Doch nicht nur die Division des Enneagramms, auch die Multiplikation der Seele, des personalen Bewußtseins ist rational. Und somit ist die letzte Bedeutung des Rades die Bildung der zwölf Inbegriffe als Raster des Arterhaltungs- und Selbsterhaltungstriebes, sprachlich also der Kommunikation. Dieser Raster ist die Grundlage der von der heutigen Kommunikationswissenschaft gesuchten Struktur des zweiten Lernens, der Erinnerung.

Ich brauche mich nie auf einen Vortrag mit Stichworten vorzubereiten – das notwendige Wissen steht mir immer zur Verfügung. Bis zu Giordano Bruno wurde diese Art des Erinnerns auch gelehrt, die er in seinem „Teatro della memoria" dargestellt hat. In unserer Zeit ist die Lerntheorie durch Frances Yates wieder auf diese Tradition aufmerksam geworden. Letztere läßt ihre Schüler einen geplanten Vortrag etwa im Bilde eines Hauses geometrisch, also mit der rechten Hemisphäre, orten: die Einleitung im Dachboden, die Hauptpunkte im ersten Stock, und so weiter bis zu den Quellen im Keller. Doch dieser Ansatz ist letztlich synthetisch und nicht systemisch. Die Grundlage der Kombinatorik und damit der Einsicht als Fähigkeit, zu jeder Art menschlichen Verhaltens und Erkennens einen Zugang zu finden, ist durch die zwölf Inbegriffe gegeben, welche die Felder des Rades ausfüllen. Sie haben für Pythagoras auch die Grundlage der Harmonie der Sphären gebildet: Wie erinnerlich, ist der freie Rhythmus des Körpers als musica humana, die Melodie als Sphärenmusik des Geistes, als musica mundana, und die musica instrumentalis als Bereich der Seele und der Zivilisation erfaßt worden, in welcher jeder Mensch seine persönliche, frei geschaffene Sinnesmelodie in Einklang mit den Instrumenten der anderen bringt.

Überall läßt sich dieser Raster als Grundlage der Zivilisation erkennen, manchmal bewußt wie bei den Chinesen, manchmal als Hintergrund wie im Prag des kosmokratischen slawischen Christentums. Ihre rationale Begründung ist leicht einzusehen: Das Gewahrsein der Sprachstruktur, welches wir in der Voraussetzung dieses Teiles geschildert haben, ist der Raster der Konstruktion selbst. Die sieben Bedeutungen des Raumes (außer dem Osten) bilden dagegen die Inbegriffe, in welche sich alle Erfahrung und alles Erleben so einordnen, daß sie der Mitte, also dem Tiefenselbst zugänglich werden.

Die Bereiche erfassen das Bleibende im Wandel, sie sind raumhaft; die Funktionen den Wandel des Bestehenden, sie sind zeithaft. Eine Funktion kann nun nicht ohne Bereich raumzeitlich wirken: Wenn man denkt, so entweder im Bereich des Körpers, der Geräte und Maschinen; im Bereich der Seele, von Recht und Sitte oder im Bereich des Geistes, von Sprache und Mathematik. Daher bilden sich zwölf Inbegriffe, deren Reihenfolge linksläufig durch die Funktionen, im Uhrzeigersinn aber durch die Bereiche bestimmt wird:

I.	Seele – wollen:	Politik	VII.	Seele – denken:	Recht
II.	Körper – empfinden:	Kunst	VIII.	Körper –fühlen:	Kampf
III.	Geist – denken:	Wissensch.	IX.	Geist – wollen:	Religion
IV.	Seele – fühlen:	Heim	X.	Seele – empfinden:	Staat
V.	Körper – wollen:	Erziehung	XI.	Körper – denken:	Technik
VI.	Geist – empfinden:	Wirtschaft	XII.	Geist – fühlen:	Heilkunst

Persönlich bestimmen die zwölf Inbegriffe den Rahmen der Entfaltung des Bewußtseins, wobei die Wesensstruktur des Einzelnen sich als Kombination der Komponenten aller vier Gebiete des Rades darstellt.[17)]

Doch der Schwerpunkt des Gemüts liegt im Geist, in der Vorstellung. Daher ist die menschliche Umwelt als Feld der Verwirklichung nicht persönlich, sondern gattungsmäßig zu verstehen. Erst durch Einverleibung in einen der Inbegriffe kann eine Handlung rational gesetzt werden, wobei kollektive und persönliche Aspekte ineinandergreifen müssen.

Betrachten wir diese zwölf Inbegriffe nun genauer:

I. Seele – wollen: Politik. Der Mensch ist ein Gemeinschaftswesen; aber er kann nur dann in der Gemeinschaft existieren, wenn sein Sosein, sein Ich anerkannt wird. Die Seele bedeutet seine Person, das Wollen, die Möglichkeit der Entscheidung, die nur in Freiheit geschehen kann. Daher ist Politik im ursprünglichen Sinne auf Befreiung des Menschen gerichtet, auf daß er Entscheidungen fällen könne: Freiheit von äußerem Zwang, Freiheit der Verwirklichung und schließlich Freiheit als Übereinstimmung mit dem eigenen Wesen, die Ermöglichung der Kontinuität des Handelns.

II. Körper – empfinden: Kunst. Die Entscheidung richtet sich auf die Welt der Dinge. Diese gilt es so zu verwandeln, daß sie dem Menschen zugehörig erscheinen; daß sie Schönheit erreichen, zur Kunst werden. Alle Erzeugung strebt nach Kunst, nach vollendeter Gestaltung. Dennoch ist diese auch ein Bereich für sich allein: nur die zur Kunst erhobenen Dinge haben den gleichen Grad der Intensität wie die Gestaltungen der Natur.

III. Geist – denken: Wissenschaft. Was Kunst und Dingwelt unterscheidet, ist der Charakter der inneren Einheit, der intensive Zusammenhang. Dieser kann auch losgelöst von den Erscheinungen, abstrakt betrachtet werden, und damit kommen wir in die Welt der Gesetze, Abstraktionen, von Zahl und Sprache – Sprache als Erkenntnis des Innenbaus der Wirklichkeit. Jede Wissenschaft bedeutet insofern eine eigene Sprache, als sie den Innenbau, die Elemente und Gesetze eines Weltausschnittes betrachtet. Ziel der Wissenschaft ist die Wahrheit, ihr Weg das Forschen im Zusammenhang mit dem Lernen.

IV. Seele – fühlen: Heim. Das Gebiet des Heimes mit allem, was der Ernährung und Pflege des intimen Lebens dient, schließt die Landwirtschaft ein, die Erzeugung von Nahrungsmitteln, das Wohnen, die Sorge für Familie und Nachkommen. Seele – fühlen bedeutet Zusammenhang in der Seele; die Sehnsucht, beisammen zu sein, was nur in der Abgeschlossenheit der Intimität „heimlich" möglich ist. Doch der Zusammenhang geht über die Menschen hinaus: Er verlangt die Kommunion mit dem gesamten Leben, der Natur.

V. Körper – wollen: Erziehung. Dies ist nicht der Bereich der schulischen Pädagogik, soweit sie auf das konkrete wissenschaftliche Lernen gerichtet ist, sondern bedeutet die Pflege des Körpers zur Befreiung des Wollens mit dem Ziel der Meisterung oder Meisterschaft, welche die Mühe zum Spiel werden läßt. Der Lernende steht geistig in einer unendlichen Bewegung des Denkens – nie wird die Wissenschaft an ein Ende kommen. Doch einmal muß jeder Mensch sein Wesen gefunden und die Meisterschaft über seine Tätigkeiten erreicht haben, damit er fortan imstande ist, diese auszuüben und seinen Platz in der Welt zu finden. Die Basis bildet der körperliche Bereich, weil er den Schlüssel der Erbanlagen enthält, die zu meistern sind. Das gleiche Gebiet umfaßt das Verhältnis zu den Kindern im Sinne ihrer Befreiung aus falscher Identifikation, falscher Ichhaftigkeit. So gehören zu diesem Gebiet alle Übungen des Yoga, des Zen, der Meditation, welche allesamt nicht Wissen vermitteln, sondern die subjektive Wahrheit (im Unterschied zur objektiven Wahrheit der Wissenschaft) enthüllen, also die Wahrhaftigkeit und Aufrichtigkeit suchen, um dem Menschen zur vollen Strahlkraft seines Wesens zu verhelfen – die kosmologische Entsprechung im Rad ist die Sonne als Ursprung allen Lebens.

VI. Geist – empfinden: Wirtschaft. Ist die Meisterschaft erreicht, so gilt es, das eigene Wesen im Austausch zu bewähren, seine Nützlichkeit, Tauglichkeit, Tüchtigkeit in der Leistung zu erweisen. Dies ist das Gebiet der Wirtschaft und Arbeit, der Verwandlung von Rohmaterial in Werte, welche über das Geld vergleichbar mit anderen Werten werden und sich umsetzen lassen. Über die Wirtschaft gerät die Welt der Dinge in Fluß, wird der Vorstellung (Geist) untergeordnet und damit vermenschlicht. Gleichzeitig liegt hier eine Gefahr des Mißbrauches, daß nämlich der Mensch sich selbst dem Prinzip der Ökonomie unterordnet und damit der Natur entfremdet, deren

Prinzip die Fülle ist: Nie darf das Wesen in seiner Freude – Schwerpunkt des fünften Inbegriffs – im Austausch der Dinge vergessen werden.

VII. Seele – denken: Recht. Voraussetzung des wirtschaftlichen Austausches ist die Rechtsordnung, die die Verantwortlichkeit der Personen für ihre Handlungen statuiert. Seele bedeutet personalen Zusammenhang, Denken die Beziehung: Das Recht und die Sitte, die Moral, erfaßt jene Verhaltensweisen, die so ausgerichtet sind, daß sie nicht den Menschen falschen Subjekten unterordnen, sondern wirklich seine Person – Schwerpunkt des Gegenzeichens „Seele – wollen" – befreien.

Denken als zweite Dimension bestimmt ebenso wie die Seele die Mitte des Kreises; daher die Gefahr, die Person, das gedankengeborene Ich, zum Wesenskern zu erheben, sich damit zu identifizieren. Die Identifikation mit der Person als Rolle bzw. Maske – was dieses lateinische Wort ursprünglich bedeutet – ist notwendig, bis die entsprechende Funktion in der Gesellschaft im Sinne der Meisterschaft des fünften Hauses verwirklicht wurde. Nie aber kann das seelische Denken – außer im sprachlich-gesellschaftlichen Verkehr – das wahre Ich ersetzen; der Mensch als Familienvater, als Richter, Staatsmann, als Arzt spricht in jener Rolle, welche die Gemeinschaft verlangt. Diese Rolle ist nicht minder Werkzeug – für den Richter zum Finden der Verantwortung und Schuld, für den Arzt zur Heilung des Kranken – als eine künstlerische oder technische Fertigkeit. Ideal des Rechts ist die Gerechtigkeit, welche dann verwirklicht wäre, wenn die Sittenordnung und die Rechtsordnung die Freiheit und Entscheidung jedes einzelnen ermöglichte.

VIII. Körper – fühlen: Kampf. Die Wünsche verlangen nach Verwirklichung: im Seele – fühlen nach Zusammenhalt und Wohlstand der Familie im Heim, im Körper – fühlen nach Sicherstellung der trieblichen Notwendigkeiten, zu denen im Tierreich manchmal sogar der Einsatz des Lebens gehört; Jagen und Gejagtwerden, sexueller Wettkampf bilden die Grundlage der Selektion der Gattung. Auch beim Menschen ist Körper – fühlen nicht persönlich zu verstehen – Wirtschaft, Geist – empfinden sorgt für das Auskommen im Zusammenhang mit dem Beruf –, sondern auf das Wohl der Gemeinschaft, der Gattung abgestimmt. Wer den Kampf für persönliche Ziele einsetzt, ist ein Verbrecher. Aber Verbrecher existieren, auch die Rechtsordnung selbst mag Ungerechtigkeit verkörpern, wenn sie nicht mehr der sozialen Wirklichkeit angepaßt ist. Ferner ergeben sich aus der Natur ebenso wie aus den menschlichen Lebensbedingungen immer wieder

Gefahren, deren Bewältigung Mut und Tapferkeit verlangen, dank welcher der Mensch am leichtesten die Verhaftung an falsche Persönlichkeit verliert und in der Aufopferung seiner Person den Zugang zu seinem Wesenskern findet, der jenseits des physischen Todes im Unerschöpflichen verankert ist.
IX. Geist - wollen: Religion. Geist strebt nach Integration: Geist – denken nach Wissenschaft, der Abstraktion in Gesetzen und Zahlenverhältnissen; Geist – empfinden nach ökonomischer Übersicht der Dingwelt zum richtigen Einsatz der Mittel; Geist – wollen hingegen nach Bildung, nach Formung des Geistes, bis dieser über das Wissen hinaus in der Inspiration am kosmischen Geist teilnimmt, von ihm ergriffen wird, wie er sich in Religion, Mythos, Dichtung einerseits, aber auch in der tatsächlichen Bildung durch Reisen, Literatur, die Erkenntnis der Vielfalt der Einzelheiten, vor allem in der Geschichte, verwirklicht.
Der Wissenschaftler sucht durch das Einzelne das Allgemeine: der Religiöse vernimmt den Anruf der Inspiration. Erst die Geschichte schafft wahre Verantwortung, denn das eigene Ziel wird nur dann Teil der menschlichen Wirklichkeit, wenn es sich in die Kontinuität einordnen läßt.
X. Seele – empfinden: Staat. Im Gegensatz zur Familie, in der jeder gleich behandelt, mit gleicher Liebe umgeben wird, steht der Staat mit der Berufsordnung, die das seelische Verhältnis der Menschen zueinander nach dem Grad ihrer Tüchtigkeit in der Öffentlichkeit abmißt und gliedert. Hier wird die Bildung zur Aktion: nicht der Theoretiker, sondern der Praktiker allein kann die öffentlichen Belange lenken, indem er die scheinbar unwägbaren seelischen Umstände zum Ausgangspunkt seines Wirkens macht. Die Leistung ist hier nicht so entscheidend wie die Bewährung: die Hierarchie, das Verhältnis der Menschen zueinander im Rahmen der seelischen Urbeziehungen bildet die Voraussetzung dafür, daß die beruflichen Notwendigkeiten richtig aufeinander abgestimmt sind. Alles Seelische – das in einem gegebenen Rahmen die personalen Zentren bestimmt – kann nur bestehen, wenn die Ordnung nicht in Frage gestellt wird: das Recht auf persönliche Freiheit im Sinne der Politik; der Zusammenhalt der Familie unter Einschluß der Notwendigkeit, Veränderungen ihrer Struktur durch Feste (Heirat, Begräbnis etc.) bewußt einzubeziehen; die geltende Rechtsordnung und schließlich die gegebene staatliche Hierarchie. Das heißt nicht, daß diese Ordnung unter allen Umständen aufrecht erhalten werden muß: entspricht sie nicht mehr der sozialen Wirklichkeit, so kann nur eine vom achten Gebiet ausgehende Revolution eine bessere Ordnung schaffen, welche aber

nicht weniger eingreifend ist als ein Todesfall oder eine Heirat im Familienbereich, die Ablösung einer gegebenen Rechts-Besitzordnung durch eine andere oder der Sieg einer neuen politischen Partei.

XI. Körper – denken: Technik. Die Technik ist das eigentliche Medium der menschlichen Existenz. Sie bedeutet Verkörperung der Gedanken, und zwar aller gefaßten Gedanken der vorhergehenden zehn Inbegriffe im Werk, um den persönlichen Sinn – die Verkörperung – anderen nutzbar zu machen und ihnen damit in höherem Maße zu ermöglichen, für die Verwirklichung ihres Bewußtseins zu leben. Auch der Staatsmann legt sein Wissen in einer bestmöglichen Verfassung nieder. Aber den Schwerpunkt dieses Inbegriffs bildet die Verwandlung der Materie und der Natur in menschliche Umwelt, eine Verwandlung, die die biologische Rolle des Menschen auf der Erde im Sinne der natürlichen Evolution zu sein scheint; denn in ihr wird das vorher labile Gleichgewicht zum bewußten Anliegen, die Natur sollte in der Kultur ihre Vollendung finden.

XII. Geist – fühlen: Heilkunst. Aber das Werk auf der Erde ist persönlich nicht das letzte Ziel; Fühlen, Wunsch und Sehnsucht, getragen aus dem Inbild der höchsten Möglichkeit, streben nach Vollendung im Sinne geistiger Liebe, der Rückbindung an die Urkraft und das Unerschöpfliche, das den Menschen aus allen Verhaftungen löst, welche sich körperlich, seelisch und geistig als Krankheiten darstellen. Wie der Arzt hilft auch der Priester dem einzelnen, seine falschen Identifikationen abzubauen und damit den Kreis des Lebens zu schließen, zurückzuverbinden zum Ursprung, um nach Aufhören der physischen Existenz eine andere, weitere Verwirklichung im Kosmos zu finden.

Die zwölf Inbegriffe in all ihren Bedeutungen bilden den Rahmen der menschlichen Zivilisation, aus dem alles Sprechen und Handeln ansetzt: nichts kann bewußt werden, was nicht über eines der Gebiete begreiflich wurde. Diese Tatsache, undeutlich gespürt, war der Seinsgrund der Reiche im Unterschied zu den Staaten als Interessengemeinschaften; denn wenn nicht alle zwölf Gebiete raumzeitlich aufeinander abgestimmt sind, bilden sich falsche Zentren in Entsprechung zu falschen psychischen Identifikationen (Komplexen), die eine persönliche Erfüllung in der Öffentlichkeit unmöglich machen.

Zwischen den Inbegriffen ergeben sich ganz bestimmte Beziehungen, so stehen im Gegensatz zueinander:

Person / Politik	–	Gemeinschaft / Recht
Kunst / Reichtum	–	Kampf / Zerstörung
Wissenschaft / Information	–	Bildung / Religion
Heim / Familie	–	Staat / Beruf
Meisterung / Erziehung	–	Werk / Technik
Arbeit / Wirtschaft	–	Heilkunst / Erfüllung

Im ergänzenden Dreieck befinden sich dagegen:

vom Denken aus:	Wissenschaft	Recht	Technik
vom Fühlen aus:	Heim	Kampf	Heilung
vom Empfinden aus:	Kunst	Wirtschaft	Staat
vom Wollen aus:	Politik	Erziehung	Religion

Jeder Mensch ist für sich der ganze Kreis, im Verhältnis zu anderen jedoch tritt er jeweils über eines der Gebiete in Beziehung: als Familienvater (IV), Arzt (XII), Kämpfer (VIII), Künstler (II), Führer (I), Forscher (III), Dichter und Künder (IX), Beamter (X), Unterhändler (VII), Techniker (XI), Kaufmann (VI), Erzieher oder Darsteller (V). Andere erleben ihn gleichsam als Ton – mit dem Schwerpunkt auf der Person (personare = durchklingen), also grammatikalisch dem handelnden Subjekt –, er sieht sich als Feld, muß sich als solches erkennen; denn nur aus der Gesamtheit der Inbegriffe kann er die Mitte des Kreises, das wahre Bewußtsein erreichen.
Diese Mitte ist verankert im Unerschöpflichen, sie ist jenseits aller Person – die Nabe des Rades, welche im Strudel der Ereignisse ruht. Diese Nabe wird dann und nur dann zum Träger,wenn das Rad selbst in all seinen Aspekten zum Werkzeug wird – wenn der Mensch sowohl sich selbst, seine Anlage, als auch die äußere Wirklichkeit der Erde und des Kosmos als Weltalphabet, als Klaviatur seines Denkens versteht.

3. Alphysik

In der Auseinandersetzung zwischen den Medizinern erklären die Vertreter der Schulmedizin immer wieder, sie würden ja sehr gerne die Homöopathie wegen ihrer Heilungserfolge akzeptieren, wenn es den Homöopathen gelänge, ihre Materia Medica nach den Gesichtspunkten der wissenschaftlichen Methode zu erklären. Aber gerade das ist unmöglich: Wenn der Mensch nicht allgemeine Krankheiten hat, sondern seine eigenen, braucht er auch sein Heilmittel, welches eben genau auf ihn abgestimmt ist, ganz gleich welche Krankheit nun im schulmedizinischen Sinn als Hauptsymptom erscheint. In der Anamnese ist die dritte Stufe die Unterscheidung zwischen aktual und kausal: die aktuale Heilung beseitigt das störende Symptom, die kausale hingegen erweckt die Wurzel der Heilkraft, das gefühlsmäßige WAS des Menschen, den Zustand seiner vier Triebe. Sie sucht die Rolle, die der Mensch im kosmischen Haushalt auf Grund seiner karmischen und charakteriellen Struktur spielen sollte, und findet diese in einem Molekül oder einem pflanzlichen, tierischen oder menschlichen Stoff, den sie verdünnt oder potenziert, auf daß dessen Information der genetischen Struktur eingegliedert werde und er damit reicher und heilsam für seine Gesamtheit lebe.

Doch die Art von wissenschaftliche Methode, auf die sich alle berufen, ist nicht die einzige Rationalität: sie ist ein strategischer Sonderfall, in der heutigen Form von Bernardinus Telesius im fünfzehnten Jahrhundert formuliert. Das deduktive Modell ist genau so rational. Wenn wir die Materie und ihre psychische Entsprechung nach dem Rad gliedern, vor allem das periodische System der chemischen Elemente im Enneagramm als Uratom, dann können wir einen systemischen Schlüssel für die homöopathische Heilung jenseits der Materia Medica erkennen.

Die Materie besteht aus Atomen mit sieben Schalen, die die Elektronen für die 92 natürlichen Elemente aufnehmen können. Jede Schale hat nun die Bedeutung der Chakras, sie gliedern als konzentrische Kreise den Innenraum des Rades und haben ihren Schlüssel im Multiplikationsfeld. Sowohl astrologisch als auch psychologisch und physiologisch läßt sich bei Kenntnis der Elementarstruktur das gegebene Element feststellen, vielleicht sogar die für die Heilung notwendige Potenz. Verschiedene Homöopathen haben mit dieser Struktur der Alchemie oder Alphysik bereits mit Erfolg gearbeitet. Doch aus meiner pädagogischen Sicht ist es mir hauptsächlich um die Beziehung zwischen Elementen und Krisen zu tun.

Die Ordnung der Elemente wird durch die Temperaturskala im Rahmen des Uratoms verständlich:

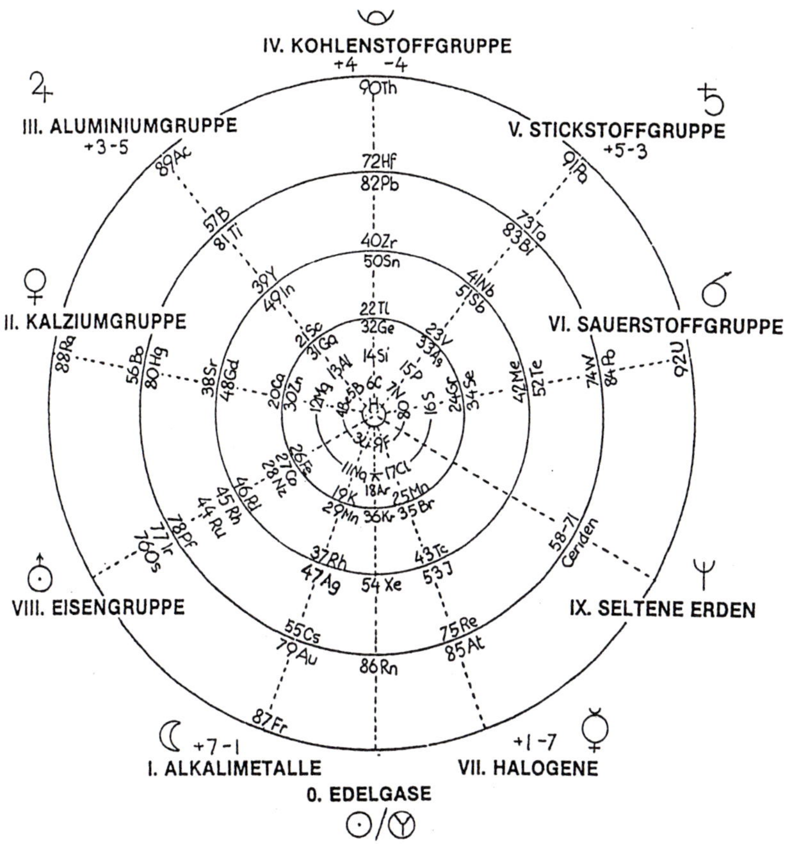

In dieser Darstellung haben wir das Enneagramm auf das Uratom abgebildet und können nun zur Interpretation des periodischen Systems nach dem Rad schreiten:

Geist ist Zukunft und luftig, immer in Ausdehnung nach Maßgabe des Schwerefeldes begriffen. Seele ist wäßrig und Grundlage des Lebens und Bewußtseins. Körper ist fest und beweglich. Das Feuer als Element gibt die

Skala, die für jedes Element verschieden ist, doch die gleichen Schritte beinhaltet.

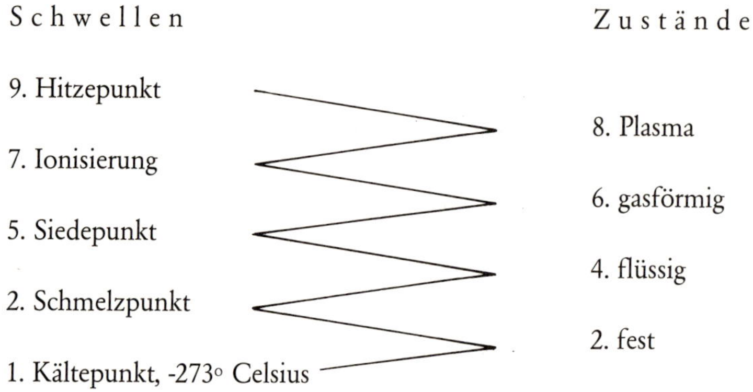

Im Nullpunkt ist keine Bewegung; er entspricht dem Schwarzen Loch, der reinen Aufmerksamkeit, also jeglicher Mitte. Der Hitzepunkt ist das Strömen des Lichts im All. Die Stufen und Schwellen zeigen folgende Qualitäten:

Im Kältepunkt der ersten Schwelle gibt es keine Bewegung; man kann ihn als solchen daher nicht von außen wahrnehmen. Man kann nur innerlich im Gewahrsein die zeitlose Mitte eines anderen Wesens anpeilen und dadurch gleichzeitig die fünfte Schwelle des verströmenden Lichts, den absoluten Hitzepunkt, die Liebe, erreichen. Minus 273 Grad Celsius gilt für die physikalisch beobachtbare Materie. Doch Charon behauptet, daß notwendig die Mitte jedes Elektrons ein Schwarzes Loch sei und natürlich auch die Aufmerksamkeit als Mitte des Bewußtseins.

Der zweite Zustand ist der feste: die Atome schwingen pendelförmig in den Eckpunkten der Kristall- oder Metallgitter.

Die dritte Schwelle ist der Schmelzpunkt; die Gitter brechen auf. Mathematisch bedeutet dies, daß wir von der periodischen Dynamik des festen Zustandes in die chaotische des flüssigen übertreten, wo die sogenannte

Brownsche Bewegung statistisch zu begreifen ist, also mittels des Werkzeuges der Chaos-Mathematik, die Ralph Abraham entwickelt hat.
Der vierte Zustand ist der flüssige, das Chaos, welches jederzeit eine kristalline Form annehmen kann. Diese ist nicht starr, sondern labil, wie beim Menschen das Blut.
Die fünfte Schwelle ist der Siedepunkt: das Wasser kocht und der Dampf breitet sich aus. Die Dispersionsgeschwindigkeit ist die Schallgeschwindigkeit des Elementes oder der molekülaren Verbindung. Sie ist beim Wasserstoff am höchsten, beim Uran am niedrigsten. Die Schallgeschwindigkeit in der Luft auf Meereshöhe ist auf die Zusammensetzung der Luftelemente zurückzuführen.
Die sechste Stufe ist die gasförmige, die Ausdehnung innerhalb des Schwerefeldes. Auf Ausdehnung folgt im Atmen Zusammenziehung, beim Menschen ebenso wie beim „Atem Brahmans", der Ausdehnung des Universums, dessen Bewegung sich nach heutiger Berechnung in etwa dreißig Milliarden Jahren umkehren wird. Hier entsteht die globale Dynamik. Als mathematisches Werkzeug ist sie fähig, durch Bestimmung der Urkomponenten, die dem Prozeß von Ausdehnung und Zusammenziehung unterliegen, und dank der Erfassung der Parameter dieses Prozesses der Wirklichkeit gedanklich Herr zu werden: die Arbeit der Computer.
Die siebte Stufe ist die Ionisierung: die Elektronen trennen sich von den Kernen (Protonen, Neutronen, Mesonen und anderen Kernbestandteilen). Die Elektronen wandern etwa mit Hilfe leitender Metalle, die Kerne als Ionen.
Der achte Zustand ist das physikalische Plasma, Materie unter Trennung von Kernen und Elektronen – der größte Teil des Weltalls befindet sich in diesem Zustand.
Die neunte Schwelle, der Hitzepunkt, ist das Gewahrsein selbst, dessen Wurzel im Kältepunkt die Aufmerksamkeit ist. Sie ist nur durch die Alliebe überschreitbar.
Der zehnte Zustand ist sowohl Anfang als auch Ende: das Feuer als Wandler, das uns auch als Licht begegnet.
Wir sind im Körper inkarniert und müssen an seinem Widerstand den Wesenskern zu seiner Individualität – der Persönlichkeit – entfalten. Die Wärmeleitung ist der wirkliche Läuterungsprozeß der Alchemie. Ihre Begrifflichkeit des „Großen Werkes" im 17. Jahrhundert war zu klein gegenüber Erfahrung und Forschung und wurde deswegen durch die der Chemie

ersetzt, ebenso wie die Heilkunst durch die heutige biochemische Schulmedizin verdrängt wurde.
In den letzten Jahrhunderten sah die Naturwissenschaft keinen Grund, die psychische Entsprechung der Materie zu untersuchen. Im Gegenteil, sie hielt eine solche Vorstellung für Aberglauben. Dank der Tiefenpsychologie ist es nun möglich geworden, das alte Wissen auf neuer Basis wiederherzustellen. Wir bezeichnen es aber nicht mehr als Alchemie, sondern als Alphysik, weil es die Energieverwandlung einschließt und somit Physik, Chemie, Biologie und Psychologie wieder zur Einheit der Naturphilosophie werden.
In der Schule lernt man das periodische System der Elemente in rechteckiger Form, wodurch ein kritisches Verstehen der Zusammenhänge unmöglich ist. Wir ordnen die Elemente im Rad von innen nach außen gemäß der mittleren Diagonale des Gammafeldes.
Fassen wir zusammen: die Struktur der Materie ist atomar: sie gliedert sich nach zehn Elementgruppen in Entsprechung zu den neun Ziffern und der Null. Jedes der Atome hat einen Kern und sieben Schalen. Im gasförmigen Zustand sind alle Atome gleich strukturiert, vom Wasserstoff bis zum Uran.
Der Kern besteht aus elektrisch positiv geladenen Protonen und neutralen Neutronen. Letztere können in verschiedener Anzahl bei jedem Element auftreten; dadurch entstehen die Isotope. Jedes Atom hat die gleiche Anzahl von Protonen und Elektronen. Diese bestimmt seine Qualität und damit seinen Platz im periodischen System.
Das Atom hat folgende Struktur: um den Kern der Protonen und Neutronen gliedern sich die sieben Schalen im Abstand von

1 – 4 – 9 – 16 – 25 – 36 – 49

Wirkungsquant-Einheiten.
Jede dieser Schalen kann eine gewisse Anzahl von Elektronen aufnehmen: 2 – 8 – 18 – 32 mit den Bahnen 2 – 6 – 10 – 14, gemäß der zweiten Diagonale des Gamma. Die erste Schale hat eine Bahn mit zwei Elektronen. Bei allen höheren Atomen ist diese Schale fixiert, die zwei Elektronen bleiben fest mit dem Kern verbunden. Nur der Wasserstoff kann sich sozusagen frei im All bewegen und auch jederzeit in Gammastrahlung übergehen.
Die zweite Schale hat zwei Bahnen mit 2 und 6 Elektronen (=8).
Die dritte Schale hat drei Bahnen mit 2, 6 und 10 Elektronen (=18).
Die vierte Schale und alle weiteren haben vier Bahnen mit 2, 6, 10 und 14 Elektronen (=32).

Jedes Element ist durch eine Ordnungszahl (Protonen plus Elektronen) gekennzeichnet. Es gibt auf der Erde 92 Elemente, weitere lassen sich künstlich herstellen. Die Elektronen können beliebige Plätze im Schalensystem einnehmen, weil jedes Atom ein spontanes Gebilde darstellt, dessen Verhalten nicht vorauszusehen ist.

Das Enneagramm gibt uns die Möglichkeit, im Uratom die Elemente im Grundzustand darzustellen, wo alle Elektronen sich auf den niederstmöglichen Plätzen befinden. Jedes Atom hat die Tendenz, aus einem angeregten Zustand wieder in den Grundzustand zurückzusinken. Der Zahlenschlüssel muß nun für das ganze Universum gelten. Die Qualitäten der Elementgruppen und der einzelnen Elemente sind durch die besonderen Bedingungen der Erde gegeben, auf anderen Planeten mögen sie anders sein. Man findet das periodische System in keinem Bergwerk, es ist vielmehr Teil der menschlichen Vernunft und natürlich auch der göttlichen, aus der das All entstanden ist.

Es ist unumgänglich notwendig, sich die Struktur der Materie zu erarbeiten, weil die philosophischen Spekulationen eine Scheinwelt schaffen, die der Komplexität der Wirklichkeit nicht gerecht wird. Aus der Alchemie entwickelte sich im 17. Jahrhundert die Chemie. Aus der neuen Physik und Chemie kehren wir heute in der Frage nach dem Sinn zu einer höheren Oktave des alchemischen Denkens zurück, das wir, wie schon gesagt, als Alphysik bezeichnen.

Die Stufen des „Großen Werkes" werden durch die Wärmestufen als Läuterungsprozeß ersetzt. Die elementare und sinnliche Struktur des Bewußtseins muß neun Schritte durchlaufen, ehe sie imstande wird, vom entfremdeten Ichbild ins Gewahrsein überzuwechseln. Diese zweite Geburt ist das Ziel der schamanischen und religiösen Disziplin und damit auch das Anliegen dieses Buches.

Die humanistische und die transpersonale Psychologie haben die Stufen aus der Erfahrung einzeln entwickelt. In den verschiedenen therapeutischen Richtungen – heute gibt es deren zweihundert – wurde immer nur ein einziger Ansatz aus dem Prozeß herausgegriffen. Wir müssen sie nun in ihrer natürlichen Reihung gemäß den Elementgruppen des periodischen Systems im Enneagramm erkennen. Die Zählweise der Gruppen bedeutet immer eine ganzzahlige Vermehrung um ein Elektron und ein Proton, während die Neutronen, die für das Atomgewicht verantwortlich sind, verschiedene Zahlen aufweisen und die Ursache der Isotope sind.

Elemente	Bewußtseinskrisen
1. Erdalkalimetalle	Grundvertrauen
2. Alkalimetalle	Geburt und Sexualität
3. Aluminiumgruppe	Finden des Inbildes
4. Kohlenstoffgruppe	Strategien
5. Stickstoffgruppe	Norm
6. Sauerstoffgruppe	Werte
7. Halogene	Individuation
8. Eisengruppe	Mantik
9. Seltene Erden	Vision
10. Edelgase	Menschwerdung

Die Krisen folgen aufeinander im Leben, wie es Charlotte Bühler und Ken Wilber dargelegt haben. Doch äußern sie sich oft als katastrophale Einschnitte. Ganzheitliches Leben bedeutet sie vorwegzunehmen. In den traditionellen Stammesgesellschaften wurden sie in den „rites de passage" zu bestimmten Zeiten ritualisiert abgehandelt, in Entsprechung zur Altersstufe. Heute aber kommt jeder Mensch durch Literatur und Workshops oft schon in der Jugend mit den höchsten Schichten in Beziehung, und ein angehender Heiler muß sie daher alle in sich orten und beim anderen erkennen können. Es gilt also, die Lehranalyse gewaltig zu erweitern, auch im Hinblick auf die psychische Dimension der Elemente:

1. Erdalkalimetalle, Grundvertrauen. Hier wurde die Elementarbeziehung entdeckt: Lithium kann einen Menschen aus der Depression befreien. Die erste Stufe gehört noch zur Geborgenheit im Mutterleib, wo über die Nabelschnur die Ernährung problemlos vor sich geht. Der englische Psychiater Ronald Laing geht sogar so weit, das Symbol des Caduzäus, des Heroldsstabes Merkurs, oder der Kundalinischlange als Erinnerung an die Nabelschnur zu werten. Das Grundvertrauen hat die Sicherheit des Tiefschlafs in Entsprechung zum Schwarzen Loch, zum absoluten Nullpunkt. Später bedeutet es sicher zu sein, daß alle Bedürfnisse immer erfüllt werden können. Es ist ein vorpersonaler Glückszustand; viele setzen daher wie Stanislaw Grof den embryonalen Zustand der Paradiessehnsucht gleich.
Wer kein Grundvertrauen hat – letztlich in die Erdgöttin – kann laut Hans Küng auch kein Gottvertrauen, kein Urvertrauen erfahren. Methoden der Heilung sind hier Regressionen und Rebirthing, durch Atmung und andere

Übungen. Graf Dürckheim warnt davor, diesen präpersonalen Zustand mit dem transpersonalen Samadhi zu vergleichen: ein Fehler, in den viele Hippies bei Beginn der Drogenwelle verfielen.

2. Alkalimetalle, Geburt und Sexualität. Der Geborene fühlt sich wohl als Teil der Familie, deren Struktur er als neue Heimat akzeptiert; Vater und Mutter, die Geschwister haben recht. Man ist Mitglied und nicht Individuum. Doch diese scheinbar harmonische Anpassung enthält zwei bedrohliche Faktoren: den Geburtsvorgang und die Sexualität.
Der Geburtsvorgang hat laut Grof vier Komponenten:
a) die als Paradies erlebte Behaglichkeit der totalen Versorgung.
b) der Beginn der Wehen. Dieser wird in der Wiedererinnerung als Hölle erlebt; Grof führt viele Grausamkeiten und Perversionen auf ein Nicht-Integriertsein dieser Stufe zurück.
c) der Austritt durch den Kanal. Einerseits die erste Massage, die über die Fähigkeit zum Orgasmus entscheidet und andrerseits das Gefühl der Ausgeschlossenheit, was zu Fegefeuerphantasien führen kann.
d) Das Aufreißen der Bronchien, der erste Schrei.
Die drei letzten Stufen sind schmerzhaft und bilden fortan eine drohende Schwelle, die nur durch die Sexualität in den von Freud beschriebenen Phasen überwunden werden können. Um dem anderen Geschlecht zu gefallen und so wieder die Vereinigung mit dem Mutterleib zu erreichen, versucht man, die Schönste und Populärste oder der Stärkste zu sein, wobei aber die Gemeinsamkeit nicht in Frage gestellt wird. Die wirkliche Befreiung der Sexualität gehört einer späteren Stufe an.

3. Aluminiumgruppe, Inbild. Zu einem bestimmten Zeitpunkt – frühestens mit dem sogenannten Trotzalter, doch manchmal auch später – erfährt das Kind den Keim seiner eigenen Individualität und beginnt sich als vielversprechende Möglichkeit zu betrachten. Die Nahrung für dieses Erwachen sind die von den Eltern oder der Großmutter vorgelesenen Märchen. Sie vermitteln im Traumbereich jene Motive und Vorbilder, die den Menschen ganz werden lassen, sobald man sie als verpflichtend annimmt. Grundvertrauen und Anpassung, die beiden integrierten Stufen, sind jetzt im Hintergrund und bilden keine Hindernisse mehr.

4. Kohlenstoffgruppe, Strategie. Im sprachlichen Enneagramm beginnen die chemischen Gruppen bei der Ziffer 4; dann kommen 3, 2, 1 – die Koh-

lenstoffgruppe als Träger des organischen Lebens gehört zur sprachlichen 9. Das Kind kommt als Individualität in die Schule, fühlt sich als König Arthur, als Kaiserin Elisabeth, und begegnet anderen, die sich darüber lustig machen, sein Selbstwertgefühl nicht anerkennen und es demütigen. Vor allem die Gewinnung der vierten Stufe verlangt jetzt psychologische Hilfe. Es ist schwer einzusehen, daß man nur da gedemütigt werden kann, wo man die Begabung hätte zu wirken. Wenn man an etwas leidet, dann gehört es zur eigenen Persönlichkeit.
Der Schamane Don Juan spricht hier von der Hilfe durch einen „Petty Tyrant", der einem sozusagen auf alle Hühneraugen tritt. Gurdjieff nannte diese Stufe „absichtliches Leiden", das die Voraussetzung künftiger Fähigkeiten ist. Die Summe der Strategien schafft die Fähigkeit des Überlebens. Wie organisch im Kohlenstoff, so wird an dieser Stelle psychisch die Autopoiesis zugänglich.

5. Stickstoffgruppe, Norm. Hat einer seine Strategien entwickelt und ist fähig zu überleben, dann muß er in unserer sprachlich geprägten Welt eine anerkannte Stellung, einen Beruf, also seine Norm finden: als Lehrer, Arzt, Bauer, Handwerker, Verwalter, Geschäftsmann, Künstler und so fort. Diese Norm ist aus der Struktur der Gesellschaft vorgegeben. Sie ist nicht alles für ihn, aber ohne sie kann ein Mensch im Sinne eines lernenden Daseins nicht glücklich werden. Es gibt nun einmal sowohl historisch als auch kulturell nur eine begrenzte Anzahl remunerierter Tätigkeiten. Sie passen aber nicht wie ein Maßanzug, sondern wie ein Kleidungsstück „von der Stange". Viele scheitern in bezug auf diesen Impuls, weil sie darauf warten, den Beruf zu finden, zu welchem sie geboren sind, und so verbleiben sie bis zum Tod.

6. Sauerstoffgruppe, Werte. Hat jemand seine normale Position gefunden, deren Wissen und Kompetenz von anderen nicht dauernd in Frage gestellt wird, dann beginnt er zu begreifen, daß sich seine Welt auf einen kleinen Ausschnitt der Gesamtwirklichkeit beschränkt. Beruflich und familiär sieht er nur noch Menschen seines Milieus. Wie kann er aus diesem Gefängnis ausbrechen? Immer wieder hört man abends beim Heurigen, daß Männer nach dem zweiten Viertel Wein beginnen, vom Krieg zu erzählen, als ob das die wichtigste Epoche ihres Lebens gewesen sei. Was sie damals erlebten, war, daß sie für Werte eintreten mußten, die ihren engen Berufs- und Familienhorizont überschritten. Ihre wehmütige Erinnerung, die objektiv natür-

lich falsch ist, kommt daher, daß sie im gewöhnlichen Leben einen wesentlichen Durchbruch vergessen haben: nämlich jene Werte zu finden, die ihnen wichtiger sind als das Überleben.
Solche Werte gibt es für jeden Menschen. Es gibt niemanden, dem nicht etwas wichtiger wäre als das wirtschaftliche Wohlergehen. Manchmal äußert sich dieses Streben in einer politischen Aktion. Doch diese setzt meist nur den kollektiven Egoismus an die Stelle des persönlichen und bleibt daher letztlich unbefriedigend. Alles Feuer entstammt der Sauerstoffgruppe. Auch das Leben ist ein Verbrennungsvorgang. Die persönlichen Werte findet man nur im Angesicht des Todes. So bedeutet die sechste Stufe den Durchbruch zur Frage. Wirkliche Gemeinsamkeit entsteht zwischen Menschen, von denen jeder für seine Werte kompromißlos eintritt. Sie ist eine Kommunion jenseits privater und kollektiver Interessen. Der Archetyp des Helden leuchtet jedem ein, und findet er ihn nicht im Leben, so sucht er nach Ersatzbefriedigung in Romanen oder im Film.

7. Halogene, Individuation. Zu einem bestimmten Zeitpunkt beginnt der Kämpfer für seine Werte einzusehen, daß die negativen Erfahrungen, die er gemacht hat, genauso wesentlich für ihn waren wie die positiven; daß nichts Sinnloses ihm je geschah und daß seine Niederlagen und Krankheiten ihn schneller zu größerer Reife führten als Erfolge und Bewunderung. Aus der Sicht des älteren Menschen verläuft das Leben so, als ob es von jemand anderem – dem Tiefensubjekt hinter der Tiefschlafschwelle – geträumt werde. Wer das erfahren hat, der kann nicht mehr einseitig für Werte kämpfen, sondern er beginnt sich bei jedem Ereignis die Frage nach dem Sinn zu stellen. Dies ist der Weg der Individuation. Pioniere dieses Heilungsweges waren C. G. Jung und seine Schule, Fritz Perls und die Gestaltpsychologie, J. C. Moreno und das Psychodrama. Bei Jung ist ein Zeichen der Individuation das Traumbild des Rades und der Vier. Jungs Schule greift nicht in Träume ein. Sie läßt diese vielmehr so lange unter Beobachtung, bis ein großer Traum zeigt, daß der Schwerpunktwechsel vom Ich zum Selbst vollzogen wurde.
In dieser Therapie, die man als hermetisch bezeichnen könnte, ist vor allem die Amplifikation, also die Erweiterung, wichtig. Man muß verwandte Mythen und Gestaltungen heranziehen, um das eigene Leben in einem größeren Zusammenhang zu sehen: die Erkenntnis des Genitives. In der Gestaltarbeit erkennt man, daß alle negativen Emotionen nur in einem

selbst sind. Wie im Psychodrama spielt man die einzelnen Rollen durch. Wenn man zum Beispiel seinen Vater haßt, wird man bewußt in Worten dessen Stellung und Urteil vertreten, um so das ganze Panorama der Traumwelt in der Gegenwart, im Jetzt und Hier einzubeziehen.

8. Eisengruppe, Mantik. Irgendwann sieht jeder ein, daß die Individuation auch nur ein Schritt ist, ein Verschieben des Schwerpunktes im Bewußtseinsrad von der Peripherie ins Zentrum. Ich bin nicht allein ein Wesen; die Mächte des Medizinrades existieren ebenfalls, und nur mit ihrer Hilfe kann ich die Öffnung zur Ganzheit erreichen.

Zu diesem Zeitpunkt beginnt man, sich mantischen Methoden zuzuwenden, einen Schlüssel zu suchen, über welchen man die Absicht oder Botschaft des Jenseits oder der eigenen Zukunft verstehen kann. Sehr schnell merkt man, daß der gewählte Schlüssel – Tarot, Handlesen, I Ging, Astrologie – funktioniert und wendet sich einem Kundigen zu. Jetzt geschieht etwas Merkwürdiges: in der therapeutischen Hilfe kommt es gar nicht darauf an, ob das System wahrheitsgemäß ist oder nicht. Ein Astrologe, der seinem Zeitschlüssel gemäß nach einem wichtigen Ereignis im dreizehnten Lebensjahr des Klienten fragt, wird immer eine Antwort erhalten, und damit hat der Kunde einen Kraftzuwachs; kein Wunder, daß fortan sowohl der Astrologe als auch der Kunde auf die Methode schwören.

Was sie beide übersehen, ist, daß eigentlich der Therapeut im Unterbewußten seiner rechten Gehirnhemisphäre die Antwort auf das Problem des Patienten im vorhinein weiß. Wir sind imstande, überall da das große morphogenetische Feld anzuzapfen, wo wir selbst nicht emotionell beteiligt sind. Ein Wahrsager könnte für sich selbst niemals das Ergebnis der künftigen Lottoziehung voraussagen, vielleicht aber für einen anderen, wenn es zu dessen Zukunft gehört.

Wenn man aber das Jenseits fragen kann, warum sollte man es nicht unmittelbar vernehmen oder sehen können? Diese Frage stellt sich jeder Mantiker früher oder später, und so kommen wir zur letzten Stufe.

9. Seltene Erden, Vision. Die Seltenen Erden sind merkwürdige Elemente. Nach außen zu sind sie dreiwertig, gleichen also der Stufe des Inbildes. Doch in der vierten Schale des Atoms können sie eine Vierzehnerbahn von Elektronen schaffen, ohne dabei radioaktiv werden zu müssen wie alle anderen Elemente jenseits von Blei.

Die Energie der achten Elementegruppe ist der Magnetismus, und man

spricht auch von Heilmagnetismus. Die Energie der Seltenen Erden, die Vermehrung des Potentials, welches nach außen gar nicht sichtbar wird, ist die Kraft der Autopoiesis, die Möglichkeit des Begeisterns anderer und seiner selbst. Man kann die Aufmerksamkeit des Westrades bei jedem Menschen anjochen, wenn man Zugang zu dieser Kraft findet. Sie kommt aber nicht aus einem selbst, sondern aus der Teilhabe am All. Man hört Stimmen, sieht Symbole und Archetypen, hat eine Vision des Paradieses, erkennt den gemeinten Sinn eines Ereignisses – die „omens and agreements“ des Schamanen Don Juan. Wer die Stimmen direkt hört, hat keinen Sinn mehr für persönliche Individuation und auch die mantisch-magnetischen Methoden werden ihm höchstens zur Kontrolle dienen.
Wer aber in die neunte Sphäre kommt, ohne daß er die anderen vorher erlebt und durchlitten hat, seine Bewußtseinszustände genau prüft und unterscheiden kann, ist hier in Gefahr, Trugbildern zu verfallen. Es ist leicht, ins automatische Schreiben und in Visionen des Wachtraumes zu gelangen, aber gefährlich, die sich hier ergebenden Inhalte für bare Münze zu nehmen. Sie müssen genauso beurteilt werden wie Zeitungsnachrichten, die man ebenfalls nicht ungeprüft als wahr betrachtet. Ohne die Hilfe eines Meisters ist diese Unterscheidung schwer zu erlangen.
Die neun Krisen kann man zugleich angehen; ja man muß sie verstehen, wenn man durch Zufall in eine der Schwellen oder Zustände gekommen ist, für die man existentiell im gewöhnlichen Lebenslauf nicht reif war. Jung glaubte, daß der Einbruch der neunten Sphäre Epidemien des Massenwahnsinns bringen könnte, von denen der deutsche Nationalsozialismus ein furchtbares Beispiel gegeben hat. Wer LSD oder Meskalin genommen hat, der weiß, daß diese anderen Zustände den Geschmack der Wirklichkeit haben. Daher ist es heute unausweichlich, daß jeder, der sich dem Mitmenschen zuwenden will, auch die neunte Stufe kennt und ihren Wert würdigt. Die zehnte Stufe ist aus persönlicher Bemühung allein nicht mehr zugänglich. Sie vereinigt Urkraft und Urlicht und ist gemeinsam im Ritus erlebbar.

10. Edelgase, Urreligion. Die Edelgase nehmen Energie und geben sie weiter. Sie sind unveränderlich. Ihre Struktur bestimmt das gesättigte Molekül wie Wasser und Salz. Der Quell unseres Lebens erzeugt dauernd aus der Fusion von Wasserstoff das Helium, den Sonnenstoff, das erste der Edelgase mit der Zahl 2. Der innerste Kern jedes Atomes bindet die zwei Elektronen, die am weiteren Spiel der Vereinigung und Trennung gemäß der

Wertigkeit nicht mehr teilnehmen. Doch auch dieses Spiel hat seine Ordnung im Achterkreis. Sobald der äußerste Ring der Elektronen die Zahl 8 erreicht, ist das Molekül stabil. So können wir das Medizinrad als Ausdruck der kosmischen Urordnung begreifen. Alles ist immer Zwei. Wenn das zu einem Elektron auf der Erde gehörige Partnerelektron im Sirius weilt und sich plötzlich entschließt, seine Spindrehung umzukehren, muß das auf der Erde befindliche ebenfalls den Drehimpuls umkehren. Dies folgt aus dem sogenannten Bellschen Theorem. Die Achterordnung selbst ist in einer anderen Sprache zugänglich, die von den Chinesen entwickelt wurde.
Die Struktur der Materie ist aus der Ordnung der Zahlen zu erkennen, sie ist also als körperlich erfahrbar. Ihre Qualitäten entstammen, genau wie es einst Demokrit vermutete, aus Gestalt, Ordnung und Folge. Die neun Krisen sind geistig, sie sind vorgegeben und zu erfüllen. Die Vereinigung von beiden kann nun therapeutisch im Sinne der Homöopathie sein, dann handelt es sich darum, das bestimmte Element oder Molekül zu erkennen, welches in einem bestimmten Menschen als Teil der Stofflichkeit wirken kann. Dabei werden die geistigen Symptome zur Diagnose verwendet. Die Alphysik kann aber auch seelisch, zur Arbeit am Selbst verwendet werden, wozu das Enneagramm sowohl biologisch als auch psychisch den Schlüssel darstellt.
Bisher haben wir die Figur des Enneagramms nur sprachlich betrachtet; die Raumworte der mannigfaltigen Figur unterscheiden sich von den Zeitworten, die das Dreieck bilden. Doch die Figuren entstehen mathematisch durch die Division. Nur 3, 6, 9 und 7 ergeben unendliche Brüche, sie zeigen also das Eingestimmtsein in das Werden des All. Das Enneagramm bestimmt biologisch das Verhältnis von Arterhaltungs- und Selbsterhaltungsinstinkt. Gurdjieff erklärte, das Dreieck als Fähigkeit bewußten Wachstum in der Zeit besitze nur der Mensch und die Mohnpflanze, aus welcher das Opium gemacht wird; alle anderen Wesen und auch die meisten Menschen, die nie etwas von einem geistigen Weg gehört haben, würden nur durch die Gattung bestimmt, den ewigen Wechsel von Geburt und Tod. Das Dreieck muß man bewußt wollen: sonst kann es nicht entstehen, es ist die Intention. Die mannigfaltige Figur muß man absichtlich erleiden, sonst bleibt man „Futter für den Mond“, man dient der Aufrechterhaltung des kosmischen Stoffwechsels in der gleichen Weise, wie wir Schafe zur Nahrung gebrauchen.
Wenden wir uns zuerst dem biologischen Verhältnis beider Instinkte zu:

Jedes höhere Lebewesen weist zwei Ordnungen auf:
einerseits den Organismus, der von der Geburt bis zum Tod identisch bleibt, andrerseits das Keimplasma, das ein Viertel der ursprünglichen Zellmasse ausmacht und das Individuum der Generationenfolge eingliedert. Der Zusammenhang beider Ordnungen läßt sich aus dem Enneagramm ablesen: der gleichbleibende Organismus wird durch das Dreieck bestimmt, und der Kreislauf der Generationen, bei den Pflanzen durch Mitose, bei Tier und Mensch durch Meiose, wird durch die mannigfaltige Figur 1-4-2-8-5-7 verständlich.
Da Tier und Mensch die komplexere Struktur haben, nehmen wie die M e i o s e, die Reifeteilung der Keimzellen, als Grundlage. Das Dreieck bestimmt die Struktur, welche sich aus drei Keimblättern herleitet. Das innere Keimblatt bildet den Magen–Darm–Kanal und die Eingeweide als Grundlage des Stoffwechsels (6); aus dem mittleren Keimblatt entstehen die Körperflüssigkeiten, die Blutgefäße, die Bindegewebe, Fettgewebe, Knorpel, Muskeln, Knochen, vor allem das Skelett als Träger der Gestalt (9). Das äußere Keimblatt bildet die Haut und aus einer Rinne dieser Schicht das Nervensystem als Grundlage der Sinnesorgane, die die Anpassung (3) des Organismus an die Welt gewährleisten. Bei der Pflanze entspricht ihnen die Ausbildung von Blättern (3), Stamm (9) und Wurzeln (6).

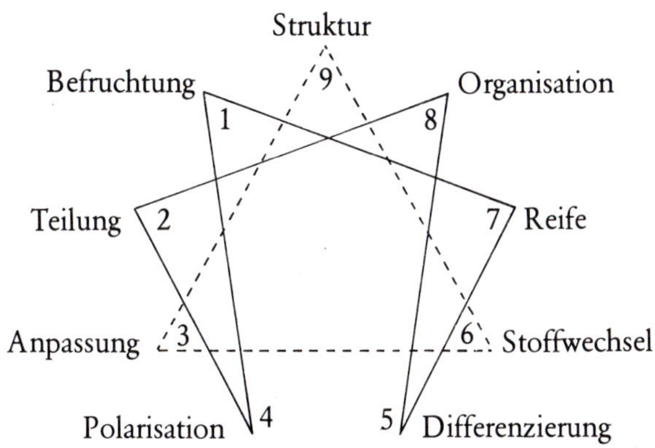

Die Zellteilung von der Befruchtung bis zur Geschlechtsreife läßt sich aus der mannigfaltigen Figur ablesen:
(7)-1 bedeutet die Vereinigung von männlichem Samen und weiblicher Eizelle in der Befruchtung.

(1)-4 bedeutet Polarisation: die Chromosomen, gesteuert aus zwei Polzentren, legen sich dem Zellenäquator entlang, womit vier Schwerpunkte entstehen.
(4)-2: die Urzelle teilt sich nach dem Oktavgesetz: 1-2-4-8.
Nach diesen ersten drei Schritten, die die linke Hälfte der Enneagrammfigur veranschaulicht, schaltet sich das Dreieck mit der Bildung der drei Keimblätter ein.
(2)-8 bedeutet die Ausbildung des Organismus. Die vier Nukleotide bilden 64 (8 x 8) Dreiergruppen, von denen jeweils mehrere für die Synthese von einer der 20 Aminosäuren verantwortlich sind. Das Genom veranlaßt über die Informationsträger die besondere, für das jeweilige Organ benötigte Synthese gemäß seinem Bauplan.
(8)-5. Der Organismus erreicht seine Differenzierung durch Ausbildung der Sinne bei Tier und Mensch in der Geburt, womit der weitere Wachstumsprozeß sich jetzt im Wechselspiel zwischen Individuum, Eltern und Umwelt vollzieht.
(5)-7. Die Zellen des Keimplasmas erreichen die Geschlechtsreife, das Individuum ist der Generationenfolge eingeordnet und der Zyklus kann von neuem beginnen.
Die Stufen 7-1-4, Kopulation, Befruchtung und Polarisation haben noch keine Individualität, sie gehören dem Fühlen an. Teilung, Organisation, Differenzierung und Geburt, 2-8-5, gehören dem Empfinden an, sind also individuell zu verstehen. Sie bestimmen die wechselnden Zustände der Raumstruktur, wie in der Grammatik die Raumworte. Doch die drei Keimblätter mit den Fähigkeiten der Anpassung, des Stoffwechsels und der beharrenden Informationsstruktur schaffen zeitliche Dauer und damit das Bewußtsein im Denken selbst, welches sprachlich über die drei Satzarten – Aussage, Frage und Sollsatz – auf den Mitmenschen im Prädikat bezogen bleibt und im Wollen sich im Werk der Erde, der Arbeit, auswirkt. Arbeit an der Welt läßt sich nur dann mit Arbeit an einem selbst verbinden, wenn die Impulse bewußt rezipiert werden, wie Gurdjieff es gezeigt hat.

Das Dreieck bedeutet bewußte Arbeit, die mannigfaltige Figur zeigt das „absichtliche Leiden". Wie bei den neun Krisen gilt es, die auf einen zukommenden Dissonanzen – Fühlen ist dissonant, auf inneren Signalen beruhend, die man nicht ausschalten kann – vorwegzunehmen. Betrachten wir zuerst das „absichtliche Leiden":

7. In der Biologie Kopulation oder Tod, in der Lehre der Sufis die Forderung, negative Emotionen nicht zu verbalisieren.
Alles Verbalisierte wird Teil des affektiven Gedächtnisses, das eine Dauer von 2 Jahren hat. Enthalte ich mich aller Ausdrücke negativer Emotionen durch einem Marsumlauf hindurch, dann sind sie aus dem limbischen System entfernt.
1. Erkenntnis der vielen Ichs. Jede Befruchtung wird im Bewußtsein zu einer Strategie, einer „Sub-Personality“, die viele Psychologen untersucht haben. Ich muß mir darüber im klaren sein, wer im Augenblick in mir Ich spielt, denn mein Selbst, mein Wesenskern befindet sich hinter dem Tiefschlaf; es erwacht nur, wenn es in Aussage, Befehl, Gehorsam und Frage zur Stellungnahme erweckt wird.
4. Polarisation. Dieses Selbst ist aus Wesen und Person zusammengefügt, die ihren Ursprung in Mutter und Vater haben – von der Mutter stammt die Individualität als Ausdruck des Selbsterhaltungsinstinkts, vom Vater die Vorstellung von Aufgabe und Beruf im Sinne des Gattungsinstinkts. Hier muß ich die Schwelle zwischen Traum und Wachen überwinden, um Wesen und Person in mir zu trennen, was durch bestimmte Übungen möglich ist.
2. Selbsterinnerung und Selbstbeobachtung. Meine Person als Rolle ist die Art, wie ich anderen erscheine. Durch bedingte Reflexe ergeben sich eingefahrene Strategien und Manierismen. Ich muß mich darauf konzentrieren, diese zu erkennen und mit der Mitte neu zu verbinden, und andererseits in der Selbsterinnerung mir klar werden, daß ich dieses Bewußtsein dauernd neu schaffen muß.
8. Puffer und Schranken. In meinem Bewußtsein herrscht das Gesetz der Adäquation. Inhalte, die einander widersprechen, werden verdrängt. Ich muß innerlich Licht machen. Das kann ich aber nur, wenn ich mit Freunden in einer Gruppe bin, die mich davor bewahrt, bei der Selbsterfahrung den Tod zu suchen, und mir hilft zu akzeptieren, wie vieles in mir nicht integriert ist. Dies entspricht der Organisation, in welcher in der embryonalen Entwicklung die einzelnen Systeme wie Atmung, Stoffwechsel, Gehirn sich in ein unbewußt bleibendes, labiles Gleichgewicht einordnen.
5. Arbeit. Das letzte Ziel ist, sich nicht mit dem Raum, sondern mit der Leistung in der Zeit zu identifizieren: die Wiedergeburt bestimmt unser Zeitwesen, welches als sachliche Arbeit den Vergleich und den Kontakt mit anderen ermöglicht. So waren alle Sufis Handwerker und maßen ihren inneren Fortschritt am künstlerischen Wachstum. Die bewußte Arbeit setzt

am Dreieck an, welches nur vom eigenem Entschluß aus zu integrieren ist.

3. Zeitwortarten/Anpassung/Fragesatz/Geist-denken/ Ektoderm.

Anpassung bedeutet nicht, sich anderen unterzuordnen. Diese Gefahr besteht nur bei der Sechs der Urfamilie: 1/Mutter, 8/Vater, 2/Schwester, 7/Bruder, 4/Tochter und 5/Sohn, deren Polarität immer neun ergibt, und welche daher falsche Persönlichkeit in der Übertragung schaffen können. Anpassung bedeutet, die kommunikativen Bedingungen einer Arbeit als Forschungsrichtung in einer Gruppe zu verstehen. Anthropologen etwa müssen beim Studium eines Stammes erst ein Jahr vor den Toren des Dorfes zelten, bis sie genug wissen, um sich gegenüber den mythischen Tabus nicht unmöglich zu machen. Anpassung wird zugänglich durch die echte Frage, die nicht im Sinne der Konstruktivisten bloß auf Bestätigung zielt und die Antwort implizit enthält.

6. Zeitwortpersonen/Stoffwechsel/Seele-denken/Mesoderm/Sollsatz.

Person bin ich nur in der Kommunikation, welche als materielle Grundlage die Befriedigung seelischer Bedürfnisse hat. Durch Anpassung verstehe ich die Lage, im Stoffwechsel der Kommunikation (Tauschverkehr als Grundlage aller Arbeit) kann ich den anderen als Ich im Sollsatz fordern, sich zu behaupten, und somit eine freie Gesellschaft zwischen Arterhaltung und Selbsterhaltung in Liebe schaffen.

9. Zeitwortformen/Struktur/Aussagesatz/Körper-denken/Entoderm.

Das Wort ist neun, hier bin ich Information als Stil, als Beitrag zum Großen Werk. Das Werk ist von vornherein als Brücke zwischen Traum und Wirklichkeit, Jenseits und Diesseits, Intention und Motivation zu begreifen. Meine Originalität liegt einzig in dem, was vollständig ausgedrückt werden kann. Wohl deshalb erscheint der geistigen Schau das höhere Selbst bei Rückführungen nicht als Körper, sondern als Symbol, manchmal geometrisch und manchmal dinglich.

Für Gurdjieff war die menschliche Existenz leidvoll. Er betrachtete es als Sinn des Lebens, die Trauer des Schöpfers zu verringern, ein ähnlicher Gedanke wie der der Erbsünde bei den Christen oder der von den vier Wahrheiten über das Leiden und seine Aufhebung im Buddhismus. Doch in der Wassermannzeit verwandelt sich das Leiden in Sinn; dann dienen die sechs Impulse nicht mehr der Trauer über meine Nichtigkeit, sondern der Freude über die Teilnahme am Werk. Für den Bereich des Fühlens gilt daher:

7: Anstatt mich über negative Emotionen zu kränken und sie durch Nichtaussprechen zu verdrängen, werde ich erkennen, wie ich sie in positive

Erfahrung verwandeln kann: indem ich sie eben auf die Urtriebe und Motive des Körpers zurückführe; der erkannte Mangel gibt mir die Kraft, und das artikulierte Trauma wird zum Schritt der Reifung.
1: Anstelle des Leidens über die vielen Ichbilder erfreue ich mich der Vielfalt möglicher Strategien, die alle aus dem Wesenskern getragen werden.
4: Wesen und Persönlichkeit als Konkretisationen von mütterlichem und väterlichem Erbe gilt es als polare Kraftquellen zu integrieren.
Für den Bereich des Empfindens legen wir fest:
2:Selbsterinnerung und Selbstbeobachtung werden zur bewußten Gebärde, und ich baue am tatsächlich Gegebenen meines Schicksals und Charakters organisch weiter.
8: Durch Erkenntnis der acht Richtungen des Erdheiligtums und der Komponenten des Dimensionskreises bin ich imstande, jedes Streben und jede Verantwortung in ihr natürliches labiles Gleichgewicht zu überführen.
5: Die Arbeit an dem Werk ist für mich sinnvoll, weil ich an ihr das Maß meiner Integration erfahren kann. Für die anderen dagegen ist sie nützlich, und es bedarf keiner geheimen Bruderschaft mehr, sondern nur noch des Vertrauens in Wakhan, Skwann und in den Menschen im All.
In der Wassermannzeit ist das Fühlen nicht Mitleid, sondern Mitfreude. Diese Grundhaltung hat von Anfang an die chinesische Kultur geprägt, deren Wissen wir uns im folgenden Kapitel zuwenden.

4. I Ging

Das Rad ermöglicht uns, alle Erfahrung aus der Mitte heraus anzunehmen. Die Sprache des Empfindens, Denkens und Fühlens wird durch Enneagramm und Dimensionskreis zugänglich. Wenn wir aber zum Wollen, also der Kraft kommen, versagen die europäischen Sprachen. Die Wechselwirkung von Licht und Dunkel, Yang und Yin, verlangt das Viereck des Raumes, um den Achterkreis im Bewußtsein zu verankern und zur analytischen Information die synthetische Sprache des Lebens hinzuzufügen.
In Europa wurde mit dem Christentum der Streit der Vorsokratiker, ob das Sein oder das Werden der Welt zugrunde liege, philosophisch zugunsten des ruhenden Seins entschieden.
Dies postulierte Zustände und Ziele, nicht aber Wandlungen und den Weg oder das Intervall. Es zielte auf die Eindeutigkeit der wissenschaftlichen Aussage, die verifiziert werden kann.
Doch im Wollen ist die freie Wahl entscheidend, welche die dunkle Aufmerksamkeit auf ein Bild, einen Entschluß oder eine Richtung hinlenkt. Der Schlüssel hierzu sind die acht Urzeichen, welche die kosmischen Mächte des Medizinrades in Komponenten des Bewußtseins verwandeln. Für die Christen ist Gott allmächtig – für die Chinesen ist der Sinn vom Menschen zu schaffen. Das Kommentar zum Buch der Wandlungen beginnt mit folgenden Worten (Schuo Gua, Besprechung der Zeichen, in der Übersetzung von Richard Wilhelm):

> „Die heiligen Weisen vor alters machten das Buch der Wandlungen also: Um in geheimnisvoller Weise den lichten Göttern zu helfen, erfanden sie das Schafgarbenorakel. Sie teilten dem Himmel die Zahl drei zu und der Erde die Zahl zwei und berechneten danach die weiteren Zahlen.
> Sie betrachteten die Veränderungen im Dunkeln und Lichten und stellten danach die Zeichen fest. Sie erzeugten Bewegungen im Festen und Weichen und ließen so die einzelnen Linien entstehen. Sie brachten sich in Übereinstimmung mit SINN und LEBEN und stellten demgemäß die Ordnung des Rechten auf.
> Indem sie die Ordnung der Außenwelt bis zu Ende durchdachten und das Gesetz des eigenen Inneren bis zum tiefsten Kern verfolgten, gelangten sie zum Verständnis des Schicksals."

Das Wollen gliedert den Menschen in die raumzeitliche Wirklichkeit ein, es ist ein Seinswissen und keine Information.
Ich stütze mich im Folgenden hauptsächlich auf die Interpretation von Richard Wilhelm,[18] Helmut Wilhelm und Marcel Granet, gliedere aber sowohl die Raumrichtungen als auch die Reihenfolge der Zeichen nach dem Rad. Diese Umordnung steht mit dem chinesischen Denken in Übereinstimmung, denn es hat viele Ordnungen gegeben. Daher heißt es in der großen Abhandlung Da Dschuan, IV. Kapitel: „Darum ist der Geist an keinen Ort gebunden, und das Buch der Wandlungen an keine Gestalt."

Wir verstehen den chinesischen Ansatz am leichtesten durch einen Vergleich der Sprachstrukturen Europas und Chinas:

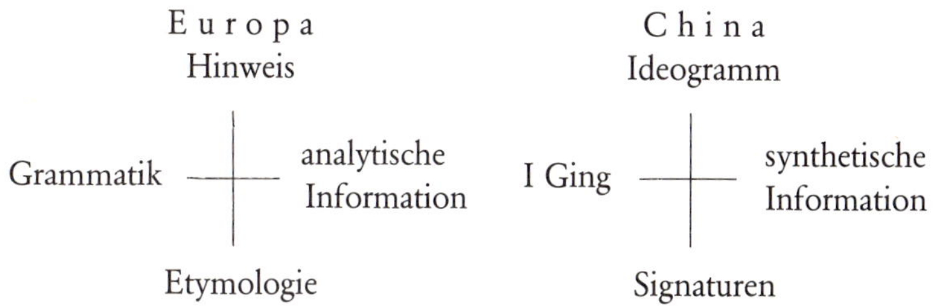

Der „Hinweis" wird aus den Buchstaben und Lauten gebildet, die aus den 54 Konsonanten und 6 Vokalen zusammengefügt werden und beliebige Bedeutung haben. Die chinesischen Ideogramme stehen jedes für einen Gedanken und sind aus fünf Strichen gebildet. Auch der Tastsinn kann, wie die Blindenschrift und der Morsecode zeigen, nur fünf Elemente unterscheiden. Dabei ist es für die Chinesen gleichgültig, ob die Herkunft der Zeichen mathematisch ist oder nicht: ein Strich bedeutet 1, zwei Striche 2, oder etwa das Bild einer netten Frau im Haus wie beim Zeichen „Friede", Nr. 11 im I Ging.
Der Hinweis betrifft das Empfinden. Das Fühlen nun, die auf den Trieben fußenden bevorzugten Assoziationen einer Sprache, sind in Europa historisch bedingt und bestimmen die Wurzelverwandtschaften der Etymologie. Das Wort „Bleistift" etwa zeigt, daß ein Stift mit Blei zum Schreiben gefüllt war. Im chinesischen Denken tritt an diese Stelle die Lehre von den Naturentsprechungen, die in Europa seit Paracelsus als Signaturen bezeichnet werden. Da die Signaturen die menschlich erzeugten Zivilisationsgüter

nicht einschließen, wird die natürliche Symbolik durch die Etikette ergänzt, zum Beispiel, daß ein Gast nur durch das Südtor in ein Haus eintreten darf. Diese unterliegt natürlich Veränderungen in Einklang mit der Wandlung der Zivilisation – die symbolischen Entsprechungen wurden immer wieder neu verfaßt. Mong Tse sagte: „Besser als neue Ackergeräte anzuschaffen, ist es, auf einen Wechsel des Wetters zu warten." Dies war die richtige Einstellung im traditionellen China der Fischezeit. Das heutige kommunistische China hat alle Symbolik im Einklang mit der demokratischen Bewertung der Arbeit zum Kennzeichen des wahren Menschen verwandelt. Die Etikette muß sich nach dem Zeitgeist ändern. Dieser muß heute die Naturwissenschaft und Technologie einbeziehen, denn sonst wäre die durch die Medizin ermöglichte Bevölkerungsexplosion nicht in den Griff zu bekommen.

Die grammatikalische Information hat als Ziel Eindeutigkeit des Wissens. Der Satz „Wasser fließt nach unten" ist eindeutiger Sinn, die Information ist analytisch. Der Sprecher zerlegt den Gedanken in Elemente der Grammatik, der Zuhörer fügt sie wieder zu einer Idee zusammen, sei es beim Handeln wie im Sollsatz, indem er eine Weisung ausführt, sei es bei der Aussage, deren Wahrheit durch die logischen Kriterien bestimmt wird (Identität, Gegensatz, ausgeschlossenes Drittes), sei es bei dem Fragesatz, dessen Nichtwissen so artikuliert sein muß, daß die Antwort es auflösen kann. Doch kennt auch Europa die synthetische Information in der Sprichwortweisheit: Früh krümmt sich, was ein Häkchen werden will; unrecht Gut gedeiht nicht; wer anderen eine Grube gräbt, fällt selbst hinein. All diese Sätze sind für viele Fälle anwendbar, also synthetische Information. Engländer und Russen lieben solche Sprichworte; das Deutsche mit seiner Fähigkeit zusammensetzbarer Worte – Bahnhofsvorstandswitwenpension – verwendet sie kaum.

Für die Chinesen dagegen steht die synthetische Information vom Vordergrund, die analytische wird ihr untergeordnet. „Der Edle ist kein Gerät", sagt Konfuzius; er läßt sich nicht von außen durch Begriffe bestimmen. Ein großer Baum auf einem Berg, weithin sichtbar, ist die Signatur für Würde, wie das Zeichen Nr. 53 des I Ging veranschaulicht.

Nun kommen wir zum entscheidenden Unterschied zwischen Europa und China: anstelle der Grammatik haben die Chinesen den I Ging; die Begriffe, Zeichen, Bilder und Urteile des Buchs der Wandlungen. Sie bestimmen nicht das Ichbild, sondern das germinale Bewußtsein und bedeuten eine ganz bestimmte Art der Heilung und Gesundung, die wir jetzt im einzelnen besprechen wollen. Die Grundlage ihrer Metaphysik ist im 42. Vers des Tao Te King von Lao Tse beschrieben:

Aus der Null entsteht die Eins
Aus der Eins entsteht die Zwei
Aus der Zwei entsteht die Drei
Aus der Drei entstehen die zehntausend Wesen

Alle Wesen haben im Rücken Yin und in den Armen Yang
zur Erreichung der Großen Harmonie.

Diese Übersetzung ist eine der möglichen. Ich könnte genausogut formulieren: die Null erzeugt die Eins; oder: nach der Null kommt die Eins. Geschrieben sind nur folgende Zeichen:

Null gebiert Eins
Eins gebiert Zwei
Zwei gebiert Drei
Drei gebiert Zehntausend (als Synonym für: Alles)
Rücken Yin Arme Yang
Große Harmonie

Für die Chinesen ist jede Interpretation richtig. Denn die chinesische Interpretation zielt nicht auf eindeutiges Wissen, sondern auf das gemeinsame Wollen in Einklang mit Himmel und Erde, Yang und Yin.
Der Ursprung, die Null, wird als Wu Chi bezeichnet, als innere Leere der reinen Aufmerksamkeit, die gleichzeitig der göttliche Ursprung ist, also dem indianischen Wakhan entspricht. Beide sind durch einen leeren Kreis veranschaulicht.
Die Eins ist Tai-Chi, das berühmte Symbol des Tao, das kreisförmig die Oktavierung durch eine Wellenlinie veranschaulicht. Es läßt sich beliebig vergrößern und verkleinern. Tai Chi, Friede und Kraft, bedeutet Einklang mit der Schöpfung, indianisch Skwann.

Skwann ist nur die Wellenlinie ohne Kreis. Im Tai-Chi ist die eine Hälfte dunkel mit einem lichten Punkt, die andere umgekehrt. Als dritte kosmogonische Stufe entsteht die Zweiheit von Yang und Yin, welches Gegensatzpaar viele Bedeutungen hat, wie das auch bei den Griechen Anaximandros und Pythagoras der Fall ist.

	Yang	Yin
Himmel	hell	dunkel
Mensch	Gerechtigkeit	Liebe
Erde	stark	schwach
	männlich	weiblich
	hart	weich
	Bewegung	Ruhe
	zentripetal	zentrifugal
	Zeit	Raum
	gebend	nehmend
	Gold	Silber
körperlich	linke Seite	rechte Seite
daher Großhirn	rechte Hemisphäre	linke Hemisphäre
	Kreis im Uhrzeigersinn	Kreis gegen Uhrzeigersinn
	Kreisbewegung	Kreuz und Gerade, Richtmaß, rechter Winkel
	zyklische Zeit	kreative Zeit

Ähnliche Gegensatzpaare in der vorsokratischen Philosophie wurden von den Griechen nicht entschlüsselt; alle Versuche, sie auf eine Urzweiheit zurückzuführen; scheiterten. Erst die Entdeckung des genetischen Codes in den Fünfzigerjahren hat es einem Arzt, Martin Schönberger, ermöglicht, die Grundlage des Buchs der Wandlungen zu erkennen. Sie liegt in den vier Permutationen der Digramme. Yang ist ein ganzer Strich, Yin ein gebrochener. Die Chinesen hatten die Digramme nach den kardinalen Richtungen geordnet.

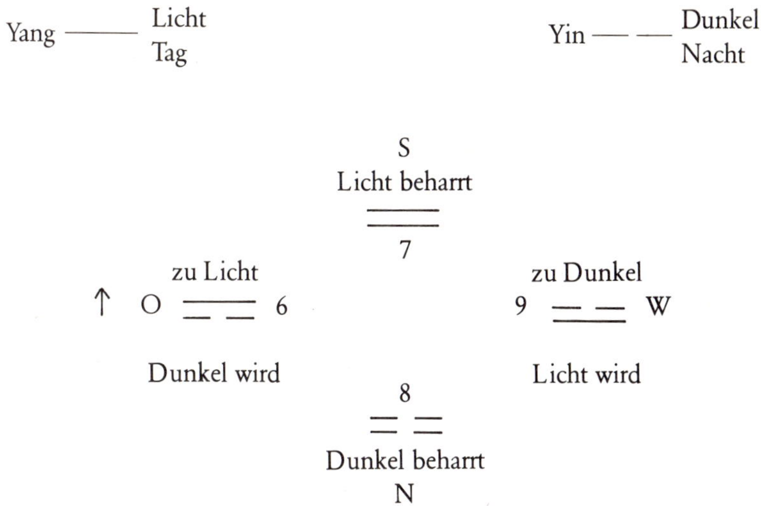

(Man liest die Digramme von unten nach oben.)

Süden, das Alte Yang, hat die Zahl 7 und bedeutet gleichmäßige Begwegung. Norden, das Alte Yin hat die Zahl 8 und bedeutet Ruhe. Wir kennen die Bedeutung der beiden Ziffern aus den Chakras (7) und dem Medizinrad (8).
Im Osten wandelt sich Yin in Yang, das Dunkel weicht dem Licht. Die Zahl ist 6, die Zahl der Urfamilie, und wandelt sich in 7.
Westen, das Junge Yang mit 9, der Zahl der Sprache und der Qualitäten, verwandelt sich in 8, die Zahl der Offenbarung im Medizinrad.
Im Osten beginnt das Licht, im Westen beginnt das Dunkel. Beides ist Dämmerung – the crack between the worlds. Traum und Wachen sind im Gleichgewicht. Der Süden ist reiner Tag, nur Wachen, der Norden reine Nacht, nur Traum und Denken. Alle Zeit entstammt diesen vier Kriterien, die auch, wie wir später sehen werden, die Grundlage des Orakels bilden.
Bei Lao Tse hieß es weiter: „Aus der Zwei entsteht die Drei", aus den Digrammen die Trigramme. Sie stehen in genauer Entsprechung zum genetischen Code, dem Buch des Lebens, das gleich den Hexagrammen des I Ging 64 Urworte enthält. Von den vier Buchstaben können immer nur drei verwendet werden, um die Doppelhelix des genetischen Codes zu bilden. Folgen wir wieder Martin Schönberger:

Buch des Lebens	Buch der Wandlungen
Basis ist der Plus- und Minus-Doppel-Wendefaden der DNS.	Basis ist die Manifestation des Tai-Chi in den Urpolen Yang und Yin.
Zur Beschriftung dieses Doppelfadens sind vier Buchstaben verfügbar: A – T, C – G (Adenin, Thymin, Cytosin, Guanin), die paarweise verbunden sind.	Vier Buchstaben für die Fülle des lebenden Geistes: 7 = ruhendes Yang ——— 9 = bewegtes Yang —o— 8 = ruhendes Yin — — 6 = bewegtes Yin —×—
Immer drei dieser Buchstaben bilden ein Code- Wort für die Eiweißsynthese.	Immer drei dieser Buchstaben bilden ein Trigramm, ein Urbild der acht möglichen Wirkweisen.
Die Leserichtung der Codewörter ist in waagrechter Richtung determiniert.	Die Leserichtung des Trigramms ist von unten nach oben determiniert.
Es sind 64 solcher Tripletts bekannt, deren Eigenschaft und informative Potenz erforscht ist. Ein oder mehrere Tripletts programmieren den Aufbau einer der möglichen 20 Aminosäuren, ganz bestimmte Sequenzen solcher Tripletts Form und Aufbau aller Lebewesen, von der Amöbe bis zur schillernden Pfauenfeder.	Es gibt 64 Hexagramme, von Fu-Hi (2300 v. Chr.) artikuliert, von König Wen mit Urteilen versehen, u. von Konfuzius u. vielen anderen Philosophen durch Jahrhunderte hindurch kommentiert.
Zwei dieser Tripletts sind benannt: „Anfang“ und „Ende“. Sie bezeichnen Anfan u. Ende eines längeren Codesatzes.	Zwei Hexagramme sind benannt: 64 – „Vor der Vollendung“ u. 63 – „Nach der Vollendung“.

Zwischen den Genen im jeweiligen Zustand und den Zeichen des I Ging ist nicht nur eine Parallelität, sondern auch eine Identität zu vermuten. Geist und Körper haben das gleiche Gesetz, und Aufgabe der Seele wäre es, die beiden zusammenzufügen: Mensch zwischen Himmel und Erde zu werden.

Die dritte Zeile des zitierten Spruches von Lao Tse lautet: aus der Zwei bildet sich die Drei. Werden Yang und Yin dargestellt als ganzer und gebrochener Strich, zu dreien kombinatorisch geordnet, dann ergeben sich acht Permutationen, Pa Kua.

Sie entsprechen den acht Raumrichtungen.

Jedes Trigramm wird durch eine Funktion (denken), ein Bild (empfinden) und ein Motiv (fühlen) bestimmt. Die Urteile des Wollens sind allen Hexagrammen gemeinsam.

Sacred Count und die Reihenfolge der Chakras stehen zahlenmäßig in folgendem Zusammenhang:

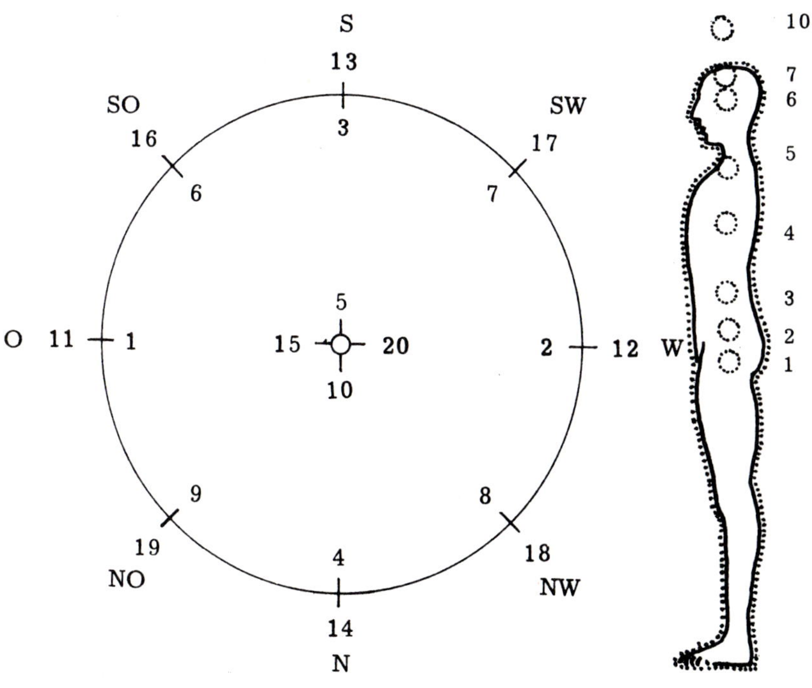

Die Reihenfolge der Funktionen und Bereiche in den Trigrammen:

Zahl	Name	Funkton	Bild	Motiv	Zeichen
1	Sun	empfinden	Gras/Wind	das Sanfte	☴
2	Li	denken	Holz/Feuer	Das Haftende	☲
3	Dui	fühlen	See	Das Heitere	☱
4	Kun	wollen	Erde/Höhle	Das Empfangende	☷
5	Gen	Körper	Berg	Das Stillehalten	☶
6	Kan	Seele	Fluß	Das Abgründige	☵
7	Dschen	Geist	Donner/Blitz	Das Erregende	☳
8	Kiän	Gewahrsein	Himmel	Das Schöpferische	☰

In bezug auf die Namen und Begriffe folge ich der Wilhelmschen Übersetzung, die als einzige die metaphysische Bedeutung des Buches einbezieht. Praktische Einführungen gibt es heute viele, die sicher alle ihren besonderen Wert haben.

Der chinesischen Überlieferung zufolge wurden die Urzeichen und die Hexagramme in ihrer Bedeutung von Bau Hi in der Stierzeit entdeckt. Die Urteile und Bilder wurden durch König Wen und den Herzog von Dschau um 1400 v. Chr. geschaffen, also gleichzeitig mit dem Wirken von Moses. Die Kommentare stammen von Konfuzius, der im 6. Jahrhundert v. Christus, zur selben Zeit wie die Vorsokratiker, wirkte.

Konfuzius betrachtete seine Leistung nicht als eigene Entdeckung, sondern als Wiederherstellung eines alten Wissens. Mit siebzig Jahren seufzte er einmal: „Wenn ich noch mindestens drei Jahre Zeit hätte, die Wandlungen zu studieren, dann wäre ich wenigstens von den gröbsten Fehlern frei“. Wie Platon gelang es auch ihm nicht, seine Erkenntnisse in die staatliche Wirklichkeit umzusetzen. Ihm folgte jedoch eine Gruppe treuer Schüler. Diese haben die chinesische Geschichte zweitausend Jahre hindurch geprägt und beginnen nach den Revolutionswirren in der Gegenwart wieder ihren Ehrenplatz zu finden.

Bestimmen wir nun die Bedeutung der Trigramme im einzelnen:

1. Sun – empfinden: Alles Empfinden hat einen Grad und liegt zwischen zwei Schwellen. Das Bild ist das Gras, das sich nicht durch den Wind ausrei-

ßen läßt. Das Motiv ist das Sanfte, das Eindringen. Man empfindet im Nachgeben, denn durch Eindringen in das Gegebene ist nicht zu erfinden, sondern nur zu erfassen.

2. Li – denken: Das Bild ist Holz und Feuer, das Motiv das Haftende; man soll sich nur so lange mit einem Problem beschäftigen, bis es erledigt ist – bis das Holz verbrannt ist – und zeitlich nicht darüber hinausgehen. Die Gefahr für den Menschen ist, zu viel und zu lange zu denken, weil Denken die Grundfunktion des Menschen ist und in den beiden Aspekten des Agressionstriebes als Gruppenegoismus von Macht und Geld sich oft negativ auswirkt.

3. Dui – fühlen: Gefühle tauchen auf und verschwinden; sie sollten die Oberfläche des Gemüts nicht trüben. Das Bild ist der klare See, bis auf dessen Grund man schauen kann; das Motiv ist das Heitere. Die Chinesen haben Mitfreude anstatt Mitleid, um Gefühlsstärke auszudrücken. Nur der Heitere kann anderen vorangehen und sie führen; der Traurige ist in seinem Ichbild, im falschen Tod, eingeschlossen.

4. Kun – wollen: Ohne innere Leere, ohne einen ungreifbaren Mittelpunkt, gibt es keine Wahl und keine Entscheidung, die als Urbild des Yin immer ganzheitlich auf die Lage antwortet. Das Bild ist die Erde und die Höhle, das Motiv das Empfangende.

5. Gen – Körper: Die Eigenbewegung kann nur aus der Körperruhe gemeistert werden, wenn man hinter die Periodik des Körpers tritt. Das Bild ist der wuchtende Berg; das Motiv ist das Stillehalten, weil nur in der Ruhe der Körper seine eigenen Tendenzen offenbart.

6. Kan – Seele: Nur in Vertrauen und Unschuld kann sie strahlen und wirken. Sie ist als Bild immer im Fließen, jegliche Stagnation bedeutet Gefahr. Diese muß man als Motiv suchen, Mängel aufdecken, damit sich die Seele aus Selbstmitleid und Selbstrechtfertigung erlöst.

7. Dschen – Geist: Man nimmt etwas wahr, das man bis jetzt nicht gewußt hat. Geist ist immer im Kommen, also Heiliger Geist. Das Bild ist die Vereinigung von Blitz und Donner, die den Menschen zuerst zum Fürchten und dann zum Lachen bringen; das Motiv ist das Erregende, von der Neugier bis zum Kitzel der Gefahr.

8. Kiän – Gewahrsein: Nur durch Einsicht ist der Zusammenhang mit dem Göttlichen zu erreichen, und das Gewahrsein, getragen von Kraftleib, Lichtleib und Wortleib, wird zum Täter. Das Bild ist der Himmel, das Motiv der Neubeginn.

Die acht Trigramme sind ebenfalls in den Übungen des Tai Chi verkörpert, wie überhaupt diese Übungsfolge den Sinn hat, den Menschen wenigstens einmal am Tag die Einstimmung in die himmlische Harmonie zu ermöglichen. Im Taoismus werden die Bilder als Zugang zur Wirklichkeit des Traumes, zu der Motivation geübt. Doch im Gebrauch des Buchs der Wandlungen bin ich immer in einer Lage, in welcher ein Trigramm meine Einstellung nach außen, ein anderes meine nach innen bestimmt. Hieraus entstehen die 64 Zeichen in Entsprechung zu den 64 Urwörtern des genetischen Codes. Dies meint der Satz des Lao Tse: „Aus der Drei entstehen die zehntausend Wesen."
Die chinesische Religion ist Mantik. Ich stelle eine Frage mit der Absicht, mich auf Tao und Te, Sinn und Leben einzustimmen, also – in unserer Sprache – evolutionsgerecht zu leben. Ich frage aus einer Notlage heraus. Yang ist in den Armen, das Ziel ist also vor mir; Yin ist im Rücken, die Motivation steht hinter mir. Gelingt es mir, beide zu vereinen, so erreiche ich die Öffnung zur Großen Harmonie. Die lichten Götter geben mir die Antwort – nicht, wie Jung fälschlich in seiner Einführung zum I Ging meinte, die Mächte meines Unbewußten. Ich entscheide; ich frage nicht, was geschieht; aber ich kann nach der richtigen und sinnvollen Haltung fragen. Hierzu benötige ich eine Begrifflichkeit, die nur annähernd ins Deutsche übertragen werden kann. Richard Wilhelm hat sie im Mittelteil seiner Übersetzung geschildert. Vom Rad aus gesehen sind einige Richtigstellungen vorzunehmen, damit die Heilung des I Ging ihren Zusammenhang mit den anderen Wegen offenbart.
In den Zahlen ist 1 Yang, 2 Yin, 3 Yang, 4 Yin usw.; die ungeraden Zahlen sind Yang, die geraden sind Yin. Yang entscheidet, Yin folgt. Daher sind die Trigramme in ihrem Charakter durch 1 oder 3 bestimmt. Fühlen, denken und empfinden haben je eine Yinlinie und zwei Yanglinien; Wollen hat 3 Yinlinien. Diese vier Trigramme sind Yin. Geist, Seele und Körper haben eine Yanglinie und zwei Yinlinien, das Gewahrsein hat drei Yanglinien, sie sind also Yang.
Die Trigramme sind lichthaft, die Hexagramme sind krafthaft. Daher sind die Trigramme Yangprinzipien – ich muß sie ergreifen. Die Hexagramme sind Yinprinzipien – ich muß sie erfüllen, um am Leben zwischen Himmel und Erde als Mensch mitwirken zu können.
Die Hexagramme wandeln sich musikalisch ineinander. Sie werden als Kiän und Kun – das verdoppelte Gewahrsein und das verdoppelte Wollen –

durch die zwei Ganztonleitern erklärt, die in Europa musikalisch durch Debussy erforscht wurden.
Im Chinesischen war der Grundton die sogenannte „gelbe Glocke", deren Tonhöhe aber bereits zur Zeit von Konfuzius nicht mehr bekannt war. Aus der Sicht des Rades ist der Ton c Yin, weil er der Erde entstammt, der Ton g oder f aber Yang, weil er den Kreis der Töne erzeugt, als Quinte nach oben und als Quarte nach unten. So können wir den Unterschied zwischen „Veränderung" und „Umgestaltung", Yang-Yin oder Yin-Yang, wiederum musikalisch begreifen: die neue Linie ist durch Quarten- oder Quintenschritt zu erreichen. Von oben nach unten ist die Spanne von c zu g die Quarte mit fünf Halbtönen, von unten nach oben mit sieben Halbtönen. Die große Sekund der Ganztonleiter entstammt dem neunten Oberton, also dem Tonwert b, den Helmholtz als Träger der Stimme identifiziert hat.

Kiän		Kun	
es	———	ais	— —
des	———	gis	— —
b	———	fis	— —
a	———	e	— —
g	———	d	— —
f	———	c	— —

Aus den Linien ergeben sich die Plätze, die wiederum zwischen Yang und Yin alternieren. Kiän und Kun, Gewahrsein und Wollen sind ausgeschaltet, weil sie keinen Schwerpunkt haben, sondern Zeit und Raum, Osten und Westen bestimmen.
Eine starke Linie auf starkem Platz, eine schwache Linie auf schwachem heißt „korrekt". Die mittlere Linie der Trigramme heißt „zentral". Das untere Trigramm ist nach innen gerichtet, das obere nach außen; also umgekehrt wie bei den Urzeichen.

Platz	Trigramm	Bedeutung	chinesische Bestimmung
6.	Dschen	Geist	Wirkung
5.	Kan	Seele	Fürst
4.	Gen	Körper	Anlage
3.	Dui	fühlen	Motivation
2.	Li	denken	Beamter
1.	Sun	empfinden	Ursache

Kehren wir wieder zum letzten Vers des zitierten Spruches von Lao Tse zurück: „Alle Wesen haben im Rücken Yin und in dem Armen Yang zur Vollendung der großen Harmonie."
Der Rücken ist Te, die dunkle Aufmerksamkeit als Zugang zur Urkraft. Die Arme weisen auf Tao, das Urlicht; der göttliche Sinn hinter dem Gewahrsein, der sich über die Zeit offenbart. Um zwischen hinten und vorne, zwischen oben und unten, rechts und links, also sechsfältig zu leben, muß man die Kriterien der Wandlungen kennen, deren Ursprung die natürlichen Zahlen sind. Hier nehmen wir die chinesische Terminologie, weil diese Sprache im Gegensatz zur deutschen das Werden dem Sein überordnet. „Hsing" wird meistens als „Elemente" übersetzt, doch die wahre Bedeutung ist „Wirkkraft".

1 ist Holz. Es wächst, kann krumm und gerade sein, also sich für Yin oder Yang entscheiden.

2 ist Feuer, das sich vom Holz ernährt. Es flammt nach oben, aber nur solange genug Holz da ist.

3 ist Erde. Man bereitet den Boden und sät die Keime, um hundertfältig Früchte zu ernten.

1 und 2 sind Yang, nach oben gerichtet. 3 ist Yang und Yin, die Erde empfängt den Samen und bringt die Gestalt ohne Zutun des Menschen hervor. 4 und 5 sind Yin.

4 ist Metall, das sich in jede beliebige Form gießen läßt und sich in der Erde langsam läutert. Der Kulturheroe ist für die Mongolen der Schmied, der imstande ist, die Läuterung zu beschleunigen: der Urheiler. Alle Pioniere des mongolischen Bereichs waren Schmiede – Tschingis Khan, Tamerlan usw. –, während diese Gestalt im griechischen und germanischen Mythos negativ betrachtet wird; man denke etwa an den verkrüppelten und listigen Hephaistos, oder an Wieland, dem die Achillessehnen durchgeschnitten wurden und der seinem König aus den Hirnschalen von dessen Kindern Goldkelche schuf.

5 ist Wasser, das nach unten fließt und Leben gibt, aber sowohl im Brunnen als auch im Meer unerschöpflich ist.
Wasser ernährt wiederum das Holz, und so ist der Kreislauf geschlossen:
Wasser ernährt das Holz
Holz ernährt das Feuer

Feuer befruchtet im Verbrennen des Gehölzes die Erde
in der Erde wächst das Metall
das Metall verflüssigt sich und kondensiert das Wasser.

Die Ordnungszahlen oder ganzen Zahlen unterscheiden sich von den natürlichen Zahlen, die ähnlich wie bei den Indianern gebraucht werden. Einmal werden die natürlichen vorgezogen, einmal die ganzen. Diese Art des Denkens heißt man anthropologisch universistisch und emblematisch: der Mensch ist untrennbarer Teil des All, und die Zahlen sind die einzigen Klassifikatoren. Im tibetischen Rad sind die Zahlen im magischen Quadrat angeordnet. Das Zentrum ist 5, und in jeder Linie ergibt sich als Summe 15:

4	9	2
3	5	7
8	1	6

Bin ich imstande, die richtige emblematische Zahl – mathematisch die Kategorie der Qualität – zu bestimmen, dann erkenne ich den Willens- oder Wirkzusammenhang. Jegliche Zählweise der fünf Zahlenarten ist in sich sinnvoll, aber die Bedeutung und Anwendung ist immer verschieden. Die fünf Hsing werden für Gesundung und Heilung im Fünfstern angeordnet. Dieser Fünfstern hat drei Bedeutungen; eine materielle in den Wirkkräften; eine organisatorische, die duch Akupunktur veranschaulicht wird; eine geistige der Reifestufen.
Der Begriff „Akupunktur“ ist europäisch und nimmt auf die Technik der Nadeln Bezug. Der chinesische Mythos verdeutlicht jedoch die Idee besser: Der Kaiser Huang Ti litt – so sagt die Überlieferung – seit Jahren an schmerzhaftem Rheumatismus. Keiner der Ärzte konnte sein Leiden lindern. Bei einer Jagd traf ihn ein Schütze aus Versehen mit einem Pfeil in den Fuß. Er schrie auf, und der Schütze bangte um sein Leben. Erstaunlicherweise nahm dieser kleine Schmerz des Stechens den Rheumatismus weg, und anstatt bestraft zu werden, wurde der Schütze belohnt; er wurde zum Urvater der chinesischen Heilkunst.

Die Organsysteme der Akupunktur ordnen sich in folgendem Pentagramm:

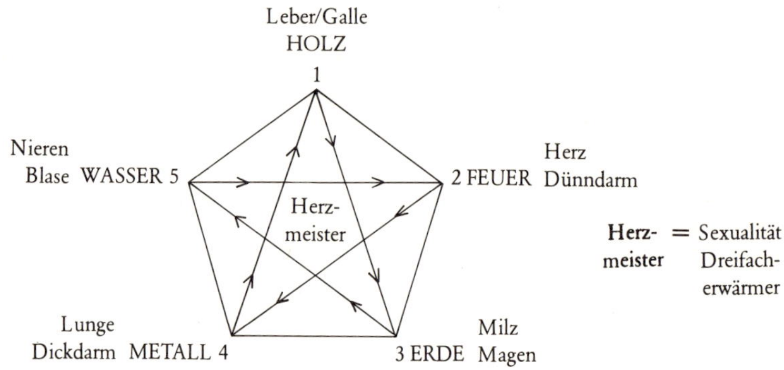

Die Worte führen irre, da Lunge, Milz, Herz, Dickdarm im Deutschen Begriffe für Organe im Sinn der Allopathie sind und man deshalb die Vorstellung hat, man heile eine Lungen- oder Herzkrankheit. Gemeint sind aber keine Organe, sondern Flußpunkte der Energie Chi. Diese erfaßt den Strom der Zeit: Wu Chi als Leere der Aufmerksamkeit, Tai Chi als Fülle der Einstimmung, als Universismus. Chi ist der Zusammenhang von Urkraft und Urlicht, Yin und Yang.

Diese Kraft wird über die Körpersinne erlebt; der Tastsinn erfaßt den festen Zustand, der Geschmacksinn den flüssigen und der Geruchsinn den gasförmigen. Das Licht wird über das Sehen erlebt und wird zur Vorstellung. Die Beziehung zu anderen Wesen entsteht über das Hören der Musik und der Sprache, durch Sprechen und Antworten als Grundlage von Bildung und Geselligkeit. So ist Chi nicht nur Autopoiesis, sondern auch Evolution, jene „Energie“, die den Gesamtzusammenhang aufrechterhält und die Welt negentropisch bereichert, also einen Informationszuwachs bedeutet.
Beim Menschen wird diese Wesenskraft durch drei Wurzeln ernährt:
1. vorgeburtliche Energie der Ahnen und eigenen Inkarnationen, die in Rückbesinnung auf die embryonale Phase zugänglich wird;
2. Atmungsenergie, die Sauerstoff und Prana zuführt;
3. Nahrungsenergie, die über die fünf Geschmäcker zu harmonisieren ist.

Jeder der fünf Hsing oder Wirkweisen hat zwei Organkreise – ein Speicherorgan und ein Arbeitsorgan. Die Speicherorgane sind Yin, die Arbeitsorgane sind Yang; die Zuordnung zu den Hsing stellt sich daher folgendermaßen dar:

Hsing	Speicher/Yin	Arbeit/Yang
1 Holz	Leber	Galle
2 Feuer	Herz	Dünndarm
3 Erde	Milz	Magen
4 Metall	Lungen	Dickdarm
5 Wasser	Nieren	Blase
0 Mitte	Herzmeister/Sexualität	Dreifacherwärmer

Die Organkreise unterliegen weiters im Pentagramm zwei Zyklen, die beide rechtsläufig sind: Cheng und Ko.
Die Reihenfolge für Cheng ist Mutter, Wesen, Sohn. Daraus ergibt sich für die Speicherorgane:
Das Herz ist die Mutter der Milz und der Sohn der Leber.
Die Milz ist die Mutter der Lunge und Sohn des Herzens.
Die Lunge ist Mutter der Nieren und Sohn der Milz.
Die Nieren sind Mutter der Leber und Sohn der Lungen.
Die Leber ist Mutter des Herzens und Sohn der Nieren.

Für die Arbeitsorgane:
Der Dünndarm ist Mutter des Magens und Sohn der Galle.
Der Magen ist Mutter des Dickdarms und Sohn des Dünndarms.
Der Dickdarm ist Mutter der Blase und Sohn des Magens.
Die Blase ist Mutter der Galle und Sohn des Dickdarms.
Die Galle ist Mutter des Dünndarms und Sohn der Blase.

Cheng heißt übrigens Gesundheit und wird mit dem früher beschriebenen Erzeugungszyklus der Natur gleichgesetzt. Die Gefahr ist die Mutter, die nicht loslassen will und daher das Eigenleben stört. Um dem Organsystem zu helfen, die Stagnation zu überwinden – als welche alle Krankheit aufgefaßt wird –, gibt es den zweiten Zyklus Ko.
Ko ist das Werkzeug der Krankheitsdiagnose und auch der Heilung. Nehmen wir zuerst die symbolische Folge: das Feuer schmilzt das Metall, Metall

schneidet Holz, Holz bedeckt die Erde, Erde absorbiert das Wasser, Wasser löscht das Feuer. Die Krankheit bedeutet nun Stillstand, Stagnation: der augenblickliche energetische Schwerpunkt will die Energie nicht weitergeben, was letztlich zum Tod führt. Daher muß man mittels des Ko den Cheng wieder aktivieren. Wie heilt man die Krankheiten im Ko?
Die kranke Leber gefährdet die Milz und Pankreas, wie das Holz die Erde bedeckt, und die Galle bedroht den Magen.
Die kranke Milz gefährdet die Nieren, wie die Erde das Wasser absorbiert, und der Magen bedroht die Blase.
Die kranken Nieren gefährden das Herz, wie das Wasser das Feuer löscht, und die Blase bedroht den Dünndarm.
Das kranke Herz gefährdet die Lunge, wie das Feuer das Metall schmilzt, und der Dünndarm bedroht den Dickdarm.
Die kranken Lungen gefährden die Leber, wie das Metall das Holz schneidet und so weiteres Wachstum zerstört, und der Dickdarm bedroht die Blase.
Hieraus ergeben sich Diagnose und Heilziel der chinesischen Medizin. Im Zyklus Cheng liegt beim Gesunden folgende Funktionsweise vor:
Die Leber hält die Herzfunktion aufrecht und die Galle die Gesundheit des Dünndarms.
Das Herz stärkt Milz und Bauchspeicheldrüse, der Dünndarm fördert die Funktion des Magens.
Die Milz unterstützt die Lungen und der Magen den Dickdarm.
Die Lungen kräftigen die Nieren, der Dickdarm die Funktion der Blase.
Die Niere stärken die Leberfunktion und die Blase die Galle.

Der Kreislauf der Energien unterliegt sowohl der Zeit als auch dem Raum. Räumlich ist das Mittel der Diagnostik bezüglich der auf der Haut spürbaren Bahnen des Chi (durch Schmerz oder Erleichterungsempfindung) und zeitlich durch Erkenntnis der beiden Uhren: Frühling, Sommer, Herbst und Winter im Jahr, und die Organuhr im Tag.

Denken wir zurück an die Urhypothese von Hahnemann: Alle Krankheiten haben ihren Ursprung in der Haut, weil diese die falsche Abschließung des Menschen von Kosmos und Mitmenschen verursachen kann. Dementsprechend hat die chinesische Medizin ein exaktes System entwickelt: Auf der Haut verlaufen die 12 King (Meridiane):

5 Yin: Leber, Lunge, Herz, Milz, Nieren.
5 Yang: Magen, Dünndarm, Galle, Dickdarm, Blase.
Dazu die 2 der Mitte: Yin ist Meister des Herzens und der Sexualität, Yang ist der Dreifacherwärmer.
Alle vier Stunden wechselt der Schwerpunkt von Yin nach Yang (europäisch Parasympathikus – Sympathikus), alle zwei Stunden der Einzelmeridian.

Yin	1– 5 Uhr	Yang	5– 9
	9–13		13–17
	17–21		21– 1

Die Leiden der Organkreise werden zu folgenden Zeiten akut:

1– 3 Leber	3– 5 Lunge
5– 7 Dickdarm	7– 9 Magen
9–11 Milz/Pankreas	11–13 Herz
13–15 Dünndarm	15–17 Blase
17–19 Nieren	19–21 Sexualität/Herzmeister
21–23 Dreifacherwärmer	23– 1 Galle

Die Zeiten entsprechen dem astrologischen Häuserkreis; doch nicht der Beginn, sondern die Mitte ist wirksam. Chi folgt dem Mond im Zunehmen, in der Fülle und im Abnehmen.
Jeder der Meridiane hat Orte, „Brunnen“ geheißen, europäisch „Punkte“, wo Chi mit Silbernadeln durch Yin verlangsamt oder mit Goldnadeln durch Yang beschleunigt werden kann. Ursprünglich gab es 64 Punkte im Einklang mit der Struktur des I Ging, aber inzwischen hat sich die Zahl auf über 800 erhöht.
Der „Gouverneur“, ansetzend beim Hara, von dort aus zum Perineum über den Rücken hinauf um den Kopf bis hinter die Zähne des Gaumens verlaufend, ist der Vereiniger der Yangmeridiane. Der „Empfänger“ geht von der Kinngrube bis zum Ansatz der Geschlechtsorgane und vereint die Yinorgane. Diese beiden stehen einerseits in Zusammenhang mit den Chakras, andrerseits mit den zwei mittleren Organen: Herzmeister/Sexualität und Dreifacherwärmer. Ihre Entfaltung ist das Ziel des Ritus von der „Goldenen Blüte“ (vergleiche das Buch von Richard Wilhelm), der eine wunderbare Erklärung des Hexagramms 24 des I Ging darstellt.

Zeit ist Kiän. Daher ist jeder Zeitpunkt kreativ und ermöglicht uns als Augenblick des Gewahrseins, der zyklischen Zeit zu entkommen. Doch auch diese müssen wir berücksichtigen.

Die Akupunktur bezieht sich auf den körperlichen Aspekt der Heilung. Der seelische ist das Verständnis der Beziehung zu den Mitmenschen und den Generationen; ein Aspekt, der durch das Mondjahr bestimmt wird und die Zwölf mit der Fünf vereint. Bevor wir uns diesem zuwenden, müssen wir noch andere Kriterien der Hexagramme berücksichtigen, vor allem die Ziffern.

1 ist Holz, 2 ist Feuer, 3 ist die Erde, 4 ist Metall, 5 ist Wasser. 6 ist das Große Yin, dargestellt durch eine durchbrochene Linie, in der sich ein Kreuz befindet. Es wandelt sich in 7, die gerade Linie Yang. Dies ist die Umgestaltung. Die 6 ist die Familienstruktur von Seele und Gesellschaft, die 7 bedeutet die Chakras, die Licht und Kraft durchlassen und zum Wesen vereinen. In der 7 gibt es keine Wandlung.

9 ist das Große Yang, dargestellt als gerader Strich mit einem Kreis. Er verwandelt sich in die 8, das kleine Yin. 9 sind die Zahlen als Erzeugungsprinzipien aller Qualität, wie wir sie in mehreren Ausdrücken kennenlernten, und 8 ist die Öffnung gegenüber dem All im Medizinrad. 9 zu 8 ist Veränderung.

—×— 6 wird zu 7 ——

—○— 9 wird zu 8 — —

Jede Linie eines Hexagramm kann sich in eine andere verwandeln.

Jedes Zeichen hat ein Urteil als Motiv und ein Bild als Paradigma. Hierzu treten für die Wandlung die Einzelurteile zu den Linien, die von König Wen und dem Herzog von Dschou hinzugefügt wurden. Im Grunde ist stark auf starkem Platz und schwach auf schwachem Platz positiv, „korrekt", sonst negativ. Doch mit diesen europäischen Ausdrücken müssen wir vorsichtig sein. Was positiv für das Leben ist, das ist negativ für den Tod. Der Tod ist aber das geistige Ziel des Daseins. Infolgedessen gibt es bei einer ganzen Reihe von Zeichen, die für das bürgerliche Leben negativ sind, geistig positive Urteile: 44, das Entgegenkommen; 38, der Gegensatz; 54, das Heiratende Mädchen. Diese Zeiten werden als *groß* bewertet. Die Urteile gliedern sich wie folgt:

Heil	Unheil
erhaben	Reue
fördernd	Scham
Gelingen	Rückschritt
Beharrlichkeit	
großes Wasser durchqueren	

„Heil“ bedeutet im Zeitgeist, im Aufstieg zu sein, ohne etwas dafür zu können – etwa in Stuttgart 1953 eine Fabrik mit Marshalplangeldern aufzubauen. „Unheil“ ist eine negative Periode, etwa als Großgrundbesitzer in Ungarn den Einmarsch der Russen zu erleben; da hilft nur die Flucht. „Reue“ bedeutet, man ist von einem ursprünglich guten Weg abgewichen, kann ihn aber wieder finden. „Scham“ heißt, daß man die negativen Folgen tragen muß. Beide sind negativ für den Wohlstand, helfen aber zur Läuterung. „Erhaben“ in der Wilhelmschen Übersetzung bedeutet, nur in den Anfängen zu sein, weil alles Laufende kausal determiniert ist; nur im Ergreifen der Anfänge liegt die kreative Yinzeit im Unterschied zur zyklischen Yangzeit. „Fördernd“ heißt, dafür zu sorgen, daß alles seinen richtigen Platz findet, der durch den Allbezug zu erkennen ist. Hierzu gehört auch Beharrlichkeit. „Gelingen“ bedeutet Regen, das Unternehmen wächst ohne Mühe. „Kein Makel“ heißt, man ist imstande, seine Fehler in rechter Weise auszubessern. „Das Große Wasser zu durchqueren“, bedeutet die Beziehung zu Ahnen und Nachkommen zu berücksichtigen.
Jeder, der den I Ging kennenlernt, beginnt dort zu fragen, wo er nicht weiß oder unsicher ist. Wenn die Frage oberflächlich ist, dann mag der I Ging die Antwort auf eine tiefere Frage geben, die im Unbewußten bereits besteht. Daher Vorsicht bei praktischen Fragen! Eine Entscheidung kann einen Menschen im bürgerlichen Sinn in sein Unglück stürzen, weil dies für seine Läuterung sinnvoll wäre.
Das Verstehen vollzieht sich nun auf fünf Ebenen, die einen anderen Ausdruck der fünf Wirkkräfte bilden, die Reifestufen:

1 Holz	der Gemeine
2 Feuer	der Würdige
3 Erde	der Edle
4 Metall	der Berufene
5 Wasser	der Heilige Weise

Der Gemeine fragt nur nach Nutzen und Schaden und erfährt die entsprechende Antwort.

Der Würdige weiß, daß er mehr werden kann; er beginnt zu lernen und andere nachzuahmen.

Der Edle ist der normale Mensch. Er weiß, daß es keinen vorgegebenen Sinn gibt, sondern daß er ihn erfassen und verwirklichen muß, indem er seine Motivation mit der Intention, sein Te mit dem Tao verbindet.

Der Gemeine und der Würdige werden durch Lohn und Strafe gelenkt, die weiteren Stufen ab der des Edlen durch Ehre und Würde: der Edle bestraft sich selbst.

Mehr als ein Edler kann kein Mensch werden, er ist das Gattungsniveau. Doch mögen die sozialen Umstände so sein, daß niemand als Edler leben kann. Dann muß der Berufene die gesellschaftlichen Bedingungen ändern. Sowohl Konfuzius als auch Tschou En Lai bezeichneten sich als Berufene.

Als Heilige Weise galten im traditionellen China nur die sieben Heroen des Altertums, die wir in jeder Zivilisation als mythische Kulturgründer finden. Doch im ursprünglichen Sinn des Buches der Wandlungen ist der Heilige Weise eins mit Tao und Te, mit Himmel und Erde.

Nichts tut er und nichts geschieht in seiner Umgebung, was nicht für die anderen fördernd ist.

In Indien bringt man zu einem echten Yogi die Kranken aus vier Quadratmeilen Entfernung im Umkreis. Wenn in Afrika in einem bestimmten Gebiet keine Natur- oder gesellschaftlichen Katastrophen geschehen, gilt dies als Zeichen dafür, daß hier ein Heiliger Weiser lebt.

Auch im Taoismus genügt sein bloßes Dasein, wie Lao Tse sagt: „Er blickt nach Süden und läßt die Gewänder herunterhängen." Er schafft allgemeinen Frieden, dessen wahres Kennzeichen darin besteht, daß niemand merkt, wie erfreulich die Lage ist, Lao Tse: „Herrscht ein ganz Großer, dann weiß es niemand. Ein Geringerer wird gelobt, ein noch Geringerer gefürchtet oder getadelt."

Wang, der König, vereint Himmel und Erde in seiner Person. Der „große Mann" im I Ging ist ein einfacher Mensch, eine Art kosmischer Ombudsmann, der den I Ging versteht und die anderen berät, wie sie ihre kleinen Probleme in die große Ganzheit einbringen können.

Der Rahmen der gesellschaftlichen Bemühungen ist das Reich zwischen Himmel und Erde. Es ist nicht wie in Europa auf ein räumliches Zentrum bezogen wie die Kirche in Rom und der Kaiser in Wien oder das Zentrum des Empires in London, sondern auf einen Zeitrhythmus, der im Jahr vom Kaiser vollzogen wird.

Der Zeitrahmen dieses Reichs ist im Verhältnis zu den Jahreszeiten um ein Achtel verschoben. Der Frühlingsanfang ist im Februar, im Tierkreiszeichen Wassermann, doch im Mondzeichen Hund. Damit kommen wir zu den chinesischen Tierkreiszeichen, die sich nicht auf die Sonne, sondern auf Mond und Jupiter beziehen. Licht und Dunkel verdrängen einander: hieraus entsteht der öffentliche Rahmen, der zur Organuhr im Verhältnis steht, aber gegensätzlich verläuft [19]:

Die Grundlage des chinesischen Reichs war die Zeit. Der Kaiser zog in seiner Residenz von Zimmer zu Zimmer und gab immer jener Berufsgruppe Audienz, die mit der Thematik in Einklang war. Durch das Mondjahr entsprechen die Abschnitte nicht genau dem Tierkreis. [20]

Die Zeit als Grundlage des sinnvollen Lebens ist in China nicht nur eine kulturelle Form, sondern eine tatsächliche Erkenntnis. Zusätzlich zum Jahreskreis tritt die Folge der Zeiten im Sechzigjahreszyklus, wo die fünf Wandelzustände zusammen mit den zwölf Mondzeichen die Rolle eines Menschen für sein Leben bestimmen. So ist jeder einerseits durch eines der zwölf Tiere, andrerseits durch eine der Wirkkräfte in Yin oder Yang geprägt. Nehmen wir unser Jahrzehnt:

1982	Hund	Wasser	Yang
83	Schwein	Wasser	Yin
84	Ratte	Holz	Yang
85	Büffel	Holz	Yin
86	Tiger	Feuer	Yang
87	Katze	Feuer	Yin
88	Drache	Erde	Yang
89	Schlange	Erde	Yin
90	Pferd	Metall	Yang
91	Ziege	Metall	Yin
92	Affe	Wasser	Yang
93	Hahn	Wasser	Yin
94	Huhn	Holz	Yang

Jeder Mensch ist in einem Doppelzeichen geboren, das sich alle 60 Jahre wiederholt. So waren 1922 und 1982 Hund – Wasser – Jahre. Hieraus ergeben sich weiters zwischen den Generationen bestimmte Beziehungen nach dem Cheng- und Kozyklus. Dazu kommt der Monat, ferner der Tag, die Doppelstunde und die Doppelminute, womit die Rückbindung an den Sechzigjahreszyklus der Geschichte geschaffen ist. Nach sechzig Jahren kehrt ferner die Geburtsstellung von Jupiter und Saturn zurück, es ist das sogenannte „hippokratische Alter", in dem Krankheiten zu Leiden werden können.

Der Reichtum des chinesischen Denkens verlangt eine intensive Auseinandersetzung, zu der jeder selbst bereit sein muß. Ich habe hier nur jene Kriterien erwähnt, die von keinem anderen Kulturkreis erkannt wurden, und die daher für die ganze Menschheit vorbildlich sind, im gleichen Sinn wie die griechische Mathematik oder der indische Yoga.

Wie Konfuzius im mittleren Teil der Wilhelmschen Übersetzung dargelegt hat, müssen wir die letzte Zweiheit der Hexagramme begreifen. In dieser Form gliedern sie sich in 32 Doppelzeichen, die zu vier Wegen gehören. Die Bedeutung der vier Wege taucht in vielen Hexagrammen auf, wurde aber damals nicht weiterbesprochen; erst heute in der Wassermannzeit wird sie wesentlich, da wir aus dem hierarchischen Verhältnis in das demokratische der Wassermannzeit eintreten, das im I Ging als Gemeinschaft mit Menschen in Freiheit, Tung Yen, Nr. 13, bestimmt wurde.

Richard Wilhelm erklärte in seinem letzten Vortrag 1931, daß Konfuzius meinte, dieses Zeichen wäre in seiner Epoche nicht zugänglich. Wenn aber einmal die Erde in zwei gegensätzliche Lager gespalten sei, dann würden die freien Menschen als drittes Lager dasein: eine Vorwegnahme der Wassermannzeit.

Die 32 Doppelzeichen – genannt Lauernde Zeichen, wie 1 und 2, Kiän und Kun – umfassen die Gesamtheit aller archetypischen Bilder, die dem Menschen als Vision zukommen. So ist das Pleroma der Gnostiker erkennbar; mehr kann es nicht geben als die 8 mal 8. Man ordnet sie nach den vier Wegen, gemäß dem oberen Trigramm: Weg der Erde, des Menschen, des Himmels und des Tao.

	Yin	Yang	

I. WEG DER ERDE

die Nachfolge 17	䷐	䷑	18 Arbeit am Verdorbenen
die Erschöpfung 47	䷮	䷕	22 die Anmut
die Werbung 31	䷞	䷨	41 die Minderung
der Durchbruch 43	䷪	䷖	23 die Zersplitterung
das Heitere 58	䷹	䷳	52 das Stillehalten
die Umwälzung 49	䷰	䷃	4 die Jugendtorheit
des Gr. Übergewicht 28	䷛	䷚	27 die Ernährung
die Sammlung 45	䷬	䷙	26 des Gr. Zähmungskraft

II. WEG DES MENSCHEN

das Durchbeißen 21	䷔	䷯	48 der Brunnen
vor der Vollendung 64	䷿	䷾	63 nach der Vollendung
der Wanderer 56	䷷	䷻	60 die Beschränkung
Besitz vom Großen 14	䷍	䷇	8 das Zusammenhalten
der Gegensatz 38	䷥	䷦	39 das Hemmnis
das Haftende 30	䷝	䷜	29 das Abgründige
der Tiegel 50	䷱	䷂	3 die Anfangsschwierigkeit
der Fortschritt 35	䷢	䷄	5 das Warten

III. WEG DES HIMMELS

die Mehrung 42	䷩	䷟	32 die Dauer
die Auflösung 59	䷺	䷶	55 die Fülle
die Entwicklung 53	䷴	䷵	54 das heiratende Mädchen
des Kl. Zähmungskraft 9	䷈	䷏	16 die Begeisterung
innere Wahrheit 61	䷼	䷽	62 des Kl. Übergewicht
die Sippe 37	䷤	䷧	40 die Befreiung
das Sanfte 57	䷸	䷲	51 das Erregende
die Betrachtung 20	䷓	䷡	34 des Großen Macht

IV. WEG DES SINNES

die Wiederkehr 24	䷗	䷫	44 das Entgegenkommen
das Heer 7	䷆	䷌	13 Gemeinschaft mit Menschen im Freien
die Bescheidenheit 15	䷎	䷉	10 das Auftreten
der Friede 11	䷊	䷋	12 die Stockung
die Annäherung 19	䷒	䷠	33 der Rückzug
die Verfinsterung des Lichts 36	䷣	䷅	6 der Streit
das Empordringen 46	䷭	䷘	25 die Unschuld
das Empfangende 2	䷁	䷀	1 das Schöpferische

Damit sind die Wege der Vision als Gesamtheit bestimmt. Man kann den eigenen Ansatz entweder über das Orakel wie früher geschildert empfangen oder diesen durch das Denken definieren: Welche Einstellung habe ich oder ein anderer nach innen zu, welche nach außen, und was sind die Menschen, die mir im Gegenzeichen begegnen und derer ich bedarf? Jeder Mensch hat im Gewahrsein eine Grundeinstellung, in die er immer wieder zurückkehrt und welche anderen leichter erkennbar wird als ihm selbst. Mein persönliches Zeichen ist 13, die „Gemeinschaft mit Menschen in Freien“; ich bin günstig für Menschen mit 7, „das Heer“, Menschen, die sich anstrengen, während ich lethargische nicht zur Disziplin bewegen kann.

Die Reihenfolge der Wilhelmschen Übersetzung entstammt der Zeit des Feudalismus, vorher hat es andere Ordnungen gegeben. So ist die Beschäftigung mit den 64 Hexagrammen der beste Weg zur Einübung in das Gewahrsein, vor allem bei jenen Fragen, zu denen die eigenen Strategien keinen Weg mehr weisen.

5. Chirologie

Der I Ging ist der kritische Zugang zum Werden, klärt die Kriterien des Wollens. Wenn wir aber nun von den Funktionen in die Bereiche übergehen, so ist in ihnen die Zeit verräumlicht: Körper ist Vergangenheit, Seele Gegenwart und Geist Zukunft. Durch die vielen Arten von Körpertherapien ist klar geworden, daß körperliche Krankheiten und Verspannungen ihren Ursprung in einem Trauma der Zeit haben. Dieser Ursprung, ob er nun karmisch, eingeboren ist oder aus Erlebnissen sich erklären läßt, findet seinen Niederschlag im Spiegel der Hände, welche das Verhältnis von Yin und Yang, Wirklichkeit und Traum, rechts und links erkennen lassen. Hierbei bestimmt Yin die rechte Körperhälfte und die linke Gehirnhemisphäre, Yang die linke Körperseite und die rechte Hemisphäre.

Für die europäische Wissenschaft war der Zugang zur Zeit in all ihren Formen okkult, und daher war jede Spekulation erlaubt, sofern man sich überhaupt damit beschäftigte. Die erste Veröffentlichung über die Chiromantik stammt aus dem 16. Jahrhundert, obgleich diese Disziplin natürlich de facto seit eh und je geübt wurde. Schicksal und im Körper vorgezeichnete Ereignisse als Bereitschaften konnte man in vieler Weise entschlüsseln, wobei die Intuition der rechten Hemisphäre durch Öffnung zum Denken fähig wird und unmittelbar imstande ist, das Bewußtsein des anderen zu erkennen und zu interpretieren. Dieses Zeitwesen, das Gegenwart, Vergangenheit und Zukunft als Einheit im Augenblick erlebt, sucht nach Kontakt mit anderen; daher paßt es sich gern einem jeweiligen Interpretationsspiel an, vor allem in der verdinglichten Welt der bürgerlichen Gesellschaft. Wenn jemand sich mit Chirologie beschäftigte, so glaubte man außerkritische Entscheidungshilfen annehmen zu müssen und bemühte sich erst gar nicht um Klärung. Sicher ist dies sogar vielen Menschen möglich, vor allem die Zigeuner können bekanntlich oft erstaunlich richtig eine Lage bestimmen.

Wenn wir aber die Hand im Rahmen der Ganzwerdung interpretieren wollen, so stellt sich die kritische Frage genau dann, wenn ich die so gewonnenen Erkenntnisse in mein Weltbild einordnen will und meine Beziehung zu den Lebensmächten zu klären suche. Den Chinesen, die vom Werden ausgehen, galt die Chirologie seit dem 5. vorchristlichen Jahrhundert ebenso wie den Indern als kritisches Grundwissen. Sie zeigt eine andere Struktur als die europäische astrale Zuordnung. Durch das Rad und die Trigramme wird es uns daher gelingen, die Chirologie wie die Materia medica zur einsichtigen Diagnostik zu erheben.

Das effektive diagnostische Mittel, um den Zustand eines Menschen zu erkennen und ihm zu helfen, ist die Hand als Spiegel seines Wesens. Doch die traditionelle europäische Chiromantik beruht auf Halbwahrheiten. Tatsächlich tragen wir das Rad im Handteller rechts und links: Osten ist unter dem Zeigefinger, Süden unter dem kleinen Finger, Norden unter dem Daumen, Westen gegenüber dem Osten (Zeigefinger).

Die Linien der Hand verändern sich zwar, die Orte behalten jedoch ihre

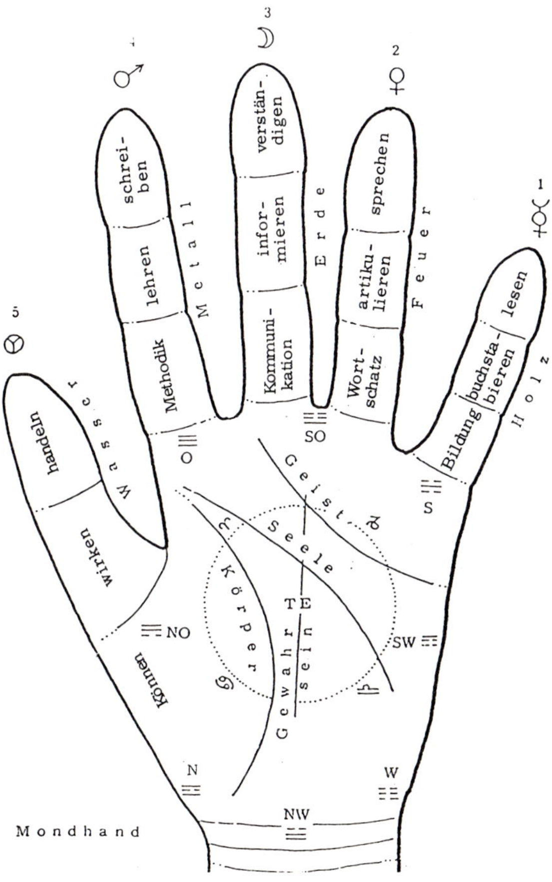

Mondhand

Bedeutung. Die linke Hand zeigt nun in ihrer Zeichnung das Verhältnis zur rechten Großhirnhemisphäre und zur Traumwelt, die rechte das Verhältnis zur linken Hemisphäre und damit zur wachen Erfahrung.

Nehmen wie die traditionelle europäische Benennung und Interpretation der Linien, weil sie am geläufigsten ist: Die Herzlinie der linken Hand ist der Geist, die Kopflinie die Seele, die Lebenslinie der Körper und die Schicksalslinie das Gewahrsein. In der rechten Hand ist die Herzlinie das Fühlen, die Kopflinie das Denken, die Lebenslinie das Empfinden und die Schicksalslinie das Wollen.

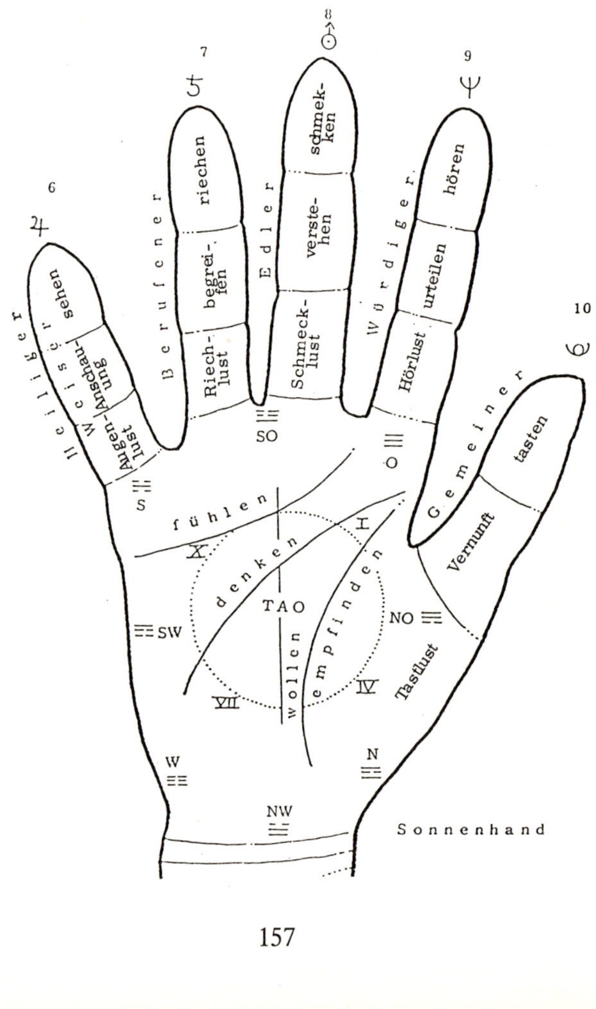

Das Überqueren des Handtellers durch jede Linie bestimmt einen Zeitrahmen von vierundachtzig Jahren. Kopflinie und Lebenslinie setzen vom Osten an, Herzlinie vom Süden und Schicksalslinie vom Nordwesten. Um einen Zeitpunkt im Lebensstil zu prüfen, muß man ihn also achtfältig bestimmen. Hierzu treten weitere Linien, die Punkte des Rades verbinden. Die Mitte der Handteller zeigt das Verhältnis zum Selbst, und die dort befindlichen Zeichen verweisen auf den Weg, durch den man die Mitte außen und innen, rechts in materieller Selbständigkeit und links in geistiger Integration finden kann. Das Sprengen des Ichbildes wird durch die Finger einsichtig. Jeder Finger ist einem anderen Sinn zugeordnet; die Fingerglieder selbst haben folgende Bedeutung: Das äußerste Glied ist das Wahrnehmen, rechts das Verhältnis zur Außenwelt über die Sinne, links zur Innenwelt über die Imagination. Man erlebt mit den Fingerspitzen das Gegebene, und die Zeichen auf den Spitzen zeigen das Verhältnis zu Innen und Außen. Das unterste Glied bei den Handwurzeln bedeutet Wunsch und Lust, das Streben nach Befriedigung. Das mittlere Fingerglied zeigt die Methodik, wie Innen und Außen vereint werden können.

Finger	außen	Mitte	innen
	RECHTE HAND		
1 kleiner	sehen	Anschauung	Augenlust
2 Ringfg.	riechen	begreifen	Riechlust
3 Mittelfg.	schmecken	verstehen	Geschmackslust
4 Zeigefg.	hören	urteilen	Hörlust
5 Daumen	tasten	Vernunft	Tastlust
	LINKE HAND		
6 kleiner	lesen	buchstabieren	Bildung
7 Ringfg.	sprechen	artikulieren	Wortschatz
8 Mittelfg.	verständigen	informieren	Kommunikation
9 Zeigefg.	schreiben	lehren	Methodik
10 Daumen	handeln	wirken	Können

Der Handteller spiegelt die momentane Wesensstruktur. Die Linien sind veränderlich. Als mein Bruder am linken Bein amputiert wurde, verlor er in der folgenden Nacht die Wollens-Schicksalslinie der rechten Hand. Bei mir verlängerten sich nach meinem Herzinfarkt die Denklinie und die Seelenlinie bis auf die andere Seite. Die Entfaltung des Wesens – alle Verhältnisse des Rades spiegeln sich in der Hand – wird durch die Finger vermittelt, wobei die rechte Hand der Außenwelt, die linke der Innenwelt zugerichtet ist.

RECHTE HAND:
1. Kleiner Finger. Das Sehen wird durch die Sehnsucht nach Augenlust, nach Schönheit gesteuert. Beide werden durch die Anschauung, die Fähigkeit der Vorstellung verbunden.
2. Ringfinger. Das Riechen ist unmittelbar mit der Erinnerung gekoppelt; das Sprachzentrum des Großhirns im Neocortex hat sich aus dem Geruchszentrum entwickelt. Das Riechen schafft die Unterscheidung, das Individualisieren, das Begreifen; die Riechlust hilft zu identifizieren. Jeder Mensch und jede Wohnung hat einen bestimmten Geruch, nach dem man sich zuweilen sehnt. Viele gebräuchliche Ausdrücke zeigen die Bedeutung dieser Tatsache: man kann einen anderen nicht riechen, oder er steht im Geruch der Heiligkeit.
3. Mittelfinger. Das Schmecken bezieht sich beim Menschen vor allem auf zubereitete Nahrung. Viele Pflanzen und Tiere müssen durch Feuer verwandelt werden, bevor sie für uns genießbar werden. Die Schmecklust ist eines der stärksten Motive. Schmecken ist Ursprung des Verstehens, des Assimilierens. Nur was ich schmecken kann und dessen Geschmack – im Rahmen der vier Richtungen – ich erinnere, wird künftig ein Teil meines Wesens. Daher lehrte Gurdjieff, man müsse die Wahrheit schmecken. Auch die christliche Messe erlebt die Kommunion durch Brot und Wein. Überall auf der Welt essen Menschen zusammen. Jemand, mit dem man Brot, Salz und Wein geteilt hat, ist fortan kein Fremder mehr.
4. Zeigefinger. Man hört die Stimme des anderen oder ein Instrument, unterscheidet zwischen Lärm, Laut und Ton. Man hört die Mathematik in der Musik; die Sehnsucht nach dem Hören liegt der Fähigkeit des Urteilens zugrunde. Man zeigt mit dem Finger auf einen Menschen, um ihn herauszuheben. Das Ohr beherbergt den Gleichgewichtssinn. Man freut sich am Ton einer Stimme, doch Vorurteile können einen daran hindern, ihn wirklich zu verstehen.
5. Daumen. Das Tasten des Daumens ist der entscheidende Körpersinn. Wer nicht die propriozeptiven Wahrnehmungen des Tastsinns entwickelt – seine

Zehen oder seine Leber von innen zu spüren –, kann nicht mit dem kinästhetischen Körper seinen Leib verlassen. Der Tastsinn verlängert sich durch Geräte: man kann den Motor des Autos spüren, den Hang durch die Schi hindurch. Das mittlere Glied erfaßt als Vernunft den Zusammenhang; ein Mensch kann durchaus unvernünftig handeln.

Das dritte Glied des Daumens ist Teil des Handtellers: Die größte Tastlust, die Vollendung des Streichelns liegt im Orgasmus, wo die Körperlichkeit überstiegen wird.

LINKE HAND:

Die seelische Mitte des Menschen ist der Wortleib; der Körper wird als Kraftleib erfahren, der Geist als Lichtleib. Nur das Wort macht beide zugänglich: man redet mit den Händen, gestikuliert, drückt sich aus. Der Schamane Don Juan fordert, man dürfe die Hände nicht zum Tragen mißbrauchen. Jede Denkbewegung entspricht einer Finger- und Zungenbewegung, sie ist immer sprachlich-mathematisch.

6. Kleiner Finger. Dem äußeren Sehen entspricht die Fähigkeit des Lesens. Erikson hat gezeigt, daß jede Bewegung der Augen eine andere Einstellung erzeugt:

Die Augen nach links oben gerichtet – Süden – bedeutet zu strahlen.

Gerade nach oben gerichtet, die Haltung der Demut zum Südosten, verbindet mit der Geschichte und den Ahnen.

Nach rechts oben, im Rad zum Osten, bedeutet, eine Hoffnung zu haben, eine Vision zu sehen und diese mitteilen zu können.

Nach rechts gerichtet, Nordosten, heißt, etwas in die Wirklichkeit zu bringen.

Nach rechts unten überlegt man sich eine Strategie, wie man einer schwierigen Lage begegnen kann.

Nach hinten in der Mitte Südwesten, ist es das Wachwerden eines Wunsches oder eines Motivs.

Nach links unten ist es Wollen, doch meistens bedeutet es die Erinnerung an ein Scheitern.

Nach unten gerichtet ist es die Stimmung des Fühlens.

Gerade nach vorne ist es der Fokus, das Bestimmen eines einzigen Gedankens ohne abzuschweifen, die Konzentration.

Beide Augen parallel, das Schauen ohne etwas zu betrachten, ist auf die Unendlichkeit gerichtet. Es ist unmöglich, in der peripheren

> Vision ein Problem zu haben. So genügt es zum Beispiel, um bei jemandem eine Verzweiflung zu lösen, daß er mit gestreckten Armen beide Daumen mit dem jeweiligen Auge begleitet, bis sie aus der Sicht verschwinden.

In dieser Struktur liegt der Ursprung der Runen. Man liest nicht aus Gestalten, wie man früher glaubte, sondern durch Richtungen. Ein A ist gekennzeichnet durch zwei schräge Striche und einen Mittelstrich. Ich kann seine Spitze fast bis zu einem Achtel nach rechts oder links verschieben und es immer noch als solches entziffern.

Die Gesamtheit des Gelesenen und Aufgenommenen ist die Bildung, und die Sehnsucht nach Bildung ist im Traumbereich ebenso stark wie jene nach Schönheit im Wachbereich. Zwischen dem Lesen und der Bildung vermittelt die Fähigkeit des Buchstabierens, die die Zeichen selbst entziffert und sich ihrer Klaviatur bedient.

7. Ringfinger. Das Riechen verwandelt sich in das Sprechen. Etwas auszusprechen, bedeutet nicht nur, es zu sagen, sondern auch dazu zu stehen, es in seinem Wesen zu integrieren. Die Problematik des Sprechens zeigt die Doppelbedeutung des Wortes „versprechen“: etwas versprechen oder sich versprechen, also sich irren.

Voraussetzung und Ziel des Sprechens ist der Wortschatz. Jede erlernte neue Sprache bereichert die Fähigkeit des Ausdrucks. Doch bei der Artikulation muß man wie ein Schauspieler hinter dem Sprechen stehen, die eigene Stimme ergreifen.

8. Mittelfinger. In Entsprechung zum Schmecken der rechten Hand steht die Fähigkeit der Verständigung, die als Ziel die Kommunikation hat und deren Weg über das Informieren – Klären, Mitteilen, Verdeutlichen – erfolgt. Kommunikation baut auf Wortschatz und Bildung auf, doch wesentlich ist der Kontakt, der sich im Verkehr ergibt.

9. Zeigefinger. Das Hören verkörpert den Traum und die Motivation durch das Schreiben, welches jegliches Gestalten beinhaltet. Der Weg hierzu ist, den Schatz an Methoden, die Art und Weise zu kennen, wie man in die Welt eingreift. Die Mitteilung ist gerichtet, sie bedeutet Lehren und Lernen.

10. Daumen. Der linke Daumen bedeutet die Fähigkeit des Handelns, das nicht ohne Grund auch das geldbezogene Handeln einschließt: die Möglichkeit, Werte miteinander zu tauschen und an Vermögen zu gewinnen. Ziel allen Handelns ist die Erweiterung der Wirkwelt. Durch die Praxis der

Anwendung wird das Wissen zum Können, das einem fortan zur Verfügung steht.
In beiden Handtellern ist das Rad präsent, im linken als Tierkreis, im rechten als Häuserkreis der Astrologie. Das Horoskop zeigt die Anlage; die Hand verdeutlicht, was der Mensch davon aktualisiert hat. So kommen wir aus dem Bereich des Körpers in jenen der Seele, der durch die philosophische Astrologie zugänglich wird.

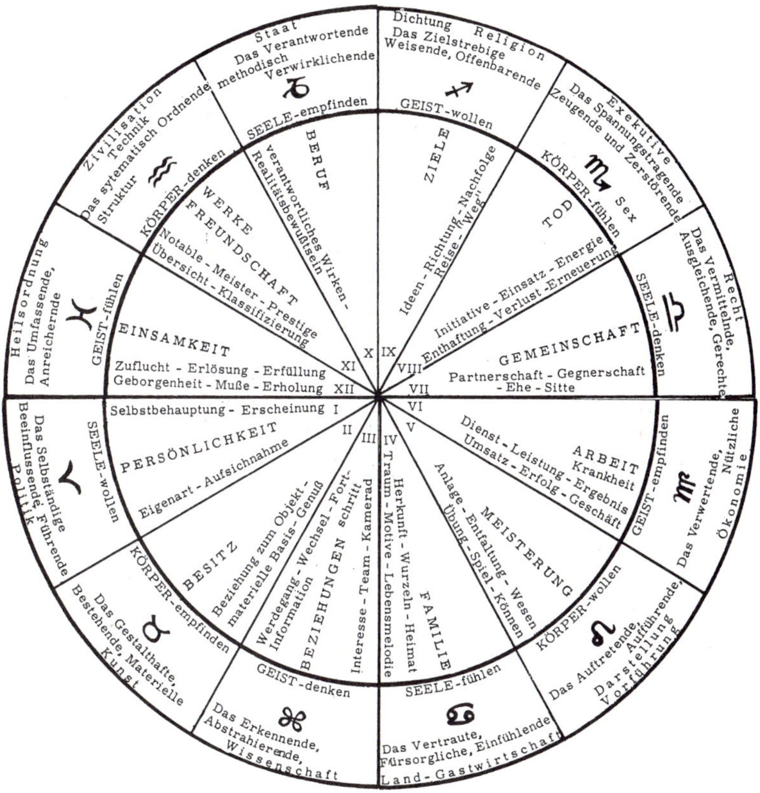

6. Astrologie

Das Horoskop zeigt das Verhältnis des Geburtsaugenblicks zu Erde und Sonnensystem. Während die chinesische Zeitheilung sich mit dem Zeitpunkt begnügt, wird er in der Astrologie als das Gefüge von Charakter und Schicksal verstanden, sofern wir diese beiden Begriffe nicht in der landläufigen Bedeutung als kausale Determination, sondern als *Potentialität* verstehen. Durch das Horoskop kann man erkennen, wo, wann und wie die bestimmte Kombination der ewig gleichen Elemente als Erfüllungsrahmen begriffen werden kann.

Wir verwenden die Raumzeitparameter dazu, um die bereits begründeten und erwiesenen Bedeutungsträger zu erkennen. Die Funktionen Empfinden, Denken, Fühlen und Wollen sind Yin. Die Bereiche Körper, Seele und Geist sind Yang. Das Gewahrsein bedeutet die spezielle Struktur des ganzen Horoskops, ist im Tierkreis also nicht vereinzelt vertreten.[21)]

Das Feld des Seelengrundes ist die Multiplikation als Vereinigung von Yang (=Bereich) und Yin (= Funktion). Im Horoskop ist das Gewahrsein – in Jungscher Terminologie, die Verbindung von Ich und Selbst – der Ostpunkt der dauernden Vibration im Verhältnis zur eigenen Mitte, die die Erdmitte verkörpert. Der Infinitiv, die Unendlichkeitsform, zeigt die Vereinigung von beiden, indem alle Begebenheiten an das Ich als Täter – den Aszendenten, indisch Lagna, Beginner – in den zwölf Feldern herangetragen werden können, wenn die jeweilige Begebenheit bewußt in einem der zwölf doppelten Inbegriffe aufgenommen wird. (Siehe Abbildungen umseitig.)

Die Inbegriffe sind die zwölf Strahlen von der Erdmitte ins All; sonst werden sie zur Midgardschlange, die den Menschen in seinen Assoziationen hält; zum Bhava-Chakra, aus dem der Yoga ihn befreit. Die Mitte jedes Horoskops ist die Erdmitte. Das jeweilige Interessengebiet ist durch den Meridian gegeben, der im Himmel über den Tierkreis der Ekliptik – die um etwa 23° zum Äquator geneigt ist, wie wir bei der Farbkugel gezeigt haben – den Polarstern mit der gedachten Verlängerung der Achse durch den Südpol verbindet.

Der Tierkreis in seiner babylonischen Fassung ist der Mensch im All als Urbild der Vollendung jeglicher Zivilisation. Was wir an Kulturen kennen, ist ein zufälliger historischer Ausschnitt. In der orthodoxen Kirche und auch in Böhmen, in einer slawischen Ausprägung des Katholizismus, wo

Christus noch als Kosmokrator verstanden wurde, hatte der Kaiser die Aufgabe, die zwölf Inbegriffe oder Gebiete – symbolisiert durch die zwölf Stämmen Israels, die zwölf Apostel und genau definiert in Tätigkeitsbereichen – aufeinander abzustimmen mit sich selbst als Mitte, die einen geographischen Ort hatte: zuletzt Wien als Zentrum des Heiligen Römischen Reiches Deutscher Nation. Der Kaiser galt als weltlicher Vertreter Gottes wie der Papst als geistiger Vertreter Christi. Seit der Vernichtung der tschechischen Eigenständigkeit nach der Schlacht am Weißen Berge 1620, seit Reformation und Gegenreformation, ist der kosmische Bezug von Reich und Kirche verlorengegangen. Die naturwissenschaftliche Paradigmenwandlung, die wir eingangs an Hand der Schulmedizin erläuterten, hat leider auch die Theologie ergriffen. Sie sucht in der Hermeneutik nach Gesetzen und erscheint sich selbst als wissenschaftlich, anstatt sich existentiell um das Heil des Menschen zu bemühen.

Der Häuserkreis ist der persönliche Schlüssel, der uns zeigt, wie der einzelne am Menschen im All über das Werk der Erde teilnehmen kann. Die Wurzeln der Bedeutung der Zeit haben die Chinesen gefunden. Doch das Bild der Verwirklichung im Abendland ist worthaft-begrifflich. Der Tierkreis ist Ausdruck des Yin, Speicherorgan, nach R. Sheldrake das morphogenetische Feld, dem immer neues Wissen hinzugefügt wird. Der Häuserkreis ist Ausdruck des Yang, Arbeitsorgan. Die Inbegriffe der Zeichen und Häuser in einem Horoskop – die je nach Geburtszeit und Ort in einer bestimmten Verschränkung stehen – bedeuten schlußendlich die Öffnung und Erweiterung des Tierkreises zur Ganzheit. Der Tierkreis ist physiognomtisch traum- und raumhaft; der Häuserkreis ist zeitlich verwirklichend und zeithaft. Die Inbegriffe sind die Träger der Zivilisation.

	Inbegriffe	Zeichen	Häuserkreis	Zivilisation	Mensch im All
I	Seele wollen	Widder	Person	Politik	Kopf
II	Körper empfinden	Stier	Besitz	Kunst	Nacken
III	Geist denken	Zwillinge	lernen	Wissenschaft	Arme, Schultern
IV	Seele fühlen	Krebs	Heim	Psychologie	Brüste, Magen
V	Körper wollen	Löwe	Meisterung	Pädagogik	Rücken, Herz
VI	Geist empfinden	Jungfrau	Arbeit	Wirtschaft	Bauch, Gedärme
VII	Seele denken	Waage	Gemeinschaft	Recht	Hüften, Nieren
VIII	Körper fühlen	Skorpion	Tod, Kampf	Ökologie	Geschlechtsorg., Muskeln
IX	Geist wollen	Schütze	Aufgabe	Religion	Oberschenkel, Leber
X	Seele empfinden	Steinbock	Beruf	Staat, Verwalt.	Knie, Gelenke
XI	Körper denken	Wasserm.	Freundschaft	Technologie	Unterschenkel, Skelett
XII	Geist fühlen	Fische	Erfüllung	Medizin	Füße, Milz

Der Sonnenstand im Tierkreis schafft den Typus, der ergänzend zum chinesischen Mondzeichen (Hund, Wasser) hinzutritt, das den Zugang zur Motivation zeigt. Der Häuserkreis zeigt räumlich die persönliche Einstellung und zeitlich den Lebenskreis. Die Zivilisation bedeutet die Verkörperung des Großen Menschen in der Welt, und die letzte Spalte zeigt die Signatur. Der Häuserkreis beruht auf dem persönlichen Horizont, der Trennung zwischen Tag und Nacht, bewußt und unterbewußt. Der erste Quadrant des Horoskops repräsentiert die Bildung der Person, der zweite die Familie, der dritte die Gemeinschaft oder Tradition und der vierte zeigt das Verhältnis zur Menschheit. Die obere Hälfte ist öffentlich, die untere intim – Forum und Atrium. Nach links bedeutet ichbezogen, nach rechts dubezogen.

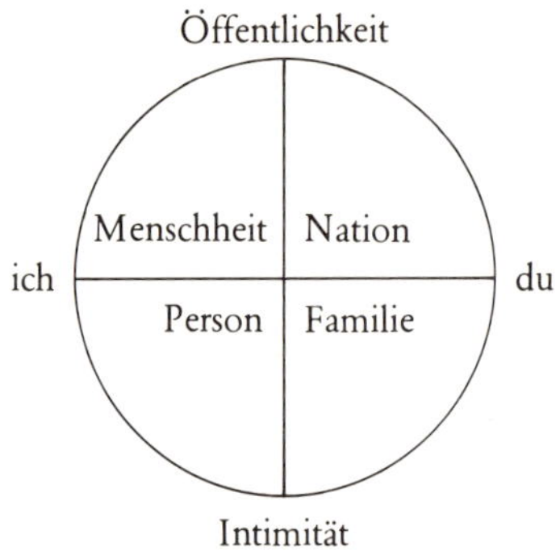

Die genaue Entschlüsselung der Komponenten der philosophischen Astrologie hat Wilhelmine Keyserling in ihrem Buch „Anlage als Weg" (Wien 1988) dargestellt. Da die meisten astrologischen Schulen die anderen Wege zur Ganzheit nicht kennen, haben sie mehr Wissen in das Horoskop verfrachtet, als es aufnehmen kann und werden pseudowissenschaftlich. Der Rahmen ist ein Raster. Er ist das persönliche Paradigma, das man wie ein Rad in sich trägt.
Der Häuserkreis ist der Lebenskreis, der dem Quintenzirkel folgt, also 84 Jahre umfaßt. Er ist vom Augenblick des Fragenden aus zu beurteilen, also von dem Moment aus, in dem der Ratsuchende zum Astrologen kommt. In Afrika und in den meisten Stammeskulturen waren die Altersgruppen Geheimgesellschaften, in die man nach einer entsprechenen Initiation aufgenommen wurde. Der Weg des Menschen muß gewollt sein. Die Medizin der Indianer ist die Einstimmung mit einem Tiergeist, die der Afrikaner dagegen die wachsende Verantwortung für die Natur: Lebt ein wirklicher

Alter im Stamm, dann muß es rechtzeitig regnen, sonst ist dieser nicht in Einklang mit dem All; er muß jene Reife haben, die die chinesische Terminologie als Heiligen Weisen bezeichnet.
Der Quintenzirkel führt in zwölf Schritten über sieben Oktaven. Die Oktaven, Yin, sind der chinesische Rhythmus: 12, 24, 36, 48, 60, 72, 84, sie zeigen die Integration der Chakras. Die zwölf Schritte: 7, 14, 21, 28, 35, 42, 49, 56, 63, 70, 77, 84 sind der afrikanische Rhythmus, der über Ägypten und Ptolemäus in die abendländische Überlieferung Eingang fand.

	Quinten		Oktaven	
		Jahre		Jahre
I.	Seele-wollen, Ichfindung	0– 7		
II.	Körper-empfinden, Wachstum	7–14		
III.	Geist-denken, lernen	14–21	7 Geist	72–84
IV.	Seele-fühlen, sorgen	21–28	6 Seele	60–72
V.	Körper-wollen, können	28–35	5 Körper	48–60
VI.	Geist-empfinden, arbeiten	35–42	4 wollen	36–48
VII.	Seele-denken, verkehren	42–49	3 fühlen	24–36
VIII.	Körper-fühlen, enthaften	49–56	2 denken	12–24
IX.	Geist-wollen, sich richten	56–63	1 empfinden	0–12
X.	Seele-empfinden, führen	63–70		
XI.	Körper-denken, lehren	70–77		
XII.	Geist-fühlen, ganzwerden	77–84		

Jeder der Siebenjahresabschnitte ist gleichzeitig wieder nach den Chakras gegliedert, zum Beispiel: 21–22 empfinden, 22–23 denken, 23–24 fühlen usw.
In jedem Augenblick kann man stagnieren, und dann ist das weitere Leben nach afrikanischer Auffassung nur noch ein Vegetieren; man trägt keinerlei Verantwortung mehr, ist ein Sklave.
Es ist leicht, den Vorzug dieser Stammesstruktur gegenüber der Einstellung der kapitalistischen und sozialistischen Philosophien zu erkennen, wo ein Alter von 42 Jahren den Höhepunkt bedeutet. Bis dahin ist ein Aufstieg gegeben, der zu halten ist, solange es geht, dann kommt eben die Pensionierung. Die Alten haben keine Funktion mehr. Wie anders ist das in Afrika und Indien, wo um schweigende Alte die Jungen sitzen, um an der Qualität ihres Seins teilzunehmen!

Der afrikanische Lebenskreis ist vorkulturell. Er beruht auf dem Miterleben der Weltdichtung eines Kulturheroen. Doch in der globalen Zivilisation müssen wir alle Weltgedichte, die sich heute als Ideologien äußern, transzendieren. Zwar müssen wir ihren historischen Wert anerkennen, gleichzeitig aber durch Kenntnis der astrologischen Kriterien unseren eigenen Sinn erschaffen; denn Sinn ist für den Menschen das gleiche wie Instinktgeborgenheit für das Tier. Wir wollen die Zeitzyklen unter diesem Gesichtspunkt schildern.

Der Zwölferkreis verläuft im Abstieg vom Kopf zu den Füßen, er bedeutet Inkarnation. Die Siebenerfolge der jeweils zwölf Jahre ist die senkrechte wachsende Integration über die Chakras. So ist der Kreis Yang und die Senkrechte Yin, Sonnenzyklus und Mondaufstieg.

Die planetarische Zivilisation kann zweifellos nicht zur Stammeskultur zurückkehren. Eine gute Bezeichnung für die kommende Erdzivilisation ist das „globale Dorf“ oder das „Netzwerk“. Denn auch die Erde ist nach Yin und Yang gegliedert. Der Ostmeridian geht durch Mekka. Der Nordpol bestimmt das Gewahrsein, der Südpol das Wollen.

In der westlichen Hemisphäre, von Kanada bis nach Feuerland, von Nordamerika und Südamerika bis nach Japan, prägt die Gemeinschaft den Einzelnen. In der östlichen Hemisphäre prägt der Einzelne die Gesellschaft, von Europa bis China. Gewahrsein bestimmt das Land jenseits des nördlichen Polarkreises, Wollen das jenseits des südlichen. In beiden Erdgegenden ist das halbe Jahr Tag und das halbe Jahr Nacht.

Die Kultur entfaltet sich in den gemäßigten und tropischen Zonen.

In Kanada und Amerika herrscht das Empfinden bis zum 23. Breitengrad. Südamerika mit Ausnahme von Brasilien, das der östlichen Hemisphäre zuzurechnen ist, hat den Schwerpunkt im Denken. Der Süden Südamerikas mit Feuerland hat als Schwerpunkt das Fühlen. Auf der anderen Hemisphäre wird Südafrika bis zu den Tropen vom Körper bestimmt.

Die Tropen sind der Bereich der Seele, dort befindet sich Mekka.

Zwischen dem 23. und 66. Breitengrad, dem Ort der Hochkulturen, bildet der Geist den Schwerpunkt.

Auf der nördlichen Halbkugel prägt die bewußte Planung die Motivation, auf der südlichen die Einstimmung mit der Erde.

Die Längengrade beginnen beim 40., der durch Mekka geht. Die Tierkreiszeichen als mythischer Kulturhintergrund verlaufen in Richtung Osten.

Wie die Tiere ist auch der Mensch erdbezogen. Je nach seinem Horoskop entwickelt er in jedem Landstrich andere Fähigkeiten. Diese Entwicklung hängt auch von der Weltgeschichte ab, die sich astrologisch im Weltenjahr verkörpert. Sie wird durch den Gegensatz von Gemeinschaftsform und Gottesvorstellung geprägt:

Beginn	Gemeinschaft	Gottesbegriff
8840	Krebs – Klan	Steinbock – Tradition
6680	Zwillinge – Stamm	Schütze – Großer Geist
4520	Stier – Stadt	Skorpion – Götterfolge
2360	Widder – Volk	Waage – Gesetzgeber
200	Fische – Reich	Jungfrau – Götterbote
1962	Wassermann – Menschheit	Löwe – Mensch im All

Das Weltenjahr beginnt mit der neolithischen Revolution: dem Anfang der soziokulturellen Tradition, die an die Stelle der Instinkte tritt. Gleichzeitig entstehen Ackerbau, Viehzucht, Keramik und Weberei. Die Gemeinschaft umfaßt einen immer weiteren Horizont. Heute ist es die Menschheit selbst. So wie das mentale Alter eines Menschen seinem physiologischen entsprechen muß, damit man ihn als gesund bezeichnen kann, so wäre auch das Leben in früheren Glaubensformen für den kollektiven Sinn des heutigen Menschen zerstörend. Keine Nostalgie kann die Stammeskulturen zurückbringen; sie haben nur noch folkloristische Bedeutung.

Raum und Zeit haben ihre Wirkkräfte in den Planeten, die Tonal und Nagual vereinen. Sie haben drei Bedeutungen:
Im Makrokosmos durch ihre Reihung von der Sonne her, in Entsprechung zum Sacred Count.
Im Leben für den Tonal die Grammatik, im Nagual die Wirkweisen.
Im Mikrokosmos im Tonal die zehn Elementegruppen, im Nagual die Reifestufen.
Die Astrologen haben sich in ihrer Deutung auf eine der Entsprechungen der Planeten konzentriert, die ihrer eigenen Anlage gemäß war. Daher rühren die verschiedenen Aussagen und Systeme. Die Grundlage des Aspektgerüsts eines Horoskops haben wir mit der dritten und vierten Wortart beschrieben.

PLANETEN	GRAMMATIK	MIKROKOSMOS	KOSMOS	MAKROKOSMOS
Jupiter	1. Bindewort	3. Inbild	1. heilen	6. Ahnen
Venus	2. Hauptwort	2. Geburt	2. gestalten	2. Mineral
Uranus	3. Zeitwort	8. Mantik	3. erkennen	8. Engel
Mond	4. Verhältnisw.	1. Urvertrauen	4. sorgen	3. Pflanze
Merkur	5. Eigenschaftsw.	7. Individuation	5. urteilen	1. Feuer
Neptun	6. Zeitw. -person	9. Vision	6. verhandeln	9. Musen
Mars	7. Fürwort	6. Einsatz	7. kämpfen	4. Tier
Saturn	8. Umstandsw.	5. Norm	8. verantworten	7. Geister
Pluto	9. Zeitw.-formen	4. Strategien	9. entwerfen	10. Höheres Selbst
Sonne	0. Logik (ja, nein)	0. Ritus	0. Wesen	0. Urlicht
Rahu	Sollsatz		0. führen	0. Urkraft
Ketu	Fragcsatz	0. Ritus	0. begeistern	0. Urkraft
Luzifer	Aussagesatz	0. Ritus	0. erinnern	0. Urkraft

Die Astrologie als Zeitheilung befreit den Menschen aus der Ideologie zum eigenen Sinn. Es liegt in ihr allerdings die Gefahr, keinen Bezug auf unsere tatsächliche Wirklichkeit zu nehmen, die für die meisten Menschen immer noch eine Scheinwelt voll von Feindbildern ist, indisch „Maya“. Um ganzheitlich leben zu können, müssen wir daher unsere Stellung in den Schichten des Seins begreifen, die durch die neue Physik der letzten Jahrzehnte geklärt wurde.

Jede Konstellation im Horoskop kann sowohl analytisch, durch Erfahrung, als auch synthetisch, durch Rückbesinnung auf die Planeten, ihre Häuser in den Häusern des Geborenen, bestimmt werden, sodaß die verdinglichte Welt plötzlich zum Stoff des Lebensstils werden kann und den Menschen aus seiner vorgestellten Abhängigkeit befreit. Diese entsteht entweder durch die Identifikation mit den Übertragungssituationen der Urfamilie oder in der Identifizierung mit kollektiven Zielen der Denkplaneten oder der Wollensimpulse. Ein Horoskop erkennen, bedeutet entwirren, wie es das I Ging-Zeichen Nr. 3, „Die Anfangsschwierigkeit“, umschreibt: „So wirkt der Edle entwirrend und ordnend.“ Die Seele ist über dem Geist, sie versucht sich selbst zu entschlüsseln, um dem Wesen zu dienen. Habe ich durch das Horoskop, durch Besinnung auf die Bedeutung der Monate, die wir in Monatsgesprächen zu verstehen versuchen, oder durch das Durchschreiten der zwölf heiligen Nächte die Mitte erreicht, dann stellt sich die Frage, wie diese leere Mitte, die schöpferische Indifferenz, Brücke zwischen Himmel und Erde wird. Diese Schaffung der leeren Mitte hat der Yoga geklärt, den wir deshalb in seiner ganzen Tiefe berücksichtigen müssen.

7. Yoga

Die Erkenntnis des Horoskops zeigt uns die Anlage, deren Aktualisierung wir im Spiegel der Hände ermitteln können. Doch vor dieser Aktualisierung liegt eine Schwelle: das wahre Bewußtsein verlangt die Verlagerung der Funktionen aus dem Kopf in den Körper, weil nur damit der Astralleib zum Gefährt der Auferstehung werden kann. Betrachten wir die Struktur des Gehirns: Senkrecht geschachtelt liegen das Stammhirn, das limbische System und das Großhirn. Das Stammhirn gibt den Zugang zur Kraft, das limbische System vermeidet Schmerz und wiederholt Lust, und das Großhirn ist vierfältig gegliedert:

LINKE HEMISPHÄRE — VORN — RECHTE HEMISPHÄRE

Wollen

Empfinden — Fühlen

Denken

Das Kind lebt ganz in der Phantasie des Träumens in der linken Hemisphäre, spielt aber bereits Wirklichkeit. Der Schüler und Student versucht den „local cultural consensus“ zu erlernen, er kann ihn während dieser Zeit nicht in Frage stellen. Das Spielen des Kindes mit dem Erlernen der Sprache entstammt dem Stammhirn und dem Kleinhirn, das Lernen in der Schule dagegen wird durch das limbische System, mit Wiederholung von Lust und Vermeidung von Schmerz, vermittelt.

Wenn aber ein Mensch die jeweilige Ausbildung beendet hat, sollte er den Zugang zur Zukunft, zum Geist und zum vierfältigen Großhirn finden. Nur wenige vollbringen dies spontan, denn die gesamte traditionelle Struktur der Gesellschaft hat ihren Schwerpunkt im Überleben und damit im Feindbild. Laborit hat in seinem Buch „L'homme imaginant“ dargestellt, wie sehr die traditionellen Strukturen des Establishments, auch im Kapitalismus und Sozialismus, die Gesellschaft an das limbische System fesseln. Nur wer den Zugang zu seiner freien Phantasie, seiner Einbildungskraft erreicht, verwendet überhaupt das Großhirn. Die anderen verweilen in den unteren Schichten, die McLean als Reptilhirn und Säugetierhirn bezeichnet. (Katha – Upanischade)

Für die indische Kultur war das religiöse Ziel der Befreiung über das Wissen selbstverständlich. Die Wege gliederten sich in Jnana, Bhakti und Tantra, Befreiung über Erkenntnis, Nachfolge und Körpergewahrsein. Der letzte Weg hat seine Ausprägung im Yoga gefunden, dank welchem wir das Bewußtsein aus dem Kopf in den ganzen Leib verlagern und damit das Tiefenselbst aus dem Schlaf erwecken können. Den Durchschnittsmenschen könnten wir mit folgendem Bild beschreiben: ein schlafender Passagier, der in einem Wagen von einem betrunkenen Kutscher, dem Ich, gelenkt, mit den Pferden der Triebe in den Abgrund rast. Es gilt, den Passagier zu wecken, auf daß er den Kutscher zur Vernunft und dieser die Pferde wieder auf den wahren Pfad zurückbringe.

Nach hinduistischer Auffassung sind nur wenige Menschen zu einem der drei Wege begabt – die Shaivas, Vaishnavas und Tantriker, der Rest der Bevölkerung kann über das bloße Überleben des tierhaft-limbischen Verhaltens nicht hinaus. Wer sich zu einem geistigen Weg nach vielen Inkarnationen, in denen er sich immer dem Dharma, der Ethik weihte, bereitmacht, wird diesen mit Hilfe eines Gurus vollenden können.

In der Wassermannzeit sind dagegen durch die technische Zivilisation alle vor die Notwendigkeit gestellt, ihren eigenen Sinn zu schaffen und somit einen geistigen Weg in die Zukunft zu gehen. Daher tritt der Yoga aus seiner Verborgenheit und wird jedem zugänglich, der die Mühe auf sich nimmt, sich in ein Gefäß zu verwandeln, in dem sich das Licht des Gottes und die Kraft der Göttin in Liebe im Herzen vereinen.

Die mathematische Bedeutung der Funktionen und Bereiche gibt den Schlüssel zum Verständnis der Chakras, den Bewußtseinskreisen des Körpers. Dem Wachen zu zeigen sie einen Sinn, dem Traum zu ein Motiv und einen körperlichen Prozeß. Das Erwecken der Chakras bedeutet Rückbesinnung auf die embryonalen Entfaltungsstufen.

Die Chakras zeigen folgende Entsprechungen:

7 Sahasrara	Großhirn	Geist	sprechen	Befruchtung	Scheitel
6 Ajna	Limb. System	Seele	lesen	Polarisation	Inneres Auge
5 Vishuddha	Stammhirn	Körper	tasten	Zellteilung	Nacken
4 Anahata	Kreislauf	wollen	hören	Kreislauf	Herz
3 Manipura	Stoffwechsel	fühlen	schmecken	Stoffwechsel	Nabel
2 Swaddhistana	Atmung	denken	riechen	Atmung	Unterbauch
1 Muladhara	Bewegung	empfin.	sehen	Sinneskoord.	Damm

hundert und wurde von Patanjali verfaßt. Beginnen wir mit seinen Grundbegriffen. Der Text hebt folgendermaßen an:

1) Nun beginnen wir mit der Disziplin des Yoga.
2) Yoga bedeutet Verlangsamung der Assoziationen, um sie zum Stillstand zu bringen.
3) Dann ruht das Bewußtsein im Wesen (das Ich im Selbst).
4) Alle anderen Zustände sind leidvoll und entfremdet.

Das „nun", Sanskrit „atha", bedeutet: wir beginnen ohne Anlaß, ohne Grund. Denn was immer wir kausal beginnen, stammt nicht aus der geistigen Richtung. Der Kreislauf der Assoziationen ist auf jeder Schicht des Bewußtseins die Trägheit, die den Menschen im Bhava-Chakra, der Midgardschlange, festhält. Durch Verlangsamung des Flusses – geometrisch ist im sich drehenden Rad die Mitte ruhig, der Yoga bedeutet also, zur Mitte zu streben – erreicht man schließlich das Erwachen zum Selbst, den Atman, der mit Brahman identisch ist. Das Ich wird dann als Werkzeug des Selbstes erkannt, das Leiden ist aufgehoben. Der buddhistische Ansatz, bei dem der Buddha als Ziel das Finden des Nichts bestimmt hat, bedeutet das gleiche. In diesem Augenblick bin ich der Geysir, wo das Nichts dauernd zum Etwas wird, und dieser Geysir ist das stärkste allen Begehrens. Ebenso hat Mohammed verkündet, die Wurzel hinter jeder Sehnsucht sei Allah.

Alle selbsttätige Assoziation betrifft nicht den Wesenskern, sondern die Trägheit und damit den Tod. Diese Trägheit kann im Aufstieg über sieben Schichten überwunden werden, und der Adept wird dadurch zum Jiva-Mukti, zum Im-Leben-Befreiten. Diese Befreiung ist für alle indischen Traditionen Sinn und Ziel des menschlichen Daseins; sie kann auf viele Weisen erreicht werden. Das wahre Bewußtsein erscheint einmal aus Zufall als „Gipfelerfahrung" (peakexperience); durch die Bemühung in Glauben und Hingabe, Bhakti; durch Erfüllen aller Pflichten, Karmayoga; durch Überwindung der gezweiten diskursiven Erkenntnis, Jnana. Aber es kann auch auf dem Weg der Übung geschehen, und dies ist der Pfad des tantrischen Yoga.

Die Wurzel der Lebenskraft wird im Muladharachakra in der Vision als Schlange geschaut, die dreieinhalb geringelt am Fuße der Wirbelsäule schläft. Es gilt sie aufzuwecken und durch Sushumna, den Kanal in der Wirbelsäule, nach oben zu leiten, wobei jeder Schritt zu einer bleibenden Integration führen kann.

Die rechte physiologische Seite des Körpers steht in Entsprechung zur Sonne und heißt Pingala, die linke zum Mond und der mentalen Vorstellung, sie wird Ida genannt. Die Vereinigung der beiden erweckt die Kraft der Aufmerksamkeit. Die Schlange ist das innere Dunkel, das sich nach dem Licht sehnt.

Das Dunkel selbst, das Nichts der inneren Leere der Aufmerksamkeit, ist nur in seltenen Augenblicken zu erfahren. Diese Erfahrung ist so wichtig, daß der Zen-Buddhismus sich geradezu auf sie beschränkt und die weiteren Übungen des Yogaweges vernachlässigt hat. Aber durch die Teilung der Aufmerksamkeit in rechts und links, durch Herunterholen des Lichts in die Kraft, kann jede Schicht gemeistert werden. Am Körper äußert sich Yang als männliche, Yin als weibliche Energie; im tantrischen Orgasmus sind sie vereint, es wird die bewußtlose Seligkeit erreicht. Daher ist die sexuelle Symbolik das Kennzeichen des tantrischen Yoga, was zu vielen Mißverständnissen geführt hat. Man denke an die Fülle der Handbücher für tantrische Sexualität, die mit dem religiösen Anliegen des Yoga nichts zu tun haben, aber das eine Gute bewirkt haben, daß die falsche jüdisch-christliche Vorstellung, die menschliche Sexualität sei nur für die Reproduktion eingerichtet, überwunden wurde. Da sie der einzige körperliche Zugang zur Gattung ist, als welche die Gottheit erscheint, liegt es nahe, alle sexuellen Verhaltensweisen, die nicht der tierischen Reproduktion dienen, mit Tabus zu belegen: der wohl schlimmste Ausdruck des patriarchalischen Denkens.

Im Leben findet die Heilkraft der Schlange ihren Ausdruck im regenerierenden Orgasmus. Im Kundalini-Yoga kann die gleiche Kraft den Wesenskern erwecken, der als Selbst hinter der Traumschwelle im Tiefschlaf weilt und beim Durchschnittsmenschen nur als Zeuge im Augenblick des Todes auftritt, wie wir später sehen werden. Um dieses Gewahrsein bleibend zu machen, sind nun folgende acht Stufen zu bewältigen.

1. Yama	Askese	
2. Niyama	Disziplin	
3. Asana	Körperruhe	
4. Pranayama	Atembeherrschung	
5. Pratyahara	Introversion	
6. Dharana	Konzentration	
7. Dhyana	Meditation	Samyama
8. Samadhi	Ekstase	

YAMA: Der Erste Mensch, der die Sintflut überlebt hat, wurde zum Herrn des Todesreiches. Seine Botschaft ist Askese. Askese bedeutet nun im Griechischen nicht Enthaltsamkeit, sondern Übung. Übung bedeutet, daß man den Ablauf des Lebens über den Willen in eine Einheit verwandelt, also lebt und nicht gelebt wird.

Niemand macht Yoga aufgrund äußerer Veranlassung; wer die Übungen aus Gesundheitsgründen durchführt, betreibt Heilgymnastik. Yama bedeutet, sich dauernd ins Gedächtnis zu rufen, daß das Ziel die Befreiung vom Tod ist; Befreiung, nicht Überwindung. Der Tod ist nicht zu überwinden, sondern zu durchschreiten, und niemand kann das, der es nicht beabsichtigt. Das Ziel der Befreiung ist nicht die Erlösung. Bei der Erlösung liegt der Akzent außerhalb des Menschen, im Heiland. Bei der Befreiung schafft der Mensch selbst seinen Übergang, seine Brücke. Ein Christuswort, das nicht in das Evangelium aufgenommen wurde, lautet: „Auf eine Brücke kann man keine Häuser bauen".

Die Askese wird in verschiedener Weise beschrieben. Meistens werden die Begriffe in die moralische christliche Sprache übersetzt. Aber Brahmacharya heißt nicht Keuschheit, sondern Meisterung der Sexualität. Mit Ehrlichkeit ist etwas anderes gemeint, als nicht zu stehlen; absolute Ehrlichkeit bedeutet, vor den anderen keine Schwächen zu verbergen, um dadurch von ihnen lernen zu können: eine für die Integration unabdingbare Einstellung. Daher beginnt man auch den Yoga im Verborgenen, man ist bei der Übung allein. Eine Periode des Fastens kann hilfreich sein, weil die Nahrung Schwerpunkt des Fühlens ist, und negative Gefühle sind das größte Hindernis auf dem Weg.

Die wichtigste Entscheidung des Yama liegt darin, eine bestimmte Zeit des Tages der eigenen Entwicklung zu widmen; in Indien meistens dadurch, daß man eine Stunde früher aufsteht oder die Übungen in der Nacht vollzieht, wenn niemand anders es bemerkt.

Sobald man als Yogi in der Gesellschaft auftritt, fühlen sich andere kritisiert, weil sie dumpf spüren, sie sollten auch einen Weg beschreiten; und ihre Unzulänglichkeit schlägt in Haß um. Das kann für den Strebenden nützlich sein; erinnern wir uns an den „petty tyrant" des Schamanen Don Juan: ein Mensch, der einen wirklich in allen Regungen auf die Nerven geht, ist ein hilfreicher „Wecker". Doch der indianische Weg des Kriegers ist nicht der indische: hier ist das Leitbild Ahimsa, niemandem ein Leid zuzufügen, vor allem nicht sich selbst. Die Gewaltlosigkeit ist die Grundlage echter Selbstbeherrschung. Das englische Sprichwort „no pain, no gain“ ist die Antithese des Yoga.

NIYAMA: Allein gelangt man nur bis zu einer gewissen Stufe, da die Trägheit der Gewohnheiten im Alltag, die sich als Überlebensstrategien bewährt haben, kaum zu überwinden ist. So braucht man Gleichgesinnte und beginnt Schriften zu lesen, die die Erfahrungen und Erlebnisse anderer schildern. Hier wird der Guru hilfreich, der einen zur Disziplin anleitet, damit man den Guru in sich, den Engel, findet.

ASANA: Der Körper ist in dauernder Bewegung – das Selbst weilt in der Ruhe im Tiefschlaf hinter der Traumschwelle. Es muß vom unerreichbaren Zeugen in den Mitarbeiter am Werk verwandelt werden. Hierzu gilt es, den Körper ruhigzustellen, wie das der Tiefschlaf vollzieht: Asana heißt „ohne Bewegung“. In der indischen Mythologie hat Shiva seiner Frau Parvathi am Ganges 84 Millionen Asanas gezeigt, die alle die Körperruhe ermöglichen. Ein übender Yogi, Matsyendra, verwandelte sich in einen Fisch, um die Asanas unbemerkt beobachten zu können. „Fisch“ bedeutet in der Traumwelt Sicherheit im Wasser, also Sicherheit des Fühlens und der Seele.
Die Urstellung des Yoga ist die Todeshaltung, Shavasana. Jede Haltung, die bequem ohne Verspannung durch längere Zeit im Bewußtsein der Beziehung zur Unendlichkeit durchgehalten werden kann, ist eine Asana, wie der Yoga-Suttra es formuliert. So sind viele der Haltungen der Schlafstellung von Tieren entnommen. Die Kühe schlafen stehend auf allen vier Beinen, manche Vögel auf einem Bein, manche in einer bestimmten Stellung am Boden hockend wie das Kaninchen. Manche ziehen die Glieder ein wie die Schildkröte.
Von den 84 Millionen sind 84 Asanas wesentlich, wovon jeweils die Hälfte, 42 für Mann oder Frau, sinnvoll sein können. Der Guru als Yogalehrer wird aus diesen eine Folge aussuchen, die die Verspannungen am leichtesten auflösen kann.
Es gibt auch andere Wege, die gleiche Wirkung zu erreichen. Die Sufis und Gurdjieff versuchten es durch einen geometrischen Tanz, bei welchem alle Verspannungen – die traumatisch die Grundlage unbewußter Komplexe geworden sind – in der Übung auftreten und die freiwerdende Energie nicht zur Gesundung im psychologischen Sinn, sondern zur Überwindung der Todesschwelle, der Arbeit an sich selbst, dient.

PRANAYAMA: Ist der Körper ruhig und assoziationslos, wird der Tiefschlaf im Wachen erreicht, dann kann die Wurzel der Energie, Prana, über die Atmung angejocht werden. Der Mensch hat drei Atmungen: Zwerchfell-Bauchatmung, Flanken-Brustatmung und Schlüsselbein-Sprachatmung. Die erste vitalisiert den körperlichen Organismus, die zweite den seelischen und die dritte, die der Sprache zugrunde liegt, den Geist.
Durch Rhythmisierung des Atems nach einem bestimmten, aber beliebigen Zahlenschlüssel, werden verschiedene Zugänge zum Prana geschaffen. Das Wort läßt sich schwer übersetzen – es bedeutet in etwa die Vereinigung von Kraft und Licht zum Lebensstrom. Die Wechselatmung läßt Ida und Pingala, die beiden Körperseiten, physiologisch Sympathikus umd Parasympathikus, in ein labiles Gleichgewicht treten (man hält dabei abwechselnd das linke und das rechte Nasenloch zu). Wird im Atemstrom ein Mantra hinzugefügt, zum Beispiel einatmend SO, ausatmend HAM, Sanskrit „ich bin", welches lautlich dem Atemgeräusch ähnelt, werden die Assoziationen genügend verlangsamt und zurückgedrängt, um die Aufmerksamkeit als dunkle Kraft des Selbstes aus dem Tiefschlaf zu wecken und das Lichterspiel der Träume zu beobachten.
Mit Asana und Pranayama werden die beiden bewußten Funktionen, die nach der Geburt erscheinen, voneinander getrennt und das Ichbild aufgelöst. So bedeutet die Yogaübung tatsächlich ein dauerndes Erwachen aus der Scheinwelt, Maya, in der der Durchschnittsmensch durch seinen inneren Dialog gefesselt ist. Natürlich bedeutet die Übung nicht die existentielle Wiedergeburt, aber sie schafft günstige äußere Umstände für sie. Auch Gurdjieff bezeichnete seine Arbeit als Vorbereitung des Ackerbodens (préparation du terrain). Sowohl Asana als auch Pranayama können gemeinsam geübt werden. Doch bereits in der nächsten Stufe der Introversion ist der Mensch allein, auch wenn er in der Gruppe mit anderen in der Meditationshaltung sitzt. Padmasana ist die Lotushaltung; die Blume wird nicht vom Wasser benetzt, keine Emotion hindert die Konzentration auf das Licht.

PRATYAHARA: Die Augen sind geschlossen und schauen nach innen, auf die innere Leinwand hinter der Stirne. Die Aufmerksamkeit ist von der Außenwelt abgezogen und wendet sich dem Spiel der Imagination, den Motiven zu. Hier gilt es die Unparteilichkeit zu erreichen. Man darf sich nicht über edle Gefühle wie Freundlichkeit, Verzeihen und Großmut freuen, über häßliche wie Neid und Eifersucht ärgern. Alle haben sie ihren Platz. Das denkerische Ichbild kann ihnen gegenüber nicht fortbestehen. Sie sind Teil des eigentlichen Wesens, das erst nach dem Tode zugänglich sein wird. C. G. Jung beschreibt als Weg nach innen folgende Stufen: Introversion und Extraversion als vorgegebene Einstellungen; Animus und Anima, das bedeutungsvolle Symbol des Gegengeschlechts; der Schatten, die Personifizierung der archaischen Funktion, und schließlich das Selbst. Die Verbindung vom übenden Ich zum ruhenden Selbst kann erst im Lauf der Zeit erreicht werden, sie ist kein plötzliches Erleben wie die Gipfelerfahrung. Der Psychologe versucht dies im Gespräch oder in der Traumdeutung zu vermitteln, weshalb eine Psychoanalyse für gewöhnlich erst nach Jahren zum Abschluß kommt. Der Weg des Yoga ist nicht kürzer, aber konkreter. Pratyahara bedeutet Erweckung der sieben Chakras im Nacheinander mit Hilfe der Kundalini, der Schlange der Lebenskraft, deren Symbol wir bereits bei Asklepios kennenlernten. Dieses Erwecken wird im Yoga-Suttra nicht beschrieben, weil es nur unter Anleitung eines Guru geübt werden sollte, um falsche Bilder zu vermeiden, die in noch tiefere Identifikation mit den Samskaras, den Assoziationen führen könnten.

In einer Kultur wie der indischen, wo sich nur wenige Menschen zu einem geistigen Weg berufen fühlten – Weg der Erkenntnis (Jnana), Weg der Liebe und der Hingabe (Bhakti) und Weg der Anjochung des Körpers durch das Kennen aller Götter, die ihn als Lebenskraft beseelen, (Tantra) –, war die Geheimhaltung wichtig. Aber in der technologischen Gesellschaft, in der mechanische Abläufe computerisiert die gesamte Zivilisation lenken, wird dieser innere Aufstieg allgemein zugänglich. Mit den heutigen psychologischen Techniken kann man jeden, der sie nicht kennt, beliebig manipulieren. Daher ist der Yoga aus der Verborgenheit in die Öffentlichkeit getreten. Während meiner Jahre in Indien – 1957 bis 1962 – hatte ich nur einen Lehrerkollegen, der Yoga übte. Sein Anlaß war Asthma gewesen, das mit europäischen und ayurvedischen Methoden nicht zu heilen war.
Er suchte sich einen Guru. Da er in Deutschland studiert hatte, stellte er ihm wissenschaftliche Fragen über das, was er selbst gelernt hatte, um zu prüfen, ob es ein echter Guru sei. Der Guru konnte alle Fragen richtig beantworten; aber er wußte die Antworten nicht selbst, sondern las sie im Bewußtsein seines künftigen Schülers ab. Es handelte sich um Dr. Mukherjie, der zusammen mit Dr. Spiegelhof ein Buch über Yoga veröffentlicht hat.

Laut indischer Erklärung ist Gedankenlesen die Bemächtigung einer anderen Schwingungsebene; heute würden wir sagen, jene der Alphawellen zwischen 8 und 16 Hertz. Auch ich habe Yogis kennengelernt, die dies vermochten. Viele solche Siddhis sind laut Yoga-Suttra den Übenden zugänglich; doch wenn man sich mit ihrer Erreichung identifiziert, können sie noch gefährlicher sein als die Alltagssorgen. Andererseits ist die Neugier durchaus gesund, und es besteht kein Grund, diese Dinge geheimzuhalten. Die Gefahren des schulwissenschaftlichen Weltbildes mit Atombomben und Umweltzerstörung sind viel drohender als das Einzelschicksal eines Menschen, der sich in der Übung verloren hat und vielleicht im bürgerlichen Leben ansonsten zufrieden überlebt hätte. Außerdem kommt durch das riesige Workshopangebot fast jeder Interessierte an diese Erlebnisse heran, und bei wem einmal das Tor zur Traum- und zur Todeswelt geöffnet wurde, der kann es nicht mehr zusperren.
Die Zuordnung der Chakras zu Entsprechungen ist im heutigen Indien irreführend; meistens stammt sie aus der phantasiereichen Kosmogonie eines Philosophen des 9. Jahrhunderts. Aufgrund der Systemik des Rades und zwanzigjähriger Erfahrung können wir die Bedeutung der Chakras genau bestimmen, wobei ich glaube, daß dieses Wissen ursprünglich vorhanden war. Der Vijnana Bhairava Tantra aus dem 6. nachchristlichen Jahrhundert läßt darauf schließen.
Pratyahara als Stufe bedeutet, die Chakras auf- und absteigen zu können. Der Weg hinauf von der Urkraft zum Urlicht bedeutet Gesundung, der Weg von oben hinunter bedeutet Zugang zur Heilkraft.

Chakras	Bedeutung
7 Sahasrara	tausendblättriger Lotus, Charisma
6 Ajna	Gehorsam
5 Vishuddha	Reinheit
4 Anahata	Stille jenseits der Rhythmen
3 Manipura	Stadt der Wünsche
2 Swaddhistana	Ort des Ich
1 Muladhara	Wurzelchakra

1. MULADHARA – Das Empfinden ist der einzige direkte Kontakt zur Wirklichkeit; die anderen Funktionen und Bereiche sind darauf aufgebaut. Die nullhafte Kraft der Aufmerksamkeit wendet sich in der eindimensiona-

len Beobachtung der Wirklichkeit der Sinnesdaten zu. Physiologisch steht Muladhara in Zusammenhang mit dem Geschlechtszentrum und ist damit gattungsbezogen. Die Schlange wird erweckt: das Empfinden öffnet sich der nicht-assoziativen Wahrnehmung. Dies geschieht im Yoga durch die Asanas, durch die Empfindung jeglicher Körperhaltung als Ruhe, als regelmäßige periodische Eigenschwingung.

2. SWADDHISTANA. Ich nehme nur das wahr, was irgendwie zu meiner Ichstruktur, zu den von mir bevorzugten Assoziationen paßt. Hören und Sehen sind beim Durchschnittsmenschen mit dem assoziativen Denken gekoppelt. Daher gilt es, das Denken von den Sinnesdaten zu lösen. Dies geschieht einerseits durch Pranayama und andererseits durch Klärung der Sprache. Swaddhistana heißt Ort des Ich, weil alle Strategien sowohl körperlich als auch seelisch und geistig von hier anheben.

Im Vorgang der Inkarnation entfalten sich Sprache und Sinneswahrnehmung nach der Geburt. Diese bleibt durch die drei geschilderten Schmerzschwellen tabuisiert und bedrohlich. Das Ichbild ist eine Vermischung von Empfinden und Denken. Es entsteht im Spiegelalter, wenn das Kind sich das erstemal in seinem Bild wiedererkennt. Es versucht fortan, seine Ichvorstellung aus dem Zusammenhang der empfundenen Daten mit der erlernten Sprache zu erzeugen. Das Ichbild gilt als normal, viele Erziehungssysteme versuchen es sogar zu verstärken. Doch in ihm liegt die Wurzel aller Krankheit, weil das Bewußtsein in der Reflexion, in der Spiegelung des Denkens eingesperrt ist und traumatische Gefühlserlebnisse, zu denen es emotional keinen Zugang hat, im Denken „wiederkaut".

Die gelenkte Atmung des Pranayama löst das Denken von der Empfindung, trennt die Wirklichkeit von der Sprache, unterscheidet also „the territory" und „the map".

Asanas und Pranayama kann man gemeinsam durchführen; es ist sogar leichter, weil man über das jeweils andere zum Sprengen des Ichbildes findet und die Verbindung vom Ich zum Selbst durchlässig wird. Diesem Ziel dienen auch die Übungen einzelner Sinne: Tratak für das Auge, Nada-Yoga für das Ohr. Auch das Erleben bestimmter Abläufe, wie etwa im Sonnengebet, führt zu Trennung und Entfaltung der beiden Chakras, am stärksten jedoch das Mantra, das Ein- und Ausatmen begleitet. Der Atemrhythmus hat vier Etappen: einatmen, innehalten, ausatmen, innehalten. Die meisten Pranayama-Übungen legen den Wert auf das Innehalten, Khumba. Eine

Erklärung hierfür hat Bentoff in seinem Buch „Stalking the wild Pendulum“ gegeben. Ein Pendel hat im Schwung kinetische Energie; doch an beiden Orten der Umkehr ist die Energie punkthaft potentiell. Um das nullhafte Gewahrsein zu erreichen, muß man irgendwie diesen Punkt erreichen: im Atem bei der Umkehr im natürlichen Innehalten außerhalb der Zeit. Damit wird das wahre Verhältnis von Ruhe und Bewegung erkannt. Das Selbst der Aufmerksamkeit hinter der Tiefschlafschwelle verwandelt die vielen bewegten strategischen Ichs in Organe der Selbstverwirklichung. Erst nach diesem Erreichnis werden die anderen Chakras zugänglich.

3. MANIPURA. Das Chakra des Fühlens bedeutet auf Sanskrit „Stadt der Wünsche“. Hier muß man darauf achten, nichts zu wünschen, dessen Verwirklichung man nicht möchte, also die Wünsche des Ichbildes nach Veränderung der äußeren Situation genau prüfen.

Das Fühlen beruht auf den inneren Signalen der vier Triebe: Nahrung, Sicherung, Aggression und Reproduktion. Freud hat die Verquickung dieser Triebe mit den vier Stadien der sexuellen Entwicklung entdeckt (oral, anal, phallisch und genital) und auch die Verwandtschaft dieser Stadien mit den vier Geisteskrankheiten. Orale Betonung wird zur Depression, anale zur Zwangsneurose und Paranoia, phallische zur Hysterie, zur Verwechslung von Tagtraum und wacher Erfahrung, und genitale schließlich zur Schizophrenie, zur Bewußtseinsspaltung, wo nur noch das Traumbild „affektiv besetzt“, also wirklich ist.

Um zu gesunden genügt es, die Traumbilder und Vorstellungsbilder – ohne psychoanalytische Interpretation – auf die Tiertriebe und ihre Entsprechungen hin zu eichen. Entweder wird man jedes Gefühl auf seine triebhaften Wurzeln zurückführen, oder die Entsprechungen im Traum begreifen, wie Gaston Bachelard erläutert hat: Sicherung/ Empfinden – Erde; Aggression/Denken – Luft; Nahrung/Fühlen – Wasser; Sexualität/ Wollen – Feuer. Es gibt viele Übungen dazu, doch man sollte in der Therapie von Mal zu Mal neue erfinden, damit nicht wieder das Ichbild durch die Interpretation gestärkt wird.

Jaques Donnars sagt: Vor einer tiefenpsychologischen Behandlung hat man *seine* Probleme, nach ihrem Abschluß die eigenen und die des Therapeuten. Vor allem die Einigung auf eine bestimmte Diagnose bedeutet ein Spiel, aus welchem Therapeut und Patient nicht mehr herausfinden; es wird bitterer Ernst.

Todesangst und Krankheit beziehen sich auf das Ichbild, das Wesen kennt sie nicht. Träume lassen sich nur erinnern, wenn man sie verbalisiert. Alle Gefühle entstehen und vergehen, sie unterliegen dem Werden. Daher gibt es bei Stanislawski einfache Techniken für Schauspieler, Traumata zu entfernen.
Erinnere ich mich an eine meiner Leidensszenen mit den genauen Empfindungsdaten – Licht, Laut, Geruch, Tasten, Kleidung, Raum, Zeit – dann löst sich der Ichbild-Zusammenhang und der Schauspieler kann hinter die Emotion treten, was in seinem Beruf notwendig ist.

4. ANAHATA. Gesteht man dem Fühlen sein Fließen zu, dann kommt man in die echte Stille des Tiefschlafs. Über den Gehörsinn vernimmt man die Lautlosigkeit des Wollens, der Aufmerksamkeit. Meine Wollensstruktur ist karmisch; ich habe sie aus früheren Inkarnationen als Motivation für den Kraftleib mitgebracht. Dessen zweite Komponente ist das Genom, der Erbschlüssel, dem ich durch folgende Fragen auf die Spur kommen kann: Was will ich wirklich, was ist mir wesentlich, was wähle ich, wie entscheide ich, wozu entschließe ich mich, was will ich nicht?
Das Feuer ist die Lebenskraft selbst, wo Licht und Kraft zusammentreffen. Das Herz ist die Mitte des erwachten Menschen, die allein imstande ist, dem Menschen im All gegenüberzutreten.
Das Wollen ist die letzte Funktion der Chakras, nun kommen wir zu den drei Bereichen.

5. VISHUDDHA. Das fünfte Chakra bedeutet Reinheit: es gilt den Körper als schön so anzunehmen, wie er ist. Der Körper enthält für das Bewußtsein die Bilderwelt der Vergangenheit. Jedes nichtintegrierte Erleben wird als Trauma ein Kraftpotential in Verspannungen fixieren. Diese gilt es daher zu lösen. Der Tastsinn ist die große Hilfe bei der körperlichen Befreiung, sowohl äußerlich, wie er in den chinesischen Kriegskünsten und anderen Körpertherapien gelehrt wird, oder nach innen, bewußtwerdend über die propriozeptive Wahrnehmung, deren Existenz den meisten unbekannt ist.

6. AJNA. Das innere Auge der Seele wird als Ort des Gehorsams beschrieben. Der Yogi lebt in der goldenen Kette; nur die Ahnen können ihm helfen, diese Schwelle der wirklichen Kommunion zu integrieren. Mein Wissen ist im Körper gespeichert, doch seine Anwendung verlangt Mitteilung an andere. Das sechste Chakra entsteht in der Inkarnation vor der Individuali-

sierung durch die Urzelle; es bedeutet die ewige Polarisation des Weiblichen und Männlichen in allen drei Generationen: Eltern, Erwachsenen und Kindern.

7. SAHASRARA. Hier findet die Frage – wer oder was – den Zugang zur geistigen Vision, die dem Urlicht entstammt. In manchen Übungen des Kundalini-Yoga befindet sich der Adept in einem fast kataleptischen Zustand; sein Leib ist erkaltet, nur das oberste Zentrum pulsiert. Sahasrara kommt als Begnadung, als Charisma; die beiden Schlangenkräfte Ida und Pingala, die in Form von Spiralen die Kraft hinaufführen, reichen nur bis Ajna. Geist ist ebenso ein Außersich wie die Sinnesdaten des Empfindens. Der Geist wird als Licht und Seligkeit erlebt, wenn man das erstemal in einer Gipfelerfahrung den Zugang zu ihm findet. Doch auch er bedeutet eine Schwelle: die Erringung der Fähigkeit, das für sich Bestimmte zu erkennen und anzunehmen als Gabe des Göttlichen. Die Entfaltung geht weiter und wird mit den drei letzten Stufen des Yogaweges umrissen: *Dharana, Dhyana* und *Samadhi,* meistens übersetzt als Konzentration, Meditation und Enstase! Sie bilden eine Einheit, *Samyama,* die Disziplin des Zusammenfassens.
Dharana bedeutet die Fähigkeit, sich auf einen Gegenstand zu konzentrieren, also die Aufmerksamkeit des Kraftleibes auszurichten. Im Yoga-Suttra heißt es: Dharana auf das Feuer gerichtet, enthüllt es als das alldurchdringende Element. Es gehört also bereits zum ganzheitlichen Leben, ist der Reflexion des Ichbildes nicht zugänglich.
Dhyana ist die Überwindung der Spaltung zwischen Ich und Du, Beobachter und Beobachtetem. Auch hier stehen Ich und der oder das Andere in ganzheitlichem Zusammenhang. Dhyana bestimmt den Wortleib als dasjenige, was vom Menschen entwickelt werden kann und eine bestimmte Integrationshöhe erreicht.
Samadhi ist die Seligkeit des Lichterlebnisses, wie sie jedem im Augenblick des Todes begegnet. Der Lichtleib ist von Anfang an allbezogen.
Diese drei bestimmen das Wesen, das dem Göttlichen begegnet. Indianisch gesprochen ist der Wortleib das Gegenüber von Wakhantanka, der Lichtleib von Skwann mit seiner Forderung, der Schönheit der Schöpfung und der Zeit standzuhalten und sie zu bereichern, und der Kraftleib hat seinen Ursprung in Wakhan, dem großen Nichts des Raumes, aus dem alles quillt und wohin es wieder zurückkehrt.

Mit der Erreichung der Dreiheit *Samyama*, die als Begnadung erfahren wird und sich nicht erzwingen läßt, ist der Weg der Gesundung abgeschlossen und das Sehen ist geöffnet. Man sieht nicht nur sein eigenes Wesen, sondern kann auch das der anderen erblicken. Nach kabbalistischer Tradition sagt der Erzengel Metatron vor der Inkarnation jedem Menschen, was seine Aufgabe im kommenden Leben sein wird. In der Erfahrung anderer Traditionen wird beschrieben, daß das Erleben des großen Lichts, der ausstrahlenden Liebe oder Barmherzigkeit einem ohne Worte zeigt, was der nächste Schritt sein könnte. Doch für alle ist es der Schritt zurück in die Welt, der Abstieg durch die Chakren, um nach der Gesundung als Heiler zu wirken. Im Yogaweg muß der erfolgreiche Raja-Yogi, dem der Durchbruch zum Wesen gelingt, als Karmayogi in die Welt zurückkehren und die Erfüllung der Alltagspflichten als geistigen Weg erkennen, wie es im sechsten Kapitel der Bhagavadgita geschildert ist.
Bei Asklepios geschah die Gesundung durch die Schlangenkraft, doch Ursprung der Heilung war die Aufgabe, die von Telesphoros vermittelt wurde. Auch in der Kabbala stehen beide Wege nebeneinander: Rückkehr ins Paradies als Gesundung, also vor dem Sündenfall der Inkarnation, der keine Schuld bedeutet, sondern eine Vorbereitung; und daneben der Messias, also die Mitarbeit am Reich, am Pleroma, durch die Fähigkeit, die eigene Rückbindung für die Erweckung des Wesensfunkens anderer einzusetzen.
Der Weg der Heilung die Chakras hinunter verläuft in folgender Weise:

7. SAHASRARA. Ausgangspunkt wird jenes Wissen, das der Mensch im All einem als für die Aufgabe notwendig vor der Inkarnation zeigt. Dieses Wissen ist kein Ergebnis des Nachdenkens. Es fällt einem als Inspiration zu, in großen Blöcken, die es dann auseinanderzuklauben gilt. Dieser Augenblick der Begeisterung ist auch im Leben erreichbar. Er ist die Gipfelerfahrung. Für jeden ist er schön, es gibt darin keinen richtenden oder strafenden Gott.

6. AJNA. Nun gilt es die Menschen zu finden, die am gleichen Strang der goldenen Kette teilhaben, also auf dieselbe Weise der Ganzwerdung ausgerichtet sind.

5. VISHUDDA. Nun tritt der Mensch als Fünf auf. Zehn Wortleib, Neun Lichtleib, Acht Kraftleib, Sieben Geist und Sechs Seele. Alle fünf sind kollektiv bestimmt, sie sind Teil der kosmischen Gattung, in der Inkarnation noch vor der Individualisation der Urzelle. Im Schritt des Vishuddha

nimmt man jetzt die Vereinigung der Eltern, die eigene Biographie sowie den Ort in der Menschheit zum Ausgangspunkt des Wirkens. Die Anamnese ist vollständig.

4. ANAHATA. Die Wahl richtet sich nicht mehr auf die aufzuarbeitenden Probleme der Vergangenheit wie im Aufstieg der Gesundung, sondern man entscheidet mutig über das im Augenblick zu Tuende.

3. MANIPURA. Sowohl die Befriedigung der eigenen Bedürfnisse, die Verwirklichung der Wesenswünsche, als auch die Befriedigung anderer wird hier zum Ansatz. Man erkennt ihre Not und kann das zu Tuende so darstellen, daß sie begeistert und willig mittun, da sie sich in ihren Wünschen verstanden fühlen.

2. SWADDHISTANA. Die „Iche" – das eine Ich hat der Vielheit der Strategien Platz gemacht – sind nun Werkzeuge zwischen der Wendung der Not, der Befriedigung der Bedürfnisse und der Verwirklichung der Schönheit.

1. MULADHARA. Das Werk der Erde offenbart sich; man erfährt die Hilfe der Erdgöttin, um an der Verschönerung der Welt mitzuarbeiten. Das Unheil wird verringert, das Heil wird vergrößert, und damit hat das Leben seinen Sinn gefunden.
Die fünf individuellen Chakras – Muladhara, Swaddhistana, Manipura, Anahata und Vishuddha – spiegeln sich in den Fingern der rechten Hand. Ajna, Sahasrara, Kraftleib, Lichtleib und Wortleib entsprechen den Fingern der linken Hand. Wer auf Muladhara und Swaddhistana beschränkt, im Ichbild befangen ist, der hat nur die eine Geburt. Wer den Aufstieg gemacht hat bis zum Erleben des Samyama, für den wird die linke Hand zum Ausgangspunkt und die rechte zur Mitwirkung – die linke Yang und die rechte Yin. Damit sind wir an das Ende der rationalen Esoterik gekommen und wenden uns im vierten Teil den Schichten des Seins zu, deren Entschlüsselung das Anliegen der hermetischen Naturphilosophie gewesen ist.

IV. TEIL

Schichten des Seins

1. Bewußtsein

Die sieben Sinnträger bilden das Gehäuse der Vernunft. Werden sie aber nicht als Heilsweisen verstanden, sondern als vorgegebenes Spiel wie in den Ideologien, dann wird das Rad zum Gefängnis des entfremdeten Bewußtseins. Die Vernunft hat nur dann einen positiven Wert, wenn sie sich nicht selbst für die Wirklichkeit und Möglichkeit, für die Aktualität und die Potentialität hält, sondern weiß, daß das Rationale der Zugang zum Irrationalen ist, worin wir leben. So ist das existentiell entscheidende Problem die Erkenntnis der Welt, in der wir leben, sterben und auferstehen. Hierbei verstehen wir unter Welt alles, was erfahren werden kann: Diesseits und Jenseits, die Zivilisation und des Menschen Weg, wo immer er einen hinführen mag. Der Gesamtbegriff für diesen Bereich ist das Bewußtsein.
Wir leben eigentlich zwischen vier Welten:

1) Die Welt des Wachens, die über die linke Großhirnhemisphäre zugänglich wird.
2) die Welt des Traumes, die über die rechte Großhirnhemisphäre zugänglich wird. Ihren Ursprung bilden die Triebe, die auftauchen und nach ihrer Befriedigung wieder verschwinden.
3) Die Welt der Reflexion im hinteren Großhirnbereich, wo Bilder zu Sprache oder Sprache zu Bildern werden.
4) Die Welt des Schlafes, der inneren Stille, von der aus im Vorderhirn die Aufmerksamkeit ansetzt.

Die Mitte zwischen den Welten ist das Gewahrsein, das aber nicht von den Vieren erzeugt wird, sondern Teilhabe am All bedeutet.
Betrachten wir die Bewußtseinsstruktur aus der Sicht des Rades, so lebt der Mensch im Kreis, wie es sein Horoskop bestimmt. Die Probleme des Wortleibes können ihn ganz gefangennehmen, das soziale Leiden mag ihn für Innenwelt und Außenwelt blind machen. Die Gesundung beginnt, wenn der Mensch die Dimensionen außerhalb des Kreises angeht. Nur Seele und

Denken sind innerhalb des Kreises. Körper und Fühlen, Geist und Empfinden, Gewahrsein und Wollen begegnen einem von außerhalb der Reflexion. Daher ist das Mysterium des Asklepios mit seinen fünf Stufen, wie wir es eingangs beschrieben haben, der Zugang zum vollen Bewußtsein, zum „Leben“ anstelle des „Gelebt-Werdens“.

Im Ritus des Mysteriums geht der Weg bergauf bis zum Tempel, in dem Heilung und Gesundung erreicht werden sollen, im Bewußtsein dagegen geht er nach unten. Jede der Stufen ist durch eine andere Frequenz der Gehirnströme gekennzeichnet, weshalb sie in der Resonanz durch den entsprechenden Rhythmus der schamanischen Trommel aktiviert werden kann.

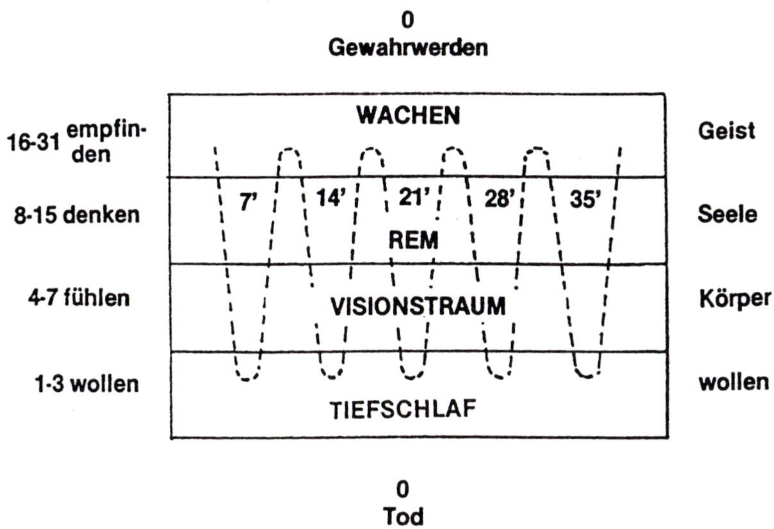

1. DIMENSION – Wachen, Betawellen, 16–32 Hertz.

Das Wachen entsteht als Schwingung im Großhirn, sobald die Augen geöffnet sind und Licht von außen kommt. 16 Hertz markieren die Sinnesschwelle, Töne unterhalb von 16 Hertz mit dem Tonwert c werden nur als Rhythmen wahrgenommen. Die Gesetze der Sinne bestimmen das Wachen sowohl im Empfinden als auch im Geist. Alle geistigen Gestalten sind sinnliche Bilder. Der Geist ist der Zugang zum morphogenetischen Feld, im

Medizinrad der Ort der Ahnen im Südosten. Über Geschichte zu reden und die augenblickliche Lage zu ermitteln, ist eine ebenso konkrete Erfahrung wie nicht-assoziatives Hören, Sehen, Riechen, Schmecken oder Tasten; die fünf Sinne nach innen zu sind wie erinnerlich: Lesen, Sprechen, Sich Verständigen, Schreiben und Wirken. Somit hat das Wachen seinen Ausdruck in den Händen, deren Linien auch den Zustand der augenblicklichen Integration zeigen.
Was nicht bis zum Wachen durchdringt, spielt sich im Inneren der Reflexion ab. Die beiden Chakras der ersten Dimension – Empfinden und Geist – sind überbewußt; sie begegnen einem in ähnlichem Sinne, wie man imstande ist, das I Ging-Hexagramm einer Situation denkerisch zu ergründen.

2. DIMENSION – Reflexion, Alphawellen, 8–15 Hertz.
Hier bildet die Astrologie den Schlüssel. Erst wenn die Zwölfheit integriert ist – 12 Hertz ist die Yangmitte des Alphabereichs, da es die Oktave der Quinte g ist – wird das Rad zum Strahlungsfeld. Man hat seinen Sonnentypus verwirklicht, wobei sich durch die Planeten und ihre Aspekte im Miteinander und Nacheinander die verschiedensten Resonanzen der Kommunikation und Kommunion, aber auch der Gegnerschaft einstellen. Ist das Tor des Wachens geöffnet und die Bereitschaft dazu da, etwas Neues im Sinne des Gewahrseins zu erleben, dann wird der Verkehr zwischen den Menschen in ihrer Sechsfältigkeit ermöglicht.
Nach außen zu liegt hier die Ebene des strategischen Denkens, und dies erfordert die Kenntnis der Weltgrammatik, echtes Wissen von vermuteter Meinung zu unterscheiden. Nach innen zu bringt es die Selbstrechtfertigung des Remtraumes, der während der fünf Schlafperioden gemäß dem obigen Schema immer erneut auftaucht. In der Jugend erfüllt er seinen Zweck. Sobald aber ein Mensch Verantwortung trägt, genügt der Remtraum als bildhafte Ergänzung nicht mehr, sondern das Meistern des Horoskops ist die Voraussetzung für die Persönlichkeit.

3. DIMENSION – Visionstraum – Thetawellen, 4–7 Hertz.
Hier hat jede Schwingungszahl eine erkennbare Bedeutung: 5 Hertz sind die Wirkkräfte der Chinesen, 6 Hertz die Urfamilie und das einzelne Hexagramm, 7 Hertz repräsentieren die Chakras und 8 Hertz die zum Remtraum überleiten, eröffnen die acht Richtungen des Rades.

Das Fühlen hat vier Komponenten: die Triebe als innere Signale. Ist einer von ihnen nicht befriedigt – Nahrung, Sicherung, Aggression oder Reproduktion –, dann taucht das entsprechende Traumbild auf, und durch Entschlüsselung gemäß den hippokratischen Elementen läßt sich das Problem diagnostizieren. Der Körper enthält die gesamte Vergangenheit. Jeder Ansatz muß weiter verfolgt werden, er spricht also im Visionstraum über genau jene Signatur, die wir geschildert haben, als wir über die Astrologie sprachen.

4. DIMENSION – Tiefschlaf, Deltawellen, 2–3 Hertz.
Hier ist das tatsächliche Wesen, das Anahata-Chakra als Zeuge, das allein Zugang über die Aufmerksamkeit – 1 bis 3 Hertz – zum Gewahrsein hat. Was ein Mensch ist, was er getan hat, wieviel Kraft er besitzt, was seine Hoffnungen sind, all das ist im Genom, in der Information des Erbschlüssels eingegliedert.
Ohne Yoga ist es schwer, einen Menschen zum Durchbruch zum Tiefschlafbewußtsein, zur inneren Stille des Anahata zu bringen, weil das Schlafbewußtsein die Todesschwelle vorwegnimmt und das Ichbild davor Angst hat. Nach europäischer Auffassung träumt der Mensch nur während der Remphasen, die für den Beobachter durch Bewegung der Augen hinter den Lidern zu erkennen sind (REM = rapid eye movements). Nach afrikanischer und indischer Auffassung weilt der Mensch in den beiden letzten Zuständen, Theta und Delta, nicht in seinem Körper, sondern in anderen Welten. Das Wollen wird von der Kraft der Aufmerksamkeit getragen, die Teil an der Urkraft hat und eine bestimmte Quantität besitzt. Die afrikanischen Medizinmänner bewerten einen Schamanen nach dieser Quantität, die sie „Mangu“ nennen, die Polynesier heißen sie „Mana“.
Der Tiefschlaf ist der Ort des Wollens. Die Aufmerksamkeit wechselt im Sekundenrhythmus zwischen Beobachtung und Erinnerung. Was wird nun beobachtet und was erinnert? Die Wahl ist immer nach außen zu eine Entscheidung, von innen her ein Entschluß. Alle Entscheidungen und Entschlüsse haben als Urbild die neun Ziffern, wie sie die Kabbalisten verstanden haben. Gott hat neun Qualitäten. Er selbst ist die Null oder die Zehn. Der Mensch dagegen muß sich einer der neun Zahlen verpflichten, um durch sie vom Westen aus am Werk der Erde mitzuarbeiten.
Die gewählte Zahl ist der Schlüssel, um das Wollen der vierten Dimension mit dem Gewahrsein der vierundsechzig Urbilder zu verbinden, die außer-

halb von Raum und Zeit die nullte Dimension des ewigen Augenblicks bestimmen. Um seine Zahl zu erfahren, muß man sich die neun Ziffern vorstellen, sie schmecken, kauen, riechen, sehen, als Rhythmus hören, als Form tasten. Dann wird jeder herausfinden, was sein Wollensansatz ist, was für ein Schöpfungsprinzip ihn trägt; immer jedoch hat es eine kosmische, eine mikrokosmische und eine makrokosmische Bedeutung, deren Signifikatoren die Planeten sind:

1 ist der Heiler, der das Grundvertrauen gibt und imstande ist, durch das Feuer der Unterscheidung alles zu wandeln: Jupiter, Mond, Merkur.
2 ist der Gestalter, der in dauernder Geburt und Einstimmung auf die Komplementarität die Welt mit Schönheit erfüllt, wobei die mineralische Wirklichkeit sein Feld ist: Venus, Venus, Venus.
3 ist der Forscher als Mensch zwischen Himmel und Erde, immer auf dem Weg, der das Inbild jedes Menschen erkennt und ihm dazu verhilft, gleich einem Baum voll auszuschlagen und seine Fülle und Vollendung zu erreichen: Uranus, Jupiter, Mond.
4 ist der phantasievoll Sorgende, der die Bedürfnisse seiner selbst und anderer annimmt und befriedigt; der die entsprechenden Strategien entwickelt, um jeder Lage gewachsen zu sein, und der wie ein Tier ohne Angst seine Rolle in der Evolution lebt: Mond, Pluto, Mars.
5 ist der praktische Mensch, der wirtschaftlich urteilt, für alles Geschick hat, wenn er seine Norm in der Welt findet und bei den anderen den Wesensfunken erspürt, woraus sie ihre Menschlichkeit entfalten können: Merkur, Saturn, Luzifer.
6 ist der Gemeinschaftsschaffende, der in allen Verhältnissen verhandeln kann und jedem gerecht wird. Er ist bereit, sich für Werte einzusetzen, zu kämpfen und versteht seine Aufgabe in der Geschichte in Beziehung zu den Ahnen: Neptun, Mars, Jupiter.
7 kämpft für das Gute gegen das Böse. Er weiß, daß das, was ihm zustößt, genauso zu ihm gehört wie das, was er tut. 7 hat Glück, wenn er die Naturgeister achtet. Sein Ziel ist die Vereinigung von Urkraft-Urlicht im Wesen: Mars, Merkur, Saturn.
8 überblickt und wägt die Umstände, versteht das Gesamtbild und das, was im Augenblick zu verwirklichen ist. Jede Schwäche kann in eine Stärke umgemünzt werden, er hat Zugang zu den Engeln, welche jedem Fragenden Aufgabe und Berufung eröffnen: Saturn, Uranus, Uranus.

9 ist der Entwerfer, der in jeder Lage ein neues Spiel und einen neuen Zusammenhang im Geschehen erfinden kann. Er wird andere begeistern und an der Schönheit der Welt, am Wissen und an der Wahrheit mitarbeiten, ohne sich in Einzelheiten zu verlieren: Pluto, Neptun, Neptun.
0 und 10 sind das göttliche Selbst: der Einende Eine und der Mensch im All. Jeder wird Teil des Numinosen, wenn er seine ganze Geschichte, seine Fähigkeiten, sein höheres Selbst bereits im Leben als Teil des Großen Ganzen erkennt. Kein Mensch kann diese Zahlen verkörpern, aber jeder hat an ihnen Teil: Sonne, Sonne, Pluto.

Damit haben wir den Rahmen des Bewußtseins formal bestimmt. Doch diese Schau kann durch die ideologischen Weltgedichte zerstört werden; sie verlangt ein Verstehen der Stellung des Menschen im Kosmos, die wir durch das Rad begreifen können.
Aus der folgenden Darstellung können wir sehen, daß nur Denken und Seele dem Bewußtsein der Mitte zugänglich sind. Geist und Empfinden bilden eine Tangente im Osten, Körper und Fühlen im Westen. Doch der Westen muß durch die Zahl, der Osten durch die Wandlungen ergriffen werden und führt damit ebenfalls in die Mitte.

Das Rad als Entfaltungsweg

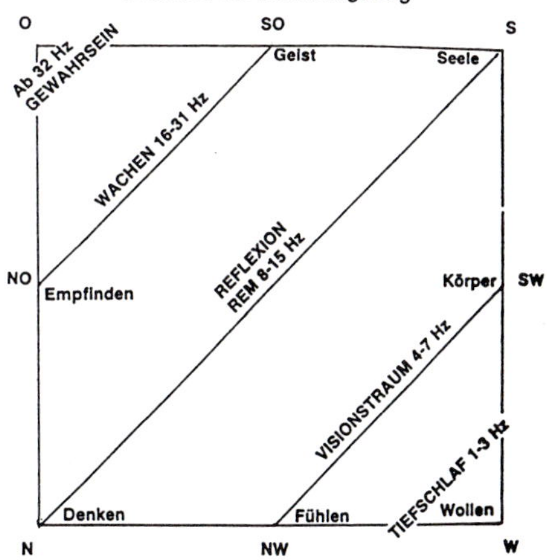

Auch unser Buch ist nach dem Rad aufgebaut. Der erste Teil über die Paradigmen der Heilung setzt am Wollen im Westen an. Der zweite Teil über das Medizinrad stützt sich auf die Offenbarung des Visionstraumes von Körper und Fühlen. Der dritte der Weltgrammatik zeigt den Zusammenhang der Wege zur Ganzwerdung im rationalen Bereich über Denken und Seele. Der vierte nun setzt anstelle einer ideologischen Scheinwelt die tatsächliche Natur des Menschen in ihrem Verhältnis zu Himmel und Erde. Der fünfte schließlich wird das Verhältnis zu Tod, Religion und Menschwerdung klären und ist das eigentliche Ziel der Holistik.

2. Kosmogonie

Der Ursprung des Bewußtseins ist das Licht als Fähigkeit des Gewahrseins. Das Licht tritt aus dem Nichts ins Etwas. Die jüdische Kosmogonie kündet: Gott sagte, es werde Licht, und es ward Licht.

Gewahrwerden ist am ehesten mit Verzehren zu vergleichen. Gott ist der unendliche Quell des Lichts, das die Welt hervorbringt und nährt. Wahrnehmen des Lichts über das Empfinden heißt, daß das Licht in dem Augenblick, da es auf die Netzhaut trifft, stirbt; sein Impuls wird elektrochemisch, pflanzt sich in den Nervenbahnen bis zum Sehzentrum fort. Dort wird es vom Dunkel der Aufmerksamkeit wieder in Licht zurückverwandelt, in die Vorstellung, die den Weg zur Wirklichkeit einschlägt. Christlich formuliert, ist das Verhältnis von Licht zu Dunkel das vom Schöpfer zum Geschöpf. Das Ziel der Kreatur ist, sich nach dem Umweg über die irdische Existenz mit dem Schöpfer zu vereinen; so wird hebräisch der Sinn des Daseins beschrieben.

Das heutige wissenschaftliche Weltbild als Sammelsurium plausibler Hypothesen ist wahrscheinlich das irrealste, das es je gegeben hat. Die Welt besteht nicht mehr aus Atomen, letzten Urbestandteilen wie bei Demokrit, sondern aus hunderten oder unendlich vielen Atomkernteilchen, auf welche die Wirklichkeit reduziert werden soll. Desgleichen existieren wir makrokosmisch in einem sich sinnlos ausdehnenden Universum mit unzähligen Sternen. Das menschliche Leben auf der Erdoberfläche – jener dünnen Haut von zwölf Kilometer Durchmesser, wo sich das Dasein zwischen fest, flüssig und gasförmig bei einer Durchschnittstemperatur von achtzehn Grad und einem atmosphärischen Druck von siebenhundertsechzig Millibar vollzieht – ist ein subjektives uninteressantes Detail, das man vernachlässigen kann. Die Welt ist sinnleer. Tummelplatz wissenschaftlicher Spekulanten, die genauso Spieler sind wie die Spekulanten an der Börse, die auch manchmal Erfolg haben.

Das ganzheitliche Weltbild ist keine Hypothese, sondern eine Entscheidung. Wer Ganzheit will, verzichtet auf die Hypothese der Sinnlosigkeit, die sich ohnedies nur ein amtlich bestallter bürgerlicher Wissenschaftler mit Pensionsberechtigung leisten kann. Wer immer sein Leben in Gefahr verbringt, der Bauer, der mit den Launen des Wetters zu rechnen hat, der Künstler, der nicht weiß, ob ihm sein Bild gelingt und wann er es für fertig erklärt, der Ingenieur, der eine neue Art der Energie findet, der Politiker, der die landesübliche Korruption verringern will – sie alle müssen nach dem Sinn fragen. Sie leben in einer sinnlichen Welt, die in unserer Größenordnung besteht, mit Pflanzen, Tieren, Steinen, Menschen und den Erzeugnissen der Zivilisation.

Schwer ist es, das Ichbild zu verlassen und die Midgardschlange zu sprengen. Wir wollen es jetzt versuchen. Dazu müssen wir die gesicherten Daten der Naturwissenschaft in anderer Weise anordnen, als man es in der Schule gewohnt ist, nämlich in bezug auf den Sinn und die Ganzheit, die Menschwerdung. Dieser letzte Ausdruck zeigt schon, daß wir noch keine Menschen sind, sondern daß man die Erde als eine Schule betrachten kann, die der Menschwerdung dient – wie es einst am Beginn der europäischen Kultur die artes liberales versuchten.

Die vier Welten des Bewußtseins – Wachen, Reflexion, Traum und Schlaf – liegen in der gleichen Größenordnung. Auch Gott als Gestalt, die himmlischen Wesen, sind nicht größer als wir. Wir können den Himmel genauso sehen wie die Erde, wenn wir erlernen, die Todeserfahrung als Tor im Leben vorwegzunehmen.

Das Bewußtsein existiert zwischen Himmel und Erde. Im Nachthimmel gibt es Licht und Dunkel. Der Tag wechselt mit der Nacht, etwas anderes als Licht und Dunkel ist nicht zu erkennen. Aus dem Licht der Sonne entsteht das Gewahrsein der Zeit, aus dem Licht der Sterne und des Polarsterns, dem Nachthimmel, kommt das Gewahrsein des Raumes, der sich um eine Mitte dreht. Entweder ist Tag oder Nacht; entweder denke ich in der Zeit oder im Raum. Ich erlebe in der Zeit oder im Raum: mein sprachliches Denken, mein musikalisches Hören befähigt mich, beide zu vereinen.

Das substantielle göttliche Licht ist in der Erfahrung des Todes nicht nur Helligkeit, sondern verströmende Liebe ohne Beurteilung. Nie hat Gott Menschen verurteilt, nie war er strenger Richter oder Rächer. All das sind kulturelle Formulierungen des Ichbildes der Gefangenen in der Höhle der Reflexion, mit dem Gesicht zur Wand gefesselt, wie Plato es in seinem Gleichnis beschrieb, wobei er hinzusetzte: Gelänge es einem zu entkommen und vom wirklichen Licht zu erzählen, so würde sein Bericht nicht geglaubt, ja er würde sogar bestraft werden, wie es dann Sokrates tatsächlich erging.

Aus dem Licht entstehen Zeit und Raum. Die Zeit gebiert die Arithmetik, der Raum die Geometrie. Das Licht ist die absolute Resonanzgeschwindig-

keit, der Maßstab, innerhalb dessen sich nach der Einsteinschen Formel $E = MC^2$ Masse und Energie ineinander verwandeln. Energie ist Ausdruck der Zeit, Masse Ausdruck des Raumes. Beide sind Kräfte des Bewußtseins. Masse und Energie stehen im umgekehrt reziproken Verhältnis zueinander. Betrachten wir sie in bezug auf den Sinn des Hörens: die halbe Saite klingt als höhere Oktave, ein Drittel der Saite als dreifache Schwingung. Das gleiche gilt für die Farben des Lichts. Das weiße strahlende Licht erscheint nur für das Dunkel, das es aufnehmen kann, nicht im leeren Raum. Sonst wäre der Nachthimmel hell und nicht sternenbesäht; sonst würden wir auch das elektromagnetische Feld wahrnehmen und nicht nur die Massen der Sterne.
Die Energie des Lichtes, die wir in der Zeit wahrnehmen, bezeichnet man als Elektromagnetismus. Materie ist in der Einsteinschen Formulierung verfestigtes Licht. Das Feld, das sich räumlich durch Krümmung um einen Massepunkt bildet, bezeichnen wir bekanntlich als Gravitation. Das Licht selbst hat nun als Ursprung die Wirkungsquanten, die natürlichen Zahlen des Universums; ihr Ursprung sind die Ziffern von 1 bis 9. Aber das Licht enthält auch notwendig die 64 archetypischen Situationen, die die Vielfalt möglichen Gewahrseins bestimmen, während die Qualität der neun Zahlen im Rad in den Westen wandert.
Das Urdunkel ist die Erde. Ihre zwei Parameter in Entsprechung zu hell und dunkel sind Leben und Tod. Das Leben ernährt sich vom Tod und kehrt beim Sterben eines Individuums in den Tod zurück. Das Leben wird aus den Kombinationen der zehn Elementgruppen geschaffen, deren Atome sich nach dem genetischen Code über die Aminosäuren zu Molekülen verbinden. Das lebende Wesen ist selbst auch aktiv und passiv, handelnd und erduldend, tuend und erfahrend.
Licht wird im Wachen erlebt, das Dunkel erzeugt den Traum. Existieren verlangt Anerkennung des kosmischen Stoffwechsels, Gewahrsein der Notwendigkeit des Todes: die an sich unsterblichen Moleküle kehren in den chaotischen Zustand, in die dissipative Ordnung (Ilya Prigogine) zurück, um neuen Integrationen von Wesen zu dienen. Ein Schnitzel, früher Teil eines Schweines, wird molekular verwandelt (durch Essen) Teil eines anderen Organismus.
Das Licht verstehen wir über den Mikrokosmos, die kleinsten Einheiten der Wirklichkeit. Das Dunkel verstehen wir über den Makrokosmos, die größten Einheiten des All, von dem sich ausdehnenden Universum über Gala-

xien, Sonnen und Planeten bis zu den Monden. Größenmäßig ist der Mensch mathematisch genau die Mitte zwischen Mikrokosmos und Makrokosmos: zwischen Atom und Planet, Kern und Sonne, Photon und Galaxie. So ist der erste Fehler des heutigen Pseudoweltbildes die Vorstellung, der Mensch sei auf letzte Einheiten zu reduzieren: er ist im Bilde der Ganzheit Gottes geschaffen. Atome, Protonen, Photonen sind vom Sinn her Abstraktionen, ebenso wie in der Mathematik die vierte Dimension allein in der Aktualität besteht, während die anderen drei Dimensionen – räumlich Linie, Fläche, Volumen, zeitlich Bahn/Zukunft, Umlauf/Gegenwart und Drehung/Vergangenheit – nur Blickrichtungen darstellen. Zwischen Mikrokosmos und Makrokosmos liegt der Kosmos unserer Größenordnung, unsere reiche sinnliche Welt. Auf Griechisch heißt Kosmos nicht nur Schönheit und Ordnung, sondern auch Menschen. Ich war baß erstaunt, als ich vor einem Abendessen nach einem Seminar in Athen die Gastgeberin sagen hörte, sie erwarte 34 „Kosmosse“; sie meinte aber nicht Sonnensysteme, sondern ganz normale Griechen!

Aus dem Licht entsteht die Materie im Makrokosmos, im Mikrokosmos dagegen die elektromagnetische Energie. Für die Materie kann man sich den Unterschied zwischen Strahlung und Trägheit – Beharren in der gleichen Bahn – anhand folgender Zeichnung veranschaulichen:

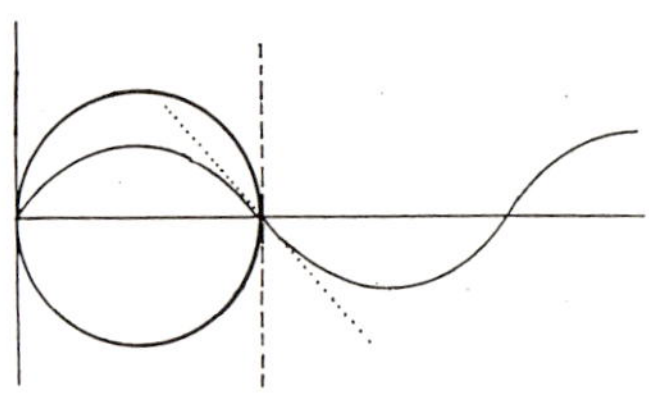

Im Elektromagnetismus verlaufen die transversalen Wellen des Lichtspektrums in einem Winkel, der für jede Farbe ein anderer ist. Erreicht dieser Winkel oder Schnittpunkt mit der Richtung 90 Grad, dann kreist das Licht um eine Mitte; es bildet sich die Struktur des Uratoms in seiner Siebenfältigkeit.

Die Wirkung Gottes läßt sich denkerisch besser mit dieser naturwissenschaftlichen Formel beschreiben als mit jener der Bibel: „Ich werde dasein als der ich dasein werde“ – verkündete Gott im brennenden Dornbusch, wo er Moses als Feuer erschien. Doch beide Beschreibungen sind richtig. Die Einsteinsche kann zum Wissen werden, die biblische zum Erleben.

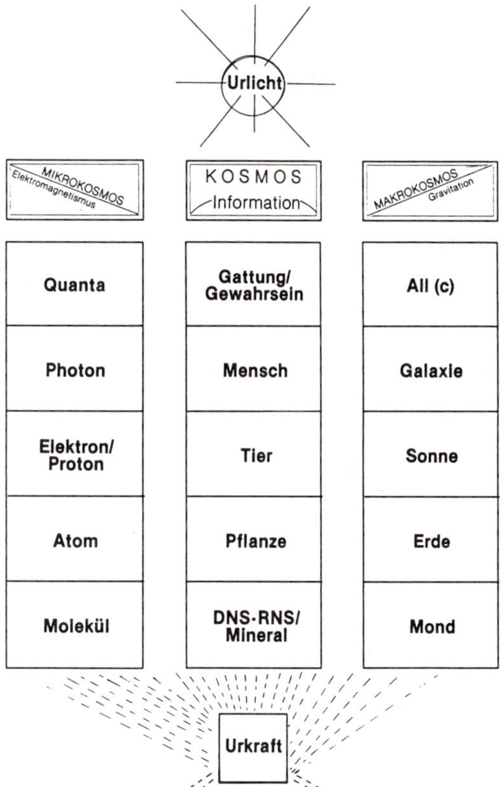

Die linke Spalte des Mikrokosmos bedeutet Verringerung an Energie, die rechte des Makrokosmos Vergrößerung der Abhängigkeit. Beide sind absteigend, in Entsprechung zur gnostischen Emanation.

1. Dimension. Die natürliche Zahl des Wirkungsquants mit unendlicher Energie als Teilhabe an der Subjekthaftigkeit Gottes wird zum Photon des Lichts, einem Teilchen mit 37 Billionen Elektronenvolt.

2. Dimension. Aus dem Photon bilden sich Protonen und Elektronen, Leptonen und Quarks, die dem Gesetz von Anziehung und Abstoßung unterliegen. Laut Charon kann ein Elektron so viele Protonen beherbergen, wie es Sonnen im Universum gibt; er bezeichnet sie daher als Träger des Gedächtnisses.

3. Dimension. Protonen und Elektronen vereinen sich bei weiterer Energieverringerung zu den Atomen der zehn Elementgruppen, die alle die siebenfältige Schalenstruktur aufweisen und deren Energie vierfältig ist. Das Atom nimmt Energie auf und kann es in vier Weisen verwenden:

a) es kann sie als potentielle Energie speichern; ein Elektron geht in eine höhere Bahn.

b) zur Erwärmung, Wandlung des Aggregatzustandes in der neunfältigen Temperaturskala.

c) das Atom kann mittels der Energie molekulare Verbindungen schaffen, falls diese Energie benötigt wird – im Gegensatz zu den Vorgängen der Verbrennung oder der Fusion, bei denen Energie frei wird.

d) es kann die Energie wieder in Form von Strahlung abgeben. Die Tendenz zu dieser Verwendung ist am stärksten, weil das Atom nach dem Grundzustand strebt.

4. Dimension. Die Atome vereinen sich nach dem Achtergesetz zu Molekülen, die in vier Formen auftreten: kristallin, metallisch, salzhaft und als Selbstorganisation (Autopoiesis).

Die mikrokosmischen Stufen stehen in Entsprechung zu den makrokosmischen.

0. Dimension. Das All ist gleich dem Atem Gottes, dehnt sich nach indischer Auffassung und der Urknalltheorie in zweiundvierzig Milliarden Jahren aus und kehrt nach weiteren zweiundvierzig Milliarden zum Ursprung zurück. Die Ausgangsmitte ist notwendig „überall“.

1. Dimension. Das All besteht aus leeren Raumkugeln, die wahrscheinlich von Tachyonen erfüllt sind. Wo diese zusammentreffen, bilden sich Galaxien; die Photonen kreisen um ein Schwarzes Loch, wie unsere Milchstraße, in deren Armen bilden sich Sonnen, Planeten und Monde.

2. Dimension. Unsere Sonne befindet sich in einem der Spiralarme der Galaxie.

3. Dimension. Um die Sonne kreisen die Planeten in einer flächigen Bahn, darunter unsere Erde.

4. Dimension. Um die Erde kreist der Mond, der keine Eigendrehung hat und der Erde immer die gleiche Seite zukehrt.

Makrokosmos und Mikrokosmos haben auch physikalisch die gleiche Stufenstruktur. Die Milchstraße faßt die Photonen zusammen. Da das Gesetz der Strahlung additiv ist (1. Dimension), das Gesetz der Schwerkraft aber multiplikativ (2. Dimension), wird das Licht ab einer gewissen kritischen Masse von den Körpern angezogen und verwandelt sich in die mikrokosmischen Gebilde. Die Sonne produziert ihre Energie durch die Fusion des Wasserstoffes in Helium. Ihre chemischen Elemente im Kohlenstoffzyklus reichen nur bis zum Element Eisen mit der Atomzahl 26. Daher kann die Erde nicht der Sonne entstammen.

Die Erde hat alle 92 Elemente des periodischen Systems, ist also atomar zu begreifen. Die schweren Elemente bis Uran entstammen dem Zwillingsstern der Sonne, der vor langer Zeit starb und zum Neutronenstern wurde, im indianischen Mythos Luzifer, von welchem die Asteroiden zwischen Mars und Jupiter ebenso Bruchstücke sind wie die Planeten. Die Schwerkraftmitte schließt als Schwarzes Loch unser Sonnensystem ab, welches selbst aber in eine große elliptische Aura, in die Orthsche Wolke eingehüllt ist, die nur von den Kometen durchmessen wird; sie gelten daher auch in den meisten Mythologien als Botschafter neuen Wissens.

Die Molekülebene der vierten Dimension ist die einzige erfahrbare Gegebenheit. Sie ist der Ursprung des Kosmos im Leben der Erde, von der aus der Weg zurück zum Licht ging, den wir sowohl für das Bewußtsein als auch für die biologische Entfaltung als Evolution bezeichnen.

3. Evolution

Die Kräfte des Makrokosmos und des Mikrokosmos vereinen sich auf der molekularen Ebene der vierten Dimension als Selbstorganisation oder Autopoiesis. Im festen Zustand sind Moleküle kristallin, metallisch oder salzhaft. Doch im flüssigen Medium werden sie zur Basis des genetischen Codes, der in der dissipativen Ordnung den Aufbau beginnt. Die Wesen verwenden zerstörte molekulare Zusammenhänge, um eine höhere Integration zu erreichen. Der genetische Code steht, wie schon erwähnt, in Entsprechung zu den 64 Hexagrammen des I Ging. Vier der Nukleotide sind Speicher-DNS, vier sind Überträger oder Arbeiter, wie im Fünferzyklus der Wirkkräfte mit ihren zugeordneten Organsystemen.

Der genetische Code kennt bereits Wachstum und Vermehrung. Das Wollen und die Mineralwelt entsprechen der Stufe des Tiefschlafs, im Großhirn ist dies jener Ort, wo die Aufmerksamkeit zwischen links und rechts, zwischen Beobachtung und Erinnerung alterniert und eine der neun Zahlenqualitäten wählt.

Die Bauhütte des Mittelalters behauptete, jeder Mensch habe einen Zahlengrund, ebenso wie Pflanzen und Tiere aus festen Proportionen erwachsen. Dieser Grund entspricht der gewählten Zahl, die für das ganze Leben das Wollen bestimmt. So ist meine Zahl die Sechs. Mir hatte einer der letzten Vertreter der Bauhütte und der germanischen Überlieferung bereits vor vierzig Jahren gesagt, daß mein Grund der Sechsergrund sei; ich hatte es aber in der Zwischenzeit vergessen.

Der Mensch ist Mineral, Pflanze und Tier. An der mineralischen Welt hat er Teil durch die Achtfältigkeit des molekularen Sättigungsschlüssels, der im Wasser und im Salz ebenso wie in den Edelgasen verwirklicht ist. Der Achterschlüssel gilt in allen Bereichen. Geistig bestimmt er das Medizinrad, seelisch die Funktionen und Bereiche, und körperlich die Bildung der Moleküle, deren Urbild das Wasser ist, welches dem Mond unterliegt.

Form zu haben bedeutet, frei wachsen zu können. Formen sind mineralische Kraftlinien wie bei den sechs Kristallsystemen. Im Mittelalter, als man die Gesetze der Statik noch nicht kannte, baute man die gotischen Kirchen um einen Zahlengrund herum und wußte, welche Struktur für eine bestimmte Rolle in Frage kommt. Der Achtergrund war ausdrücklich dem Kaiser vorbehalten, wie das Castel del Monte in Süditalien zeigt.

Moleküle sterben nicht. Auch die Geschlechtszellen des menschlichen Organismus sterben nicht nach der vorher bestimmten Anzahl von Teilungen wie die anderen Körperzellen. So ist das Mineral auch der Ort der Sexualität, des Lebens und der Schlangenkraft, welches Bild im Asklepiosmysterium den Gott versinnbildlichte. Man sieht ihn daher nicht in der Traumvision des Alpha- oder Thetatraumes, sondern in der Deltaschwingung des Tiefschlafs. Menschen, die scheintot waren und wieder auferweckt wurden, oder solche, die aus medizinischen Gründen in Koma gehalten wurden, berichten nach ihrer Rückkehr die erstaunlichsten Erlebnisse, seien es Erinnerungen an frühere Inkarnationen, seien es Reisen in andere Welten. Der Sanskritbegriff Vidhyia für Wahrheit bedeutet das, was man mit den Augen des Unbewußten im Tiefschlaf erfuhr. Während die Theta- und Alphatraumvision in ewiger Bewegung ist, kann der Yogi, der zum Tiefschlaf im Wachen vordringt, also das Dunkel der Aufmerksamkeit erhellt, über diese Schwelle den dreifältigen Wesensleib – Kraftleib, Wortleib, Lichtleib – erkennen.

Der Mond ist verantwortlich für das Weben des Lebens und die molekulare Vollendung. Die Elemente der nullten Gruppe werden deswegen als Edelgase bezeichnet, weil sie sich mit keiner anderen der Elementgruppen verbinden. Die Edelgase übertragen die reine Energie des Lichtes und der Kraft, lassen sie durch, ohne sie zu verwandeln. Wasser und Salz haben die gleiche molekulare Struktur der Sättigung wie Neon, Argon, Krypton usw.

Das Molekül ist der Ausgangspunkt der Evolution im genetischen Code, der für jedes Lebewesen aus den gleichen Komponenten gefügt ist. Die nächsthöhere Stufe in Entsprechung zu Körper und Fühlen ist die Pflanze. In ihrem senkrechten Stamm ist sie auf die Erdachse gerichtet, Blüte und Blätter wenden sich der Sonne zu, sind heliotrop. Sie alterniert zwischen Samen und Gestalt. Während das Kristall symmetrisch ist, finden wir bei der Pflanze den Unterschied von oben und unten, Krone und Wurzel.

Die Erkenntnis des Aufstiegs der Evolution als Verringerung der Symmetrie stammt von Arthur M. Young, der damit den Bruch zwischen Physik und Biologie überwunden und das ganzheitliche Weltbild der Naturphilosophie, das aus methodischen Gründen im 17. Jahrhundert mit Newton und Boyle verlassen wurde, auf logischer Ebene wiederhergestellt hat.[22)]

Die Pflanzen eröffnen die Vision des Thetatraumes; sie zeigen uns den augenblicklichen Zustand unseres Fühlens und unseres Körpers. Jeder weiß im Traum, was sein nächster Schritt sein kann, wenn er den Traum nicht als reine Information aufnimmt, sondern gemäß der Sprache der Elemente interpretiert. Immer steht eine der Funktionen im Vordergrund, gleich einer musikalischen Stimme im Rahmen der Harmonie.

Das Tier ist im kosmischen Stoffwechsel immer motivgesteuert, die rechte und die linke Hemisphäre hängen zusammen. Es folgt dem Sonnenlauf wie die Zugvögel oder Rentiere, ist auf das Jahr abgestimmt, reagiert auf Anziehung und Abstoßung, weshalb man es dressieren kann. Doch der Mensch kann rechts und links trennen. Er ist imstande, über die Sinne die Photonen wahrzunehmen und muß diese auf die losgelösten Gestalten der Visionen des Geistes im empedokleischen Sinn abstimmen, um am Werk der Erde mitzuarbeiten.

Der Geist ist das Feld der Ahnen, die lebendige Geschichte; der Mensch verkörpert sich als Persönlichkeit im Werk. So wird der Arterhaltungstrieb im Anknüpfen an vergangene Menschen positiv; das Empfinden, der zweite Aspekt der ersten Dimension, verlangt dagegen die nicht-assoziative Wahrnehmung des Künstlers. Die Menschen des Ichbildes sind falsche Tiere, also Untiere. Politik, Recht, Staat und Familie sind seelischen Ursprungs, nicht geistig. Sie sollten erkannt werden, wie sie sind. Doch ihr Bereich der konservativen Wiederholung – als Vorwegnahme des griechischen Hades mit seiner Schreckvorstellung des Sysiphos, der immer das gleiche wiederholen muß – ist in der bürgerlichen Welt zum Ideal geworden. Swedenborg berichtet, er hätte die Hölle gesehen; das Erstaunliche wäre gewesen, daß keinem der Insassen bewußt war, er sei in der Hölle; denn er spürte sich in der totalen Sicherung der Gewohnheit, dem geistigen Tod, wie es auch Sartre so schön in seinem Theaterstück „Huis clos" beschrieben hat.

Der Mensch findet seinen Gestaltungsrahmen über die Hände als Spiegel der inneren und äußeren Sinne. Doch sein Bewußtsein ist galaktisch gesteuert. Seine Gegenwart umfaßt alle Zeiten, alle Planeten, die ihn bestimmen und die er gleich einer Fläche lateral in seinem Horoskop einschließt. So bedeutet Astrologie die Bewußtwerdung der Anlage. Der Mensch selbst ist die Melodie, die er auf diesem Instrument in der Harmonie der Zivilisation spielt. Doch sein eigentliches Ziel liegt in der nullten Dimension des Gewahrseins, in der Teilhabe am „Großen Werk" der göttlichen Liebe; denn auch die Zivilisation kann sich als Fessel erweisen, wenn sie nur den unteren Teil des Holons, des Chi anerkennt und die Allbezogenheit ignoriert.

In bezug auf die Teilhabe am All bedeutet jede Stufe der Evolution eine neue Art der Dauer, eine Zeitgestalt.

Die Zeitgestalt des genetischen Codes, der Zellteilung, ist die Sekunde.
Die Zeitgestalt der Pflanze ist Tag und Nacht, also ein ganzer Tag, den wir als Menschen von Mittag bis Mittag erleben.
Die Zeitgestalt des Tieres ist ein Jahr.
Die Zeitgestalt des Menschen ist sein Lebenskreis von 84 Jahren, als Glied von Geschichte (165) und Kultur (245).
Die Zeitgestalt des Göttlichen, des Menschen im All, ist der Tierkreis im Weltenjahr.
Die Veranschaulichung des Zusammenhanges von Raum, Zeit und Zahl im Rad ist das Werkzeug, womit der Mensch am Allbewußtsein mitwirkt. Wer zum Gewahrsein durchstößt, erlebt Augenblicke unsagbarer Seligkeit. Diese bilden einen Zugang zu einer anderen Wirklichkeit, die wir in unserer Sprache nicht beschreiben können, doch die wir über die Religionen erahnen. Die Gattung Mensch west nicht nur auf der Erde, sie ist auch im All. Hier leben wir aus dem Wesen auf das Sein hin; dort aber, nach Durchschreiten der Ostnull im Aszendenten, dreht sich das Verhältnis um: der vollendete Mensch ist umgestülpt, lebt gleich Gott aus dem Sein und schafft das Wesen.

V. TEIL

Menschwerdung

1. Todeserfahrung

Der Sinn eines Lebens entsteht nicht durch den bürgerlichen Erfolg, sondern aus der Erfahrung der Transzendenz und der Entscheidung, dieses Erleben zum Angelpunkt des Daseins zu erheben. Glauben bedeutet, bereits in der irdischen Existenz auf das Paradies, die Ahnen und die Mitarbeit am Großen Werk gerichtet zu sein. Nach der kabbalistischen Überlieferung zeigt Gott dem Menschen vor seiner Inkarnation ein Bild, wie er im kommenden Leben den Durchbruch durch das große Holon erreichen könnte. Ob einer es dann tut oder nicht, ist seine freie Entscheidung.

Menschen können gleicherweise dem Aufbau wie der Zerstörung dienen, beides ist für die Evolution nützlich. Erinnern wir uns an den Prolog des südindischen Epos Ramayana: Ravana war ein großer Heiliger gewesen. Indra sagte ihm, wenn er wieder als Asket auf die Welt kommen wolle, benötige er noch zwei Inkarnationen bis zur Befreiung. Doch wenn er sich als Feind des Dharma inkarniere, als Dämon, dann würde er sie in einer Existenz erreichen, weil diese Wirkung hilfreicher für die Lichtwaltung sei.

Wir leben in einer neuen Zeit, wo der einzelne seinen Sinn nicht mehr im Nachleben eines Weltgedichts finden kann; die Menschen haben tatsächlich die Rolle des Gehirns der Erde übernommen, die Noosphäre von Teilhard de Chardin ist Wirklichkeit geworden.

Ein verrücktes Gehirn kann Schaden anrichten, und mit den Mitteln der technologischen Zivilisation kann der Schaden irreparabel sein, zur Zerstörung des Lebens auf der Erde führen. Diese drohende Vorstellung ist jedem geläufig. Doch die Umkehr kann durch keine neue Partei oder Weltanschauung erreicht werden, sondern nur durch einzelne, die nicht bloß ihre eigene transzendente Erfahrung zum Ansatz ihres Lebenssinns machen, sondern darüber hinaus ihr Wissen an andere weitergeben.

In einer technologisch durchgestalteten Welt sind der materiellen Entfaltung jedes einzelnen Grenzen gesetzt. Ost und Welt, Sozialismus und Kapitalismus, Steigerung der Produktion oder Vollbeschäftigung, waren bis 1989 die einzigen politischen Anliegen. Die Religionen sind heute kulturelle Faktoren, keine Lebensmächte mehr; auch die islamischen Fundamentalisten können ihre Macht nur dank des Ölreichtums aufrechterhalten, und ihre Unterdrückung der Frauen wird nicht ewig dauern. Daher stellt sich die Frage, wie eine künftige Gesellschaft vom Stand unseres holistischen Wissens aus umrissen werden könnte.

Kurz vor seinem Tode fand Mircea Eliade in Tibet eine Überlieferung, die bis dahin den Historikern unbekannt gewesen war: Es gibt die Religionen der Götter und die Religion des Menschen. Bön (Schamanismus), Buddhismus, Taoismus, Christentum und Islam sind Geschenke aus dem Jenseits. Die Religion des Menschen dagegen, Gcük, ist der Aufstieg von der Erde zum Paradies, vom Ich zur Gattung. Ihr Weg, der Weg des Wissens, wurde von dem tibetanischen Kulturheroen Gesar Ling geschaffen. Er entdeckte in einem Berg das Rad, das jeder Tibeter als Orientierung noch heute an seinem Gürtel trägt: innen sind die neun Ziffern, außen die zwölf Zeitzeichen und die acht Raumrichtungen mit den Trigrammen des I Ging. Ich wußte nichts von dieser Tradition, bis ich in Kalimpong, am Fuße des Himalaya, den letzten Nachkommen Gesars, den König von Ling kennenlernte. Anschließend las ich in Kalkutta das Buch von Alexandra David-Neel (Mein Weg durch Himmel und Höllen) und verstand, daß meine Arbeit eine logische Fortführung und Beendigung seines Anliegens ist.

Gesar bezwang die neunköpfige Schlange der Heilung. Er führte alle Kämpfe ohne Hilfe anderer Menschen und besiegte die Könige der vier Himmelsrichtungen. Jeden, den er tötete, brachte er durch Meditation ins Jenseits. Für den König von Ling war es selbstverständlich, daß ich diese Aufgabe fortführen müsse: Gesar sei jetzt im Westen wiedergeboren. Der König hatte mich vor unserem Treffen in der Straße freundlich begrüßt. Als ich ihn nachher fragte, warum er das getan hatte, antwortete er: „Ich dachte, gleiche Knochen, aber verschiedenes Fleisch."

Ist eine Aufgabe erblich, bedeutet sie Reinkarnation oder ist sie frei gewählt? Der Buddha antwortete einmal auf diese Frage: „Manche sagen, der Mensch wird als der gleiche wiedergeboren; manche behaupten, die neue Geburt sei ein ganz anderes Wesen. Die Wahrheit liegt wie immer in der Mitte." Für mich war dieses Treffen eine Bestätigung meiner Aufgabe.

Solange man Religion vergleichend und akademisch studiert, stehen die Jenseitsvorstellungen unverbindlich nebeneinander und gelten als Mysterien, die man nicht ergründen kann. Seit einigen Jahren stellen sich immer mehr Menschen die Frage, was sie eigentlich über Tod und Jenseits unmittelbar erfahren können. Zahlreiche Bücher klinisch Toter zeigen eine ähnliche Phänomenologie. Den Einstieg in diese Problematik liefert uns Elisabeth Kübler-Ross.[23] Ein Mensch wird plötzlich vor die Tatsache gestellt, daß er stirbt. Oft erfährt er vom Arzt, er habe eine unheilbare Krankheit. Die Schritte seines Verhaltens werden nun folgendermaßen beschrieben:

1. Die Botschaft wird ungläubig aufgenommen, man sucht andere Ärzte auf, die vielleicht die Diagnose aufheben.
2. Alle Ärzte sagen das gleiche, die Tatsache ist unausweichlich. Verzweiflung: Ich habe doch so vieles noch nicht gemacht, was ich hätte tun können. Die Gottgläubigen hadern mit ihrem Gottesbild, die Ungläubigen verfallen in Melancholie.
3. Man versucht einen „Kuhhandel": Ich gebe das Rauchen auf, verändere meine Geschäftstaktiken, mache Pilgerfahrten, laufe zu Wunderheilern, verspreche den Engeln, ich werde mich ändern. Diese Stufe ist hektisch, man fällt dauernd von einem Extrem ins andere.
4. Depression: Aller Kuhhandel nützt nichts, man ergibt sich in sein Schicksal. Der Todeskampf beginnt; das Ichbild – eine Illusion der bürgerlichen Welt – wehrt sich gegen seine Vernichtung. Doch irgendwann kommt dann vielleicht der Friede; man erkennt: der Tod ist gar nicht so schrecklich, er ist vielleicht sogar wünschenswert, weil er einen zumindest von den Schmerzen und Leiden befreit.
5. In den Worten von Jacques Donnars:[24] Gelingt es dem Wesenskern, die Eigenmächtigkeit des Ichbildes zu durchbrechen, dann ist es, als ob plötzlich ein anderes Selbst die Herrschaft über den Körper ergriffe, das in Windeseile die ganze Physiognomie ummodelt; in Eile, weil es weiß, daß ihm nur wenig Zeit bleibt. Dann stirbt der Mensch mit gelösten Zügen, wie wir sie beim Tiefschlafenden oder beim Orgasmus beobachten können. Indisch heißt Samadhi sowohl Gipfelerfahrung als auch Tod.

Nehmen wir zu dieser ärztlichen Beschreibung, die die Lage von außen betrachtet, das innere Erleben der klinisch Toten, das bei allen ähnlich verläuft und die gleichen Stufen aufweist; sie sind auch bei Rückführungen in frühere Leben zu vergegenwärtigen und folgen den Chakras.

1. Empfinden. Man erlebt unglaublich schöne Farben und Musik, fühlt sich wie in einer Märchenwelt, nicht unähnlich dem Meskalinrausch, den Aldous Huxley in seinem Buch „The Doors of Perception" beschrieben hat.
2. Denken. Das ganze bisherige Leben läuft rückwärts wie ein Film in weni-

gen Sekunden vor einem ab, vom Augenblick des Unfalls oder Todes bis zur Geburt.

3. Fühlen. Man wird sich darüber klar, daß alle eigenen Moralvorstellungen und Ansichten über Gut und Böse, wie sie von außen erlernt wurden, Illusionen sind; die Selbstbeurteilung ist ganz anders. Auf dieser Stufe versuchen viele, wieder in die Welt zurückzukehren, da man ja die Menschen sieht und sie beeinflussen will, das Unerledigte zu vollenden. Manche treibt ein solcher Haß, daß sie die Motive jener unterstützen, die zerstören wollen, sei es aus persönlicher Demütigung oder aus Ohnmacht. Die Wirkung solcher Kräfte ist uns noch aus jüngerer Vergangenheit in Erinnerung.

4. Wollen. Nach der religiösen Überlieferung kann nur ein Priester einem helfen, sich umzudrehen. Man wendet sich und sieht in der Nacht des Weltenraumes ein Licht, das einen anzieht. Oft geschieht der Aufstieg zu diesem Licht durch einen Schacht, und manche behaupten, dies sei die Erfahrung des Sushumna. Wie dem auch sei: Alle erleben diese Lichtquelle als Liebe, Verzeihen, ausströmendes Glück. Die meisten sind diesem Licht nicht gewachsen und erkennen in diesem Augenblick, was sie tun müssen, um sich dereinst mit dem Urlicht zu vereinen. Ist man aber dem Licht gewachsen und erkennt es als Teilnahme am Paradies, am Menschen im All, dann erreicht man die Existenz, in der das Rad umgekehrt wirkt. Die Religionen geben uns davon Nachricht. Ist man aber dem Licht nicht gewachsen, so geht der Weg jetzt durch folgende Stufen zurück:

5. Körper. Falls der Durchbruch zu den Ahnen nicht gelang, sehnt man sich zurück nach einer Verkörperung; das Wesen inkarniert sich im Vorgang der Befruchtung, wie wir es früher beschrieben.

6. Seele. Man wird genau in dem Augenblick geboren, der für die seelische Entfaltung am geeignetsten ist. Jeden Tag gibt es eine Reihe solcher Augenblicke, da man mit dem Horoskop der Eltern in Resonanz steht. Die statistischen Untersuchen von K. E. Krafft haben gezeigt, daß Elternhoroskope und Kinderhoroskope immer Aspektverhältnisse aufweisen. Er hat mein Horoskop in seinem Lehrbuch als Beispiel angeführt, weil fünf Planeten in fast gradgenauem Gegensatz zu jenen meines Vaters stehen.

7. Geist. Man lernt, seine Motive in Intentionen umzusetzen, beginnt also ein neues Leben, das solange währt, bis die Kraft des Lichtleibes erschöpft ist und alle Motive Tat geworden sind. Niemand stirbt zufällig, sondern gerade der Tod ist etwas Schicksalhaftes, vor allem für die Verwandten. Ich habe in Horoskopen dieser oft den Todesfall erkennen können, doch nie im

Horoskop des Gestorbenen, weil der Tod für den Nagual keinen Sinn hat. Vom Paradies ist kein Mensch zurückgekommen, doch die Stifter der Weltreligionen haben Brücken dorthin gebaut: tibetisch nennen wir die männlichen Religionen der Götter, die der weiblichen Religion des Menschen gegenüberstehen. Nur die Weltreligionen haben diese Bedeutung, da sie die persönliche Unsterblichkeit anstreben; die Stammes- und Volksreligionen sind kulturelle Prägungen, die heute nirgendwo mehr Lebensmächte bilden.

2. Religion

Bei Berücksichtigung aller Traditionen können wir fünf Weltreligionen als Geschenk der Götter im tibetischen Sinn unterscheiden. Sie gliedern sich nach der Reihenfolge ihres Auftretens:

1. Animisten
2. Buddhisten
3. Taoisten
4. Christen
5. Moslems

Jede der Weltreligionen hat einen Mutterboden, woraus sie sich entfaltet hat. Für die Animisten liegt er in der Kultur der Altsteinzeit, deren Priester die Schamanen waren. Der Animismus ist aufgrund soziokultureller Traditionen von Landschaft und Geschichte regional unterschiedlich ausgeprägt, hat aber eine gemeinsame Charakteristik: der Arterhaltungstrieb ist dem Bewußtsein zugänglich. Der Animist lebt in Kommunion mit Steinen, Pflanzen, Tieren, Menschen und Geistern, wie wir es im Medizinrad geschildert haben. Das Ich der Animisten ist noch klein, es kann noch nicht zerstörend in die Natur eingreifen wie bei den späteren Religionen. Heute hat der Animismus seinen Schwerpunkt in Afrika, Australien und bei den amerikanischen Indianern, aber auch in Europa im bäuerlichen Bereich, wo der Mensch sich auch geistig in die Natur einstimmen muß, um nicht zu scheitern.

Die Christen bezeichnen den Animismus als Heidentum und nicht als Hochreligion; doch in jüngster Zeit hat sich herausgestellt, daß auch der Animismus zu Weltreligionen geführt hat, deren bekanntester Ausdruck die Tolteken und Mayas gewesen sind, bis sie der spanischen Kolonisierung zum Opfer fielen. Für die Bevölkerung war das eine Katastrophe, wie auch der Schamane Don Juan dem Anthropologen Castaneda erklärte. Doch für die Schamanen, the men of knowledge, war es ein Segen: sie mußten das kulturelle Beiwerk aufgeben und sich auf die existentiellen Inhalte beschränken, die nicht in Widerspruch zur herrschenden Kirche traten, weil deren Priester ihre Existenz nicht einmal vermuteten. Der Animismus kennt Magie und Mystik; die Ratio spielt eine untergeordnete Rolle in der

Summe der Überlebensstrategien. Feste sind wichtiger als praktische Erfolge; das Gelingen der Jagd wird von magischen Zeremonien abhängig erachtet, wie es C. G. Jung von den Pygmäen berichtet hat. Auch der Brahmanismus war animistisch: hier kam es zur ersten Revolution durch Buddha und Mahavira. Während aber letzterer wieder zur Volksreligion zurückkehrte – er wählte den Weg der freiwilligen Entsagung –, zeigte Buddha den mittleren Weg zwischen Askese und Sinnesverfallenheit in seiner Botschaft: vom Leben als Leiden, von der Möglichkeit des Aufhörens des Leidens, vom Weg der Gemeinschaft, die in acht Stufen das Heil erreichen kann, und von der Vernunft als Mitte jeglichen Wesens.
Jedes Wesen ist zur Befreiung geboren. Tiere und Pflanzen sind unsere Brüder, und es ist die Aufgabe jedes Strebenden, als Bodhisattwa nicht eher zu ruhen, als bis auch das letzte ihm bekannte Wesen die Befreiung erreicht hat. Der Yoga hat andere Formulierungen, ebenso der Tantra, doch beide meinen letztlich das gleiche. Wir können nur dann von Weltreligion sprechen, wenn die nationalen und genetischen Bedingungen nicht als ausschließende Grenzen verstanden werden wie im heutigen Hinduismus, der genau wie das Judentum eine Rückkehr zur Volksreligion ist.
Der Taoismus, den wir eingehend in seinem Wissen und seiner Heilkraft kennenlernten, hat den Buddhismus integriert, ihn aber der Gemeinschaft, dem Reich des Menschen zwischen Himmel und Erde gemäß den fünf Reifestufen, nützlich machen wollen. Die Hindus und Buddhisten schließen das öffentliche Leben vom Heilsweg aus; es ist das Reich der Fische, wo der größere den kleinen frißt, und der geistige Weg beginnt jenseits der Gesellschaft. Für den Taoisten und Konfuzianisten schließt er diese ein. Wenn ein Einzelner sich zum Heiligen Weisen läutert, dann kommt die Gesellschaft um ihn herum zum Frieden und wird für die Entfaltung von allen förderlich sein.
Das Reich ist die letzte Verkörperung des Taoisten. Für den Christen ist das Reich innerlich, nicht von dieser Welt. Das entsprechende Gebet ist das „Vaterunser“, das die Chakras von oben nach unten erweckt. Das Gebot ist die Nächstenliebe; alle rituellen Regeln werden ihr untergeordnet: der Mensch ist nicht für den Sabbat geschaffen, sondern dieser für ihn. Nur was aus dem Menschen herauskommt, macht ihn böse, nicht was in ihn hineingeht; denn Böse und Gut beziehen sich auf die Mitmenschlichkeit.
Für den Christen gibt es keine höhere oder niedere Aufgabe; jeder muß sein Kreuz auf sich nehmen, was immer dieses auch sei. Die Erfüllung der

Seinspflichten führt durch den Glauben an die Auferstehung des Fleisches jeden zum Paradies, der die irdischen Gesetze und die religiösen Traditionen nicht als letztgültig sondern als Vorstufe betrachtet: der Geist weht, wo er will. Die kulturelle Vervielfachung der Bekenntnisse – Orthodoxie, Katholizismus und Protestantismus – darf uns nicht über die ewige Wahrheit der christlichen Botschaft hinwegtäuschen. Jede Generation wird die Worte Christi in ihrer Tiefenbedeutung neu erkennen. Die Auferstehung ist kein Dogma im Sinne des Fürwahrhaltens, sondern kann von jedem Gläubigen in der Feier der Messe nacherlebt werden. Das Christentum hat seine Grundlage im Bekenntnis der Dreieinigkeit – drei Personen und ein Wesen Gottes; daher rührt die Gefahr, kulturelle Gebiete zu vergöttlichen, wie Reich, Kirche, Politik, Kunst oder Wirtschaft. Diese Tatsache bildet auch den Anlaß der Kritik der letzten Religion, des Islam, am Christentum: Die Substantivierung der Kulturgebiete versperrte das Tor zur Alloffenheit. Mohammed betrachtete sich als Inkarnation der dritten Person der Dreieinigkeit, des Heiligen Geistes. Islam bedeutet, jegliches Geschehen als Frage Gottes aufzufassen, auf die der Mensch antworten muß. Der vollendete Mensch muß auch von anderen als solcher anerkannt werden; solange das nicht der Fall ist, ist der Messias nicht gekommen. Die fünf einfachen Glaubensregeln: das Bekenntnis, das Gebet, das Fasten im Ramadan, die Sorge für Witwen und Waisen und die Pilgerfahrt nach Mekka schaffen bereits auf der Erde eine Gemeinschaft, die mit dem Himmel in Kommunion ist. Mohammed ist das Siegel der Prophetie, mit ihm ist sie vollständig geworden. Doch bereits 1164 verkündete der Alte vom Berge in El Alamuth, daß nun die Propheten durch die Freunde Gottes abgelöst werden sollten: durch jene, die als Sufis jenseits aller Religion und Geschlechtsunterschiede lebendige Brücken zum Paradies bilden und keine Orthodoxie vertreten.

3. Weg des Wissens

Ich begann dieses Buch mit dem Mysterium des Asklepios. Dort mußte der Pilger die fünf Stufen durchschreiten, von der Frage über die Reinigung, das Finden des Gleichgewichts der Temperamente, über die Vereinigung der männlichen und weiblichen Gottheit bis zum Schlangengott selbst, der ihm über die Heilung während der Zeit des Neumondes oder über das Finden der Aufgabe im Sinne des Telesphoros das Tor zur Wiedergeburt eröffnete. Ich beschrieb dann den Abstieg als eine Vergegenwärtigung dessen, was sich durch das Erfüllen der ursprünglichen Sehnsucht nach persönlicher oder sozialer Heilung verändert hatte. Das ganze Buch hat sich nach diesem Abstieg des Pilgers gegliedert. Der erste Teil über die Paradigmen der Heilung vergegenwärtigte das Wissen des Tiefschlafs. Im zweiten Teil wurden die Visionen im Sinne des indianischen Medizinrades und des keltischen Erdheiligtums erläutert. Im dritten Teil der Rationalen Esoterik schilderten wir jene Wege, auf denen sich über das Denken und die persönliche Integration der Seele Exoterik und Esoterik vereinen lassen. Im vierten Teil zeigte sich die Bedeutung der Schichten des Seins als Welt des Wachens, und im fünften Teil faßten wir die Religion als Weg der Menschwerdung, des Gewahrseins; zuerst an Hand der persönlichen Erfahrung des klinischen Todes und dem Nacherleben der Reinkarnation, dann aus der Sicht der Weltreligionen. Nun aber wollen wir auch diesen Bereich in den Weg des Wissens überführen, um damit die Holistik endgültig aus der Meinung (Doxa) ins artikulierte Verstehen (Episteme) zu erheben.

Die Religion des Menschen bildet nicht nur in ihrer tibetischen Fassung, sondern auch in ihrer afrikanischen Ausprägung den unbewußten Hintergrund alles wissenschaftlichen und existentiellen Strebens. Die Holistik ist nicht eine alternative Welt neben und hinter der bürgerlichen Zivilisation in ihrer kapitalistischen und sozialistischen Ausprägung, sondern bildet die selbstverständliche Voraussetzung allen Denkens. Der Remtraum als immer wiederholte Rechtfertigung der seelischen Individuation bis zum Sterben muß nun selbst ins Licht des Gewahrseins treten, auf daß die menschliche Kommunion und Kommunikation aus der immer noch bestehenden Abhängigkeit von vorbewußten Inhalten – bei den prophetischen Religionen von einem allmächtigen und unvoraussehbaren Gott, Richter des Himmels und der Erde – in den Weg des Wissens mündet.

Das heißt nicht, daß es das Göttliche nicht gibt: es ist immerwährend da und als Liebe und Gnade, als Urgrund, Ursprung und Einender Einer zugänglich. Aber der Quell von Licht, Kraft und Wort kann nicht in pseudomagischer Weise durch Methoden oder Flehen herbeigezwungen werden, das Heil ist nicht zu erkaufen; weder durch untadeligen Lebenswandel im Sinne einer orthodoxen Frömmigkeit, noch durch blindes, wagemutiges Experimentieren im Sinne der transpersonalen Psychologie.

Die Religion des Menschen im All ist der Weg des Wissens. Sie ist bewußter Aufstieg vom Dunkel zum Licht, wobei das lebendige Wort die Führung behält. Ihr rationaler Ursprung war mir bis zum jetztigen Zeitpunkt unbekannt geblieben. Erst im Februar 1988, im Jahr des Neptun, habe ich ihn in Ägypten entdeckt. Es ist der Weg der Nachtschlange, des inkarnierten Asklepios und Heilands, die aus dem Dunkel der Nacht über die Helle des Tages zur Methexis (Teilhabe) an der neuen Erde, an der kosmischen Menschheit führt.

Das Gewahrsein ist der kosmische Augenblick des Samadhi (peakexperience), das Erleben der Alleinheit. Dieser kann auf mannigfache Weise erreicht werden, wie es der Yogasuttra und Vijnana Bhairava Tantra beschrieben haben. Aber er hat auch einen sprachlichen Rahmen der Bewußtwerdung, den unser Buch zu umreißen versucht. Die Insel des Tonal im Meer des Nagual, deren Ordnung unsere Aufgabe darstellt, verlangt Anerkennung des Urwassers des Lebens, die Eingewobenheit unseres Weges in den Reichtum der Natur und die Einstimmung in das vulkanische Feuer, wie ich es auf dem Stromboli erlebte. Sie verlangt auch die Teilhabe an den Reichen der Steine, der Pflanzen und der Tiere, wie sie heute noch in Afrika gelebt wird.

Der Weg des Menschen ist die Verkörperung seines Wesens im Werk der Erde; die Unsterblichkeit ist nur gleichzeitig diesseits und jenseits zu erreichen. Wir sind in dem Maße Wesen der Neuen Erde, wie wir uns als Teil des Werkes verkörpert haben.

Europa ist der Weg der denkerischen Verwirklichung; Amerika hat seinen Schwerpunkt in der persönlichen Verantwortung des Empfindens und Rußland in der sozialen Verantwortung des Fühlens. Der Süden der Erde im Zeichen des Wollens und des Einklangs beginnt erst zu erwachen; die Entwicklungsländer besinnen sich auf ihre kulturelle Tradition. Doch die Vertreter des rationalen Denkens, des industriellen Nordens, sind im Augenblick in großem Maß auf Zerstörung oder auf den Dienst im Namen des

Kapitalismus und des Sozialismus ausgerichtet und meistens der Technokratie verschworen. Gerade im wissenschaftlichen Denken haben sie sowohl den Bezug zum eigenen Lebenssinn als auch zur religiösen Teilhabe, der griechischen Methexis, verloren.

Ich schreibe das letzte Kapitel dieses Buches in Griechenland, wo ich auch die Arbeit an meiner Geschichte der Philosophie vor 25 Jahren begann, deren Bedeutung mir erst durch die Atmosphäre des Landes klar wurde. Die Entgiftung des beschränkten Rationalismus, die Schaffung eines wirklichkeitsgemäßen holistischen Denkens erscheint mir heute als die dringlichste Aufgabe des Nordens. Sie bedeutet einerseits eine Wiederbelebung der europäischen Naturphilosophie, die erst mit der Aufklärung in Vergessenheit geriet, andrerseits die Wiederanknüpfung an die animistische Tradition Afrikas, der Wiege der Menschheit, wobei Ägypten die Brücke zu Europa gebildet hat.

Ägypten verläuft von Süden nach Norden, gleich dem Tempel in Kos. Der Süden war die Welt der Jäger, der Norden jene der Pflanzer. Der Nil war der Träger allen Lebens. Hier entstand die Vorstellung, daß der Mensch während des Tages mit der Sonnenbarke von Osten nach Westen reist, während der Nacht aber mit der Mondbarke zurück von Westen nach Osten fährt. Im Westen, in der Abendstunde, ist der Ort des Gerichts. Im Tageslauf geschieht bei Sonnenuntergang die Bestandsaufnahme; an die Stelle der Mitarbeit an der Zivilisation tritt nun eine Entspannung. Das unbekannte Wesen der persönlichen Integration, der Erde als Urmutter entsprossen, versammelt die Bruchstücke des Tage, soweit es möglich ist: in beabsichtigter Stille, im Gespräch, im Traum und im Schlaf. Untertags führen *wir* die Barke der Sonne, abends und nachts werden wir geführt. Daher müssen wir zum rechten Sonnenauge das linke Mondauge hinzufügen, das aber nur dann erwacht, wenn der Mensch die Frage nach seinem Lebenssinn nicht nur stellt, sondern dessen Erfüllung entwirft und angeht. In altsteinzeitlicher indianischer Formulierung: wenn er seine Medizin gefunden und zu seinem Namen erhoben hat.

Die Abenddämmerung entspricht in der ägyptischen Religion dem Augenblick des Todes. Betrachten wir die Berichte der klinisch Gestorbenen im vorletzten Kapitel aus dieser Sicht, insbesondere jenen Moment, in dem das Leben wie ein Film bis zur Geburt zurück vor dem Beschauer abläuft. Vor dem Toten steht als Richter Anubis mit dem Schakalkopf, der das unbestechliche Urteil fällt. Er hält eine Waage. Auf der linken Waagschale befin-

det sich Maat, symbolisiert in einer Feder, die die Moral bedeutet, auf der rechten liegt das Herz als Symbol des Ich. Hinter Anubis steht Ptah, der göttliche Schreiber, der die Antwort auf 42 Fragen – in Entsprechung zu den 42 Jahren bis zum Deszendenten im Lebenskreis – als negatives Schuldbekenntnis aufschreibt: ich habe diese Sünden nicht begangen.
Hinter Ptah liegt der Schlund des Dämons. Wiegt das Herz schwerer als die Feder des Maat – das geistige Wesen des Menschen, Ba, wird durch einen Vogelleib mit einem Menschenkopf dargestellt –, dann verliert der Verstorbene sein Ka, symbolisiert als die Kraft Gottes, die Vereinigung der rechten und linken Hand um das Mondauge. Der Verstorbene wird vom Dämon verschlungen und lebt so lange eine Existenz in einer untermenschlichen Form – Insekt, Tier oder Pflanze, bis die negative Motivation erschöpft ist, ähnlich wie bei der indischen Vorstellung des Karma. Wiegt aber die Feder der Mitarbeit an der Welt schwerer als das Herz, dann besteigt er die Nachtbarke mit dem Mondauge – der junge Mond sieht in Ägypten wegen seiner waagrechten Lage wie eine Barke aus.
Hierauf muß der Verstorbene durch die Fährnisse der Nachtfahrt in zwölf Stunden – sechs Schwellen und sechs Themen – mit immer schrecklicheren Gestalten hindurch, von denen er jede durch das Wissen ihres Namens und ihrer Bedeutung besänftigt. Diese Gestalten sind die dreizehn Teile des getöteten Osiris, der vierzehnte war der von einem Fisch verschlungene Phallus. Isis hat bei der Wiedererweckung des Osiris mit Hilfe des Horus anstelle dieses Organs ein neues, künstliches Glied geschaffen: eben die Frage nach dem Sinn, die die Barke steuern kann.
Was immer der Mensch an Bildern und Kräften nicht integriert hat, wird von den Dämonen der Zerstörung verschlungen; es bildet ihre Nahrung. Die Dämonen gelten nicht als böse, denn der Tod ist der Gegenpol des Lebens. Aber unsere eigene Entscheidung muß den Weg des Lebens und nicht den der Zerstörung wählen; nicht Seth, dem Gott der Wüste und Vernichtung zu folgen, sondern dem Horus der Auferstehung. Gelingt es, Osiris zu integrieren und die vierzehn Teile des zerstückelten Lichtbringers, des Luzifers, zu neuer Gestalt zu vereinen, dann wird das folgende irdische Leben sinnvoll; der Nachtfahrer beginnt nach der Neugeburt seine irdische Existenz, deren letzte nach Integration der neun Impulse über das Tor des Westens zur Neuen Erde, dem wahren Paradies führt, wo der Auferstandene nach Belieben, aber im Sinne des Großen Ganzen, jedwede Gestalt und Wirkweise annehmen kann.

Die Nachtbarke entspricht dem babylonischen Mythos von der Arche Noah, doch in rationaler Weise; die Erfahrungen sind allesamt dem Traum zugänglich. Das Chaos ist nicht feindlich, die Nacht ist freundlich. Da die Erde, dem Mythos zufolge, aus dem Chaos des Wassers auftauchte – wie die schwindende Flut der Überschwemmung des Nils ein Stück Land freigibt –, bleiben die Richtungen des Raumes hilfreich. Die Hauptrichtungen sind vier Schlangen, die Nebenrichtungen vier Frösche. Ihnen als den Mächten des Chaos war der Tempel von Medined Habu gewidmet.

Schlange vereint Waagrechte und Senkrechte, bäumt sich auf; Frosch vereint Erde und Wasser, Wachen und Traum.

Die Tageseinteilung – 12 Stunden der Sonnenbarke, 12 der Mondbarke – wurde wahrscheinlich in der Zwillingszeit von den Ägyptern erfunden. Sie wurden zu Zeitrhythmen, die durch Jahrtausende so weit eingerastet sind, daß sie den unterbewußten Ablauf prägen, ob Menschen dessen nun eingedenk sind oder nicht. Nur am Tag, im Geist, kann ich die Nacht anjochen, weil sie da dem Ich zugänglich ist. In der Nacht, im körperlichen Bereich mit dem Gipfelpunkt des regenerierenden Tiefschlafs, ordnet sich die Vorstellungswelt um die Mitte des Nordens, dem Polarstern und folgt dem Rhythmus des Mondes.

Das Gewahrsein vor Beginn der Nachtfahrt erfordert die Erkenntnis des Tagesablaufs. Die zwölf Tagstunden, astronomisch von Sonnenaufgang bis Sonnenuntergang, haben im Erleben nur die eine Mitte, den Mittag. Vorher gliedern sie sich in drei Abschnitte, ebenso nachher. Doch gleichgültig, wie früh man aufsteht, der Wechsel der Themen folgt den Tierkreiszeichen und Häusern und integriert das Gegenzeichen.

1. Fische – Jungfrau, XII–VI. Beim Aufwachen überlege ich mir zuerst die Erfahrung des Traumes der Nacht, dann die Arbeit des Tages im Gegenzeichen Jungfrau, gliedere sie nach ihren Komponenten. Ich bin durch das XII. Haus damit allein, und der Rahmen meiner Arbeit ist die Zivilisation als Verkörperung des Geistes, des Gattungsinstinkts auf der Erde. Die Elemente der Arbeit, die ich angehen will, werden frei gewählt.

2. Wassermann – Löwe, XI–V. In dieser Arbeit gibt es Handlungen, in denen ich über mein Können, meine Teilnahme am Werk, mit anderen in Freundschaft zusammen bin. Bei einem öffentlich tätigen Menschen mag dies die Besprechung mit den Mitarbeitern sein, bei einem allein gestaltenden oder schreibenden wie bei mir das geistige Gespräch beim Frühstück.

Nur die gemeisterte Arbeit kann Teil des Spieles der Zivilisation werden; alles Unvollkommene gehört in den Bereich der persönlichen Übung und bleibt in der Intimsphäre.

3. Steinbock – Krebs, X–IV. Die dritte Periode bis zum Mittag wird durch die Verantwortung geprägt. Sie kann nur dann der Entfaltung dienen, wenn sie die emotionellen Probleme der anderen, auch der Eltern und Kinder, einschließt. Dies ist die Zeit der Zuwendung, in der der Pflichtenkreis, der sich historisch in der Berufsordnung ergeben hat, ergänzt wird durch die Sorge für den einzelnen, die Phantasie des Herzens, die die Pflicht vermenschlicht.

4. Schütze – Zwillinge, IX–III. Zu Mittag ist das gemeinsame Mittagessen oder der Schlaf, der das Selbst des Tiefschlafs in die Reorganisation einbringt. Jetzt werden aus der Verantwortung neue Ideen oder Aufgaben geboren, die dann für einen selbst oder für andere zu Forschungsrichtungen werden und das Gehäuse des öffentlichen Lebens zur Transzendenz öffnen können.

5. Skorpion – Stier, VIII–II. Für die Verwirklichung der Ideen und für neue Forschungen braucht es Kraft und Gelegenheit, die zum Teil aus Bruchstücken ehemaliger Synthesen verfügbar wird. Man muß die Gelegenheiten und Kraftquellen als Erbe entdecken und für eine neue Gestaltung einsetzen, für eine Verkörperung, die zur Bereicherung und Verschönerung der Welt dient.

6. Waage – Widder. VII–I. Der letzte Abschnitt vor Sonnenuntergang ist der persönlichen Integration dessen gewidmet, was an Versachlichung einbezogen werden kann. Einstein ist für uns nicht ein Professor, sondern die fleischgewordene Relativitätstheorie, Picasso ist seine Bilderwelt, Bach die Kunst der Fuge. Unsterblichkeit und Auferstehung, das Mitteilen des Erkannten und Verwirklichten als künftiger Teil des Namens der Persönlichkeit bringt den Überstieg in den Westen, zur Welt der Neuen Erde. Die Macht des Namens, das für die Menschheit im Werk Geschaffene erlöst den Osiris, und der im Osten auftauchende Mensch ist auf der Erde fortan jener Teil des Werkes, der seinen Namen trägt und eine Brücke zum Jenseits schafft.

Die Nachthälfte ebenso wie die Todesfahrt ist nicht ichhaft; in ihr ist man Zeuge des Entwirrens und Spinnens der Erdgöttin, die alles auflöst, was nicht fest geknüpft ist. Der Ansatz der Tagesarbeit, also das bewußte Ergreifen, hat seinen Quell in der Teilhabe am Göttlichen durch das Gewahrsein im Osten. Daher gilt es, die Tage zu reihen. Durch die Reihung von sieben

Tagen zur Woche geschieht der Weg der Nachtfahrt, die Rückkehr vom Asklepios zur Initiation, welche die Arbeit an der Welt in Arbeit an der eigenen Integration verwandelt.

Die Woche erfuhr ihre Ordnung durch die Babylonier. Am Sonntag vereinten sich König und Königin auf der Spitze des Zikkurat, einer Stufenpyramide, um die kosmische Dissonanz aufzulösen. Der Ritus folgte den vier Phasen des Mondes: Neumond, zunehmend, Vollmond, abnehmend.

Lange wußte ich nicht, wie die Woche zu verstehen ist, bis ich den Schlüssel in einem Buch fand: die Ordnung folgt den Zeitrhythmen; sie ist der Weg der Nachtschlange von Westen nach Osten und durch die Chakras.

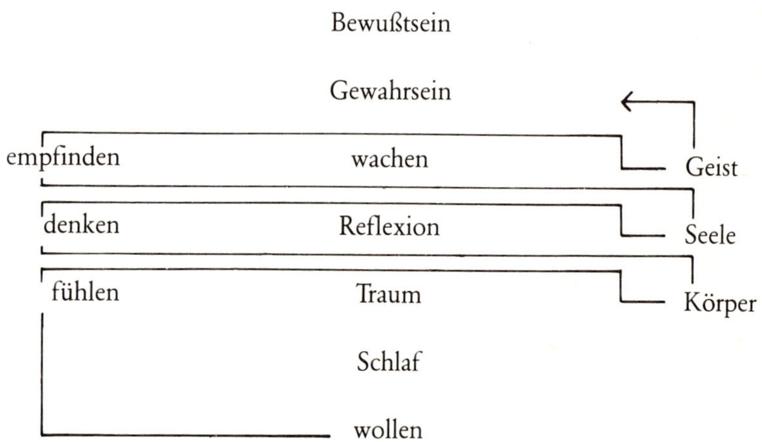

Chakras

Geist 7
Seele 6
Körper 5
wollen 4
fühlen 3
denken 2
empfinden 1

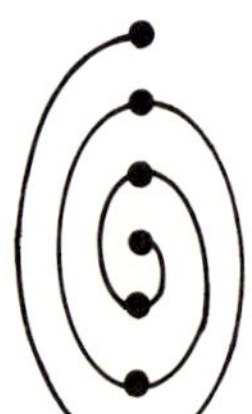

Die Spirale ist so zu sehen, als ob ein Mensch uns anschaut: Links hinunter zur Funktion (Yin), rechts hinauf zum Bereich (Yang). So ergibt sich folgende Reihung:

Montag	wollen	Mond	Schlaf
Dienstag	fühlen	Mars	Traum
Mittwoch	Körper	Merkur	Traum
Donnerstag	denken	Jupiter	Reflexion
Freitag	Seele	Venus	Reflexion
Samstag	empfinden	Saturn	Wachen
Sonntag	Geist	Sonne	Wachen

Die religiöse Bedeutung der Woche wurde zum ersten Mal in der israelitischen Tradition bewußt. In der Bibel werden die Wochentage als die Stufen der Schöpfung bezeichnet. Durch ihren Nachvollzug wird der Mensch dem Schöpfer gleich, da er in seinem Bild geschaffen ist.
Die Zuordnung der Planeten als Einordnung der olympisch-römischen Götter in den Kreis des Großen Menschen wurde 321 n. Chr. von Kaiser Konstantin durch Dekret vollzogen. Diese Woche, die auch heute noch die offizielle ist, begann am Sonntag. Die Woche des Weges des Wissens, die erst in der Wassermannzeit zum Tragen kommt, beginnt dagegen wie die Arbeitswoche am Montag. Sie geht also nicht vom Göttlichen aus wie bei den Christen, sondern zielt auf das Göttliche hin wie bei den Ägyptern: auf die Wiedergeburt im Land des Westens, der Neuen Erde.
Der Weg des Wissens ist imstande, andere Traditionen und Methoden wie die indischen, chinesischen, indianischen und islamischen zu integrieren. Das Ende der Fischezeit mit der Aufklärung zersetzte die Eigenmächtigkeit aller Ideologien. Heute sind sie nicht mehr bedrohlich, sondern zu einer Fundgrube geworden, aus der sich jeder die Erkenntnisse nimmt, die für seinen Weg wesentlich werden können. Die Feste des Erdheiligtums und ihre planetarische Zuordnung, der Jahreskreis, die zwölf heiligen Nächte, der Lebenskreis und das Horoskop sind in ihrer Struktur vorgegeben. Der Tag und die Woche dagegen sind freigewählt. Die Religion des Menschen hat ihren Sinn im Streben nach Unsterblichkeit durch das Werk, das sich sowohl auf der Erde als auch im Himmel verwirklicht und insofern das letzte Ergebnis der ägyptischen Einweihung darstellt.
Doch die Ägypter erkannten Gott nur im Mythos, im Bild und im Traum. Ihr Werk war zu Ende, als mit den Juden, Griechen und Römern, mit Chri-

stus – der im „Vaterunser“ die Ordnung der Chakras von oben nach unten lehrte –, seinem Kreuzestod und seiner Auferstehung als Menschensohn der Mythos auch hier zum Logos wurde. Den Schlüssel zur Integration aller Überlieferungen gibt die jüdische Offenbarung, die Gott als Stimme erlebte, die dem Moses verkündet: „Ich werde dasein als der ich dasein werde“, und weiter: „Ich bin da“, das heißt, Gesprächspartner des Menschen. Gott ist der Mensch im All, die personale und überpersönliche Grundlage des Universums. Die Schöpfung und der Urknall, Mythos und Physik, lassen sich rational vereinen; es gibt keinen Gegensatz mehr zwischen Wissen und Glauben für jene, die ihr Dasein als Weg betrachten und ihren Zugang zur Stimme über den Engel oder über die Verlebendigung und Vergeistigung einer der vielen Traditionen finden.

Wenden wir uns nun dem jüdischen Schöpfungsmythos zu, in welchem Gott als die Zweiheit Elohim und JHWH auftritt. Den ersten Namen kennen wir als die neun Zahlen, die Elohim, wie die jüdischen Kabbalisten des Mittelalters herausfanden. Der zweite bezeichnet Gott als die Stimme, die sich dem Moses als ewige Zukunft im Dornbusch offenbarte.

Die Welt ist nicht ewig, sondern von ihm in sechs Tagen gemacht worden, also in der Zeit der Woche. Am siebten Tag ruhte Gott: daher ist dieser Rhythmus die Voraussetzung der Selbsterschaffung. Was erschaffen wird, ist das Wesen in der Zeit; die Wiedergeburt ist also Dauer, Fähigkeit der Erinnerung, die irdisches Leben und Jenseits verbindet.

Die Schöpfung geschieht in folgenden Stufen, die wir nun mit den Namen der Wochentage verbinden:

1. Die Elohim schweben über dem Urwirbel des Wassers. Gott ruft: Es werde Licht, und es ward Licht. So entstand zwischen Westen und Osten, also durch Hinzufügung der Nacht, der erste Tag, Licht und Finsternis.
2. Das zweite Tagwerk erschafft das Firmament, den sinnlich wahrnehmbaren Himmel zwischen den Urwassern.
3. Der dritte Tag schafft Land und Wasser, samentragende und fruchtbringende Gewächse.
4. Der vierte Tag bringt Sonne und Mond.
5. Am fünften werden Fische und Vögel erschaffen.
6. Am sechsten erschafft Gott die Tiere und den Menschen als Mann und Frau nach seinem Bild.
7. Am siebten Tag ruht er, sieht, daß sein Werk gut war. Es gibt keine Nacht mehr, die Zeit ist zur ewigen Dauer, zum Raum geworden.

Die Planeten der Wochentage sind die lunaren, die der Mensch im Zyklus erfüllen muß. Die drei Denkplaneten als Ursprung von Kraftleib, Wortleib und Lichtleib, der Auferstehung auf der Neuen Erde, werden nur in der Ruhe des Sonntags zugänglich. Betrachten wir nun synoptisch den Weg, auf dem die Planetenimpulse der Woche der Erschaffung des Zeitwesens dienen können.

Im Asklepieion von Kos geht der Weg vom Finden der Aufgabe und der Heilung zurück in die Welt; in den Bewußtseinsschichten vom Tiefschlaf über das Wachen bis ins Gewahrsein; in den Chakras vom Herzen, Anahata, über Manipura, Vishuddha, Swaddhisthana, Ajna, Muladhara zum Sahasrara. So ist dies der Weg vom Dunkel zum Licht, von der Nacht zum ewigen Tag, aus dem Tod in die Unsterblichkeit, und damit vom Nichtwissen zum Wissen, wie es das Urgebet der Vedas beschreibt.

Ist der Mond in der Woche voll, so ist Vollendung das Ziel, bei Neumond ist es die Heilung, beim zunehmenden die Entfaltung und beim abnehmenden die Integration. So kann der Mensch auch in der verwalteten Welt die Arbeit am Werk in Arbeit an sich selbst verwandeln.

Die Kriterien der Woche sind gleichsam grammatikalisch, ihr Sinn ist mit beliebiger Bedeutung zu erfüllen; nur die Reihung ist gegeben. So können wir sie nur formal bestimmen, der Leser muß in seinem Erleben die Bedeutung hinzufügen.

1. Montag: Mond – ich wähle eine der Ziffern, joche mein Wollen in der Vorstellung an einem der Impulse von 1 bis 9 an.

2. Dienstag: Mars – ich wähle das Problem in Entsprechung zur archaischen Funktion; im Empfinden ist der Mangel die wirkliche Bedingung, im Fühlen emotionell, im Wollen eine neue Richtung und im Denken Klärung und Forschung.

3. Mittwoch: Merkur – im Tag des Merkur wende ich mich meinem Keim und Samen zu, höre auf den Körper, welches Motiv er mir traumhaft oder als Zeichen zeigt.

4. Donnerstag: Jupiter ist der Heiler über das Denken, bildet die Mitte der Woche. Bis dahin werde ich aus Einzelheiten gefügt, die Sprache verbindet Bedeutung und Sinn, Tag und Nacht als Sonne und Mond. Die ersten drei Tage sind der einzelnen Bedeutung zugewandt, die letzten drei dem potentiellen, vorgegebenen Sinn.

5. Freitag: Aus dem Reichtum meines Horoskopes erkenne ich am Tag der Venus, der Gestaltung, wessen meine Seele bedarf, um der Vollendung näher

zu kommen. Ich erlerne mich selbst durch Hinzufügung unbeackerter Gebiete.

6. Samstag: Am Tag des Saturn, des Empfindens, gliedere ich meine Arbeit dem großen Werk ein, sodaß es fortan Teil der Erde wird und ich in dieser Weise meine Gaben überantworte: die Wirklichkeit ist das Maß, an ihr muß sich die Phantasie des Mondes, das gewählte Schöpfungsprinzip bewahrheiten.

7. Sonntag, Geist: in der Wassermannzeit bedeutet der Sonntag nicht mehr liturgisches Ritual, sondern Zuwendung zu den Ahnen und Freunden; die Erkenntnis der goldenen Kette, die die strebenden Menschen diesseits und jenseits verbindet und in der Liebe mit dem Menschen im All vereint.

Das Ende der Fischezeit zerstörte die Eigenmächtigkeit der geistigen Weltbilder und körperlichen Machtansprüche; in der verdinglichten Zivilisation ist biologisch die menschliche Umwelt gleichsam als Gehirn des Planeten inkarniert. Ob ein Mensch den Weg des Wissens wählt oder nicht, ist seine freie Entscheidung. Niemand kann ihn dazu zwingen, es gibt keine Missionierung mehr, auch keinen Irrtum, denn jeder Weg ist einzig. Aber alle zusammen, die ihn gehen, erkennen einander in Frieden als Freunde und werden die Pfeiler der künftigen Weltordnung, wie es Gurdjieff beschreibt: In einer Welt von Schlafend-Träumenden erkennen die Wachenden einander ohne Mühe.

ANMERKUNGEN

1) Über das Mysterium von Kos gibt es nur Fragmente. Ich habe diesen Ritus über Malcolm Lazarus vom Wrekin Trust in England kennengelernt. 1984 veranstalteten wir einen Kongreß in Kos über die gemeinsamen Wurzeln medizinischer und geistiger Heilung. Aus diesem Austausch, an dem außer mir, meiner Frau und M. Lazarus auch John Rowan und Jacques Donnars teilnahmen, entstand letztlich im Zusammenhang mit anderen Kongressen – in Columbus/Ohio, den Goldegger Gesprächen, der Imago-Mundis-Tagung in Innsbruck und dem Ganzheitsdialog in Wien – auch dieses Buch.

2) Arnold Keyserling, Geschichte der Denkstile. Wien 1968.

3) Vgl. Richard Grossinger, Wege des Heilens. Ferner stützte ich mich auf mündliche Mitteilungen des homöopathischen Arztes Manfred v. Ungern-Sternberg sowie auf die Schriften von Hahnemann und Vitulkas.

4) Ich beziehe mich auf Castanedas Werke Bd. 1 bis 4. Die weiteren Bände sind für mich persönliche Dichtung. Als ergänzende Literatur vgl. Sudhir Kakar, Schamanen, Heilige und Ärzte. München 1984.

5) Das Medizinrad ist mir über die Vermittlung der Indianer Swift Deer und H. Storm in Seminaren und Erfahrungen zugänglich geworden.

6) Ich habe in der Regression die Swygard-Methode verwendet (vgl. Glaskin, Windows of the Mind); näher erläutert wird diese in: A. Keyserling, Vom Eigensinn zum Lebenssinn. Wald 1980.

7) Vgl. Wilhelmine Keyserling, Mensch zwischen Himmel und Erde. Wien 1986 und Arnold Keyserling, Das Erdheiligtum. Wald 1983.

8) Popp in einem Vortrag beim Kongreß Imago Mundi in Innsbruck 1987.

9) Vgl. Michael Harner, Der Weg des Schamanen.

10) Diese Art der Initiation lehrt in Innsbruck Dr. Johanna Wagner; sie hat sie bei einem Schamanen in Obervolta kennengelernt.

11) Vgl. Dr. Vollmers Wörterbuch der Mythologie aller Völker. Stuttgart 1874.

12) Vgl. Claude Lévi-Strauss, Das wilde Denken. Strukturelle Anthropologie. Frankfurt 1967.

13) Vgl. Claude Lévi-Strauss, Du miel aux cendres. Paris 1966.

14) Die Gliederung der deutschen Grammatik im Enneagramm habe ich in Structure of German Grammar. Calcutta 1959 dargelegt. Mittels dieser Kategorien ist es für einen Menschen aus einem fremden Kulturkreis leichter, durch Besinnung auf die gemeinsame mathematische Wurzel die eigene und die andere Sprache als bestimmte Abwandlungen zu verstehen.

15) Die Vernunft ist das Gewahrsein, sie muß in ihrer Struktur und Systemik im

Enneagramm erkannt sein. Sie wurde, wie gesagt, von den Lauteren Brüdern von Basra im 9. Jahrhundert entwickelt, die sich später, wie ich es in den „Denkstilen“ geschildert habe, in einen esoterischen Zweig der Brüderschaften und einen exoterischen der Philosophen gespalten haben. Der Prophet hatte erklärt, daß der Koran als Dichtung von Gott selbst geschrieben sei, daher konnte es hier im Unterschied zum christlichen Evangelium keine Dogmen geben. Als nun die Auseinandersetzung mit anderen Religionen mit dem Sieg der Moslems endete, erwies es sich als notwendig, eine Theologie zu schaffen. Der offizielle Islam, die Sunniten, hielt sich an das offenbarte Gesetz, Scharya. Doch das geistige Leben der Sufis orientierte sich an den Hadit, den mündlichen Berichten über die Tätigkeit und das Leben des Propheten. Nie hatte der Prophet etwas über die Zahlen gesagt. So nahmen die Lauteren Brüder von Basra diese als Klassifikatoren an, sowohl für die Arbeit an der Welt als auch für die Arbeit an sich selbst, wie es in unserer Zeit Gurdjieff wieder bewußt gemacht hat. Es gibt viele möglichen Zugänge zur Magie des Wortes. Ich verwende den physiologischen mit den Entsprechungen im Rad.

16) Aus dem Verhältnis von Oberton- und Untertonreihe und Quinten/Quartenzirkel kommen wir zu einer neuen Definition von Konsonanz und Dissonanz. Konsonant sind Töne der Obertonreihe und Untertonreihe, die beim Grundton als Teiltöne erklingen. Dissonant sind die anderen des Quintenzirkels, die nicht in der Tonfolge enthalten sind und nur intervallisch mit dem Zeugerton in Beziehung stehen: Kleine Terz, Triton, Große Septime und Halbtonschritt.

17) Vgl. Wilhelmine Keyserling, Anlage als Weg. Wien 1974. Überarb. Neuauflage Wien 1988.

18) Richard Wilhelm, I Ging, das Buch der Wandlungen. Düsseldorf 1956.

19) Die genaue Rolle der Monate – bei jedem von ihnen änderte sich die Audienz des Kaisers und auch das Gebiet der Etikette – wird in den Frühlings- und Herbstannalen des Lü Bü We genau geschildert. Dieser zeigt auch die Bedeutung der Musik für das chinesische Denken:

„Die Ursprünge der Musik liegen weit zurück. Sie entstehen aus dem Maße und wurzelt im Großen Einen. Das Große Eine erzeugt die zwei Pole, die zwei Pole erzeugen die Kraft des Dunklen und Lichten. Die Kraft des Trüben und des Lichten wandelt sich. Die eine steigt in die Höhe, und die andere sinkt in die Tiefe; sie vereinigen sich und bilden die Körper, wogend und wallend. Sind sie getrennt, so vereinigen sie sich wieder. Das ist der ewige Lauf des Himmels. Himmel und Erde sind im Kreislauf begriffen. Alles ist aufeinander abgestimmt. Das, woraus alle Wesen entstehen und ihren Ursprung haben, ist die Zweiheit des Dunklen und Lichten. Sobald die Keime sich zu regen beginnen, gerinnen sie zu einer Form. Die körperliche Gestalt ist innerhalb der Welt des Raumes, und alles Räumliche hat einen Laut. Der Ton entsteht aus der Harmonie. Harmonie und Übereinstimmung sind die Wurzeln, aus denen die Musik, die die alten Könige festsetzten, entstand.

Die vollkommene Musik hat ihre Ursache. Sie entsteht aus dem Gleichgewicht (der temperierten Skala). Das Gleichgewicht entsteht aus dem Rechten, das Rechte entsteht aus dem Sinn der Welt. Darum kann man nur mit einem Menschen, der den Weltsinn erkannt hat, über Musik reden."

20) Es gibt keine Erscheinung, keine Handlung und kein Ereignis, das nicht durch den I Ging verständlich würde. So haben die Chinesen auch die Beziehung zwischen Zeichen und Charakter entdeckt, die den Planeten entsprechen:

1. Auftreten	10	Jupiter
2. Bescheidenheit	15	Venus
3. Wiederkehr	24	Uranus
4. Dauer	32	Mond
5. Minderung	41	Merkur
6. Mehrung	42	Neptun
7. Bedrängnis	47	Mars
8. Brunnen	48	Saturn
9. Das Sanfte	57	Pluto

21) Hier können wir nur eine Übersicht der Komponenten der Astrologie liefern. Genau ausgeführt ist die philosophische Astrologie im Buch von Wilhelmine Keyserling, Anlage als Weg. 2. überarbeitete Auflage, Wien 1988.

Als Ergänzung ist zu empfehlen: Thomas Ring, Astrologische Menschenkunde. Zürich und Stuttgart 1956-1959.

22) Arthur M. Young, The Reflexive Universe, Evolution of consciousness. Mill Valley 1976.

23) Ich beziehe mich dabei auf ihren Vortrag auf dem Kongreß für Humanistische Psychologie in Genf 1978.

24) Vgl. seinen Artikel in KRITERION, Heft 3, 1969.

NACHWORT

Ich begann dieses Buch nach einem Herzinfarkt, der mich das erste Mal seit Jahrzehnten wieder in ein Spital brachte. In der Intensivstation erlebte ich bei den Patienten zwei Haltungen: die einen regredierten in die Kindheit, mit Selbstmitleid; die Ehefrauen mußten sich in Mütter verwandeln. Die anderen betrachteten die Krankheit wie einen Unfall, der wie beim Auto durch Austausch eines Teiles – etwa des Herzens – zu reparieren sei, und suchten durch Rehabilitation möglichst schnell wieder in die alte Tätigkeit zurückzukehren.

Für mich bedeutete der Infarkt körperlich eine Gesundung: Angina Pectoris und Asthma, die mich seit Jahren geplagt hatten, verschwanden, ebenso Ekzeme. Ich kann meine Krankheit nicht als negativ betrachten, zumal sie eine existentielle Krise einschließt, wenn auch nicht von der Dramatik, welche ich im Kapitel über die Todeserfahrung dargestellt habe. Aber etwas geschieht bei allen: Strategien, die sich als Antwort auf äußere Anforderungen gebildet haben, funktionieren nicht mehr, ihr Ansatz ist verloren, sie schweben als Assoziationskreise frei im Raum, ohne Verbindung zueinander oder zum Überlebensinstinkt.

Die folgenden sechs Monate schwankte ich zwischen Hysterie und dem Versuch, alte Geleise wieder zu aktivieren, einem Ausflug ins Wolkenkuckucksheim. Das einzig Konkrete, das mir Kontinuität gab, war – außer der Hilfe meiner Frau und von Freunden – dieses Buch, bei dem aber der Mittelteil über die rationale Esoterik nicht in eine klare Form zu bringen war, obwohl ich mich doch mit dieser Thematik seit Jahren von verschiedenen Gesichtspunkten aus beschäftigt hatte. Ich schreibe in Wirklichkeit nur dieses eine Buch, viele Versionen waren schon nach Beendigung überholt, da ich auf einen neuen Zusammenhang stieß, der die Form sprengte.

Bereits am ersten Tag nach den Infarkt begann ich zu schreiben, und merkte, daß ein möglicher Sinn der Krankheit von keinem der Ärzte besprochen wurde, schon wegen des Zeitmangels. Aber auch nicht auf der gewöhnlichen Station. So kam ich zu folgendem Gedankengang: Ist vielleicht der Herzinfarkt deswegen so häufig, weil im Zeitgeist das Finden des eigenen echten Zusammenhangs mit dem Zeitwesen unbedingt erforderlich wird? Ich hatte Gelegenheit, in vier Kongressen über dieses Thema mit vielen Ärzten und Therapeuten zu sprechen – zuerst in Columbus, Ohio, noch vor der

Krankheit. Danach bei den Goldegger Gesprächen, beim Imago-Mundi Kongress in Innsbruck, und dem Wiener Dialog der Ganzheitsmedizin, welcher den Ausgangspunkt einer Akademie des ganzheitlichen Heilens bilden sollte, für deren Planung ich auch ein Studienprojekt verfaßte.

Manche Ärzte sagten mir, ich müsse meine Vortragstätigkeit einschränken, fortan als Rekonvaleszent leben. Körperlich folgte ich ihnen, erst jetzt, ein Jahr später, beginne ich mit körperlichem Training. Doch mit den Vorträgen begann ich sofort – die Goldegger Gespräche fanden 3 Wochen nach dem Infarkt statt, ich hielt den Eröffnungsvortrag und leitete zwei Seminare. Es brauchte etwa drei Monate, bis ich wieder fähig war, in alter Form zu lehren. Doch dabei ermüdete mich die Diskussion über Einzelheiten. Es scheint, daß die rechte Seite der Koronararterien der linken Hemisphäre entspricht, und der Schaden auch gleichzeitig eine Funktionsverminderung der analytischen Sprachsphäre bedeutet. So behauptet Marilyn Ferguson im Brain Mind Bulletin. Erst jetzt ist die volle analytische Funktionsfähigkeit für mich wiederhergestellt.

Ich begann mit der Arbeit am Rad – nach einem kurzen gescheiterten Versuch im Anschluß an die Vision 1943 – nach dem Tode meines Vaters 1947. Wir waren wegen der Schule der Weisheit in Tirol eingebürgert worden, ich mußte also mit 26 Jahren sowohl die Schule, als auch die Herausgabe der Bücher durch einen Verlag übernehmen.

Ich schrieb als erstes alle Stellen aus den Werken meines Vaters heraus, die mir wesentlich erschienen, sechs Monate lang. Am Ende warf ich alles weg, es gab keine systematische Basis, an der ich ansetzen konnte. So begann ich die Frage nach dem Sinn unmittelbar zu stellen. Ich hatte festgestellt, daß ich nach längerer intellektueller Bemühung Musik spielen mußte, um mich wiederherzustellen; heute ist mir klar, daß dies eine ausgleichende Funktion der rechten Hemisphäre aktiviert. Ich spielte hauptsächlich Akkorde, entdeckte immer neue, hatte aber nicht den Wunsch, Musiker zu werden, lernte auch nie Noten lesen. Dann nahm ich als Ausgangspunkt die Hand und ihre Finger, um die Begriffe zu ordnen. Als ich einmal damit einen Philosophiedozenten an der Universität Innsbruck besuchte, erklärte er meine Tätigkeit für ausgemachten Unsinn, und bei einem Kongreß in Alpbach wurde – nachdem auch mein Vater bei der akademischen Philosophie verfemt war – meine Richtung als absolut gefährlich gebrandmarkt; dasselbe geschah mir noch 1986 bei einem neuerlichen Seminar, diesmal über die Alphysik in Alpbach.

Durch mangelnde Kommunikationsfähigkeit und fremden Denkansatz, den ich auf meine baltische Herkunft zurückführe – ein Balte kann niemals etwas „werden" – war ich schnell auf mich allein gestellt. Zuerst versuchte ich in Wien die Forschung öffentlich als Gruppenarbeit zu vollziehen. Doch 1952, nach meiner Heirat, entschloß ich mich auf Anraten meines Freundes Gottfried von Einem, mich dem Schreiben zu widmen. Ich hatte das Glück gehabt, die beiden einzigen Menschen als Lehrer zu finden, welche die gleiche Richtung abseits aller Öffentlichkeit vertraten; Gurdjieff in Paris und Josef Matthias Hauer in Wien. 1952 zogen wir nach Positano, damals eine Schriftsteller- und Malerkolonie.

Der entscheidende Einfluß in dieser Periode, von 1952 bis 1957, war der des Malers Kurt Crämer, gelähmt an den Rollstuhl gefesselt, der am Abend auf seiner Terrasse die Freunde empfing und imstande war, aus jeden das Beste zum Vorschein zu bringen. Dort fanden wir jenen Lebensstil, der uns kongenial ist, während ich in Wien doch immer noch an die vergangene aristokratische Lebensform gefesselt geblieben war. Durch Vermittlung eines Freundes in Indien, Lothar Wendel, bekam ich 1957 eine Einladung an die Universität Santiniketan, die Gründung Rabindranath Tagores. Mein Vater hatte ihn seinerzeit zur Gründung der Schule der Weisheit nach Darmstadt eingeladen, und Tagore hatte eine Rückeinladung für die Kinder versprochen, was die Universität jetzt honorierte. So war ich mit einem Mal Gastprofessor.

Nach einigen Monaten Vorträgen und Seminaren wußte ich aber nicht mehr, wovon ich leben könnte; erst als das Geld ausging, riet mir die Vermieterin, doch Sprachunterricht zu geben. Binnen kurzem hatten meine Frau und ich mehr Schüler als die Westdeutschen und Ostdeutschen zusammen, verliehen österreichische Diplome, und ich erkannte, daß Lehren meine eigentliche Begabung darstellt, zusammen mit der Fähigkeit des Sprachenlernens. Das brachte mich zu der Erkenntnis, daß man nie etwas tut, das nicht zu einem gehört, und daß jeder Intention eine Motivation des Überlebens und der Entfaltung zugrunde liegt.

1962 kehrte ich nach einer vom deutschen Goethe-Institut arrangierten Vortragsreise durch Südostasien, die mir viel Geld einbrachte, wieder über Vermittlung von Gottfried von Einem nach Wien zurück, welche Stadt ich schon bei meinem ersten Besuch 1937 als meine Heimat erlebt hatte, und wo ich 1939-1940 erfolglos versucht hatte, Jus zu studieren. Während des Krieges, den ich als Dolmetscher und einfacher Soldat verbrachte, habe ich weder Kampf noch Grausamkeiten erlebt; meine Anlage scheint das für ihre Entwicklung nicht zu brauchen.

Mit 42 Jahren, in Entsprechung zum Datum des Lebenskreises, konnte ich nun nach einem Jahr Tätigkeit als Deutschlehrer beim Vorstudienlehrgang der Universität Wien mit meinem eigentlichen Anliegen beginnen. Als erstes bekam ich einen Lehrauftrag für Geistesgeschichte 1964, 1968 erweiterte ich ihn um die Systemik. 1969 eröffneten wir das Kriterion, und begannen Astrologie und Körperarbeit, vor allem aber Yoga zu erforschen. Meine Frau erkannte ihre neue Berufung. Früher Schneiderin, betrachtete sie jetzt die Tätigkeit des Yogalehrers gleichsam als ein Anziehen des Körpers, und konzentrierte sich ferner auf das Lehren der philosophischen Astrologie. Während der ersten Jahre organisierten wir viele österreichisch-indische Veranstaltungen, vor allem Musik und Tanz, dann trat der Yoga selbst in den Vordergrund und brachte mich in Kontakt mit vielen Ländern; ich begann auch in Paris und Athen, später in Neapel und Amsterdam zu lehren. Von 1978-1984 war ich Präsident des europäischen Verbandes für humanistische Psychologie, leitete zahlreiche Kongresse und wurde somit fähig, die vielen Verzweigungen des Human Potential Movement und auch anderer Kulturen wie der chinesischen und indianischen nicht nur intellektuell kennenzulernen, sondern auch existentiell in Seminaren zu erproben. Damit wurde auch das Feld des Lehrens in Wien immer weiter, und ich begann zu verstehen, daß es möglich ist, anstelle einer These das einzelne Subjekt, den Wahrnehmer zur Mitte des Kräftenetzes der Wirklichkeit zu erwecken und damit den Traum meines Vaters von einem philosophischen Handwerk näher zu kommen. 1985/86 versuchten wir dies im Stil der humanistischen Psychologie in einen Lehrplan zu verwandeln. Das Ergebnis ist im Buch „Im Jahr des Uranus“ veröffentlicht worden. Doch diese Bestrebung war zu alternativ, hatte keinen praktischen Bezug, und so kehrte ich wieder zu eigenem Lehren und Seminaren zurück, beschränkte mich nach dem Infarkt auf jene Schulen und Gruppen, die im Ausland auch während meiner Abwesenheit dank eines Kernes Verständiger weiter arbeiten und auch an unseren Riten des Erdheiligtums, der zwölf Nächte und der Monatsgespräche teilnehmen. Langsam begann die Feindschaft des akademischen Establishments gegen meine Arbeit zu schwinden, aus dem seltsamen Außenseiter wurde ich durch meine holistische Schau plötzlich ein nützlicher Insider.

Ich glaube, in diesem Buch die endgültige Summe und Systemik zur Darstellung gebracht zu haben; es nahm genau die Zeit der medizinisch vorgesehenen Jahresfrist in Anspruch. Leicht zu lesen ist es nicht, man müßte es als Lehrbuch verstehen. Doch folge ich hierin Kant, der sagte, daß es nicht jedem gegeben ist, so elegant zu schreiben wie Moses Mendelssohn oder so leicht wie David Hume. Aber er gab zu bedenken, daß es vielleicht die Schwierigkeit des Gegenstandes sei, die eine einfachere Darstellung unmöglich mache.

Holistik und das Rad ist eine Sprache, deren Erlernen die Voraussetzung für die Teilnahme an der Wassermannzeit bildet. Sie ist nicht für jeden notwendig, sondern nur für den, der den Sinn seines Lebens selbst schaffen will und den Glauben an das Göttliche und an das Wohlwollen der Erde niemals verliert, oder wenigstens nach einer Periode des Zweifelns im Sinne des hl. Augustinus wieder zurückgewinnt.

Die Sprache der Holistik liegt für mich auf der Ebene der Grammatik, nicht der Information. Die Systemik umfaßt die gemeinsamen Nenner. Sie kann daher nicht intellektuell, sondern nur existentiell integriert werden.

Wien, am 1. Mai 1988 Arnold Keyserling